고려시대의 정치변동과 대외정책

이 정 신

景仁文化社

머리말

 이 책은 필자가 그동안의 논문을 모아 책으로 엮은 것이다. 고려시대의 정치변동과 대외정책이라고 제목은 붙였지만 내용이 체계적으로 시대전체를 관통하여 서술된 것은 아니다. 그러나 주로 요·금·원과의 관계를 중심으로 국내의 정세변동과 관련시켜 살펴본 논문이라는 점에서 어느 정도 일관성을 유지하고 있다고 판단하여 한 권의 책으로 정리하였다.
 이 저서 내용의 주 목표는 고려의 정치·사회변동에 입각하여 북방의 여러 나라들과의 외교 관계를 규명하는 것이다. 즉 국내의 여러 문제점이 외교관계를 변화시키거나 외국과의 갈등이 국내 정치상황을 바뀌게 한 상황을 살펴보려고 하였다. 예컨대 1장에서 태조가 거란과의 외교관계를 단절하고 전쟁상태로 몰아간 것은 분열되어 있는 고려사회를 정신적으로 통합하기 위한 방책이었다는 결론을 이끌어 내거나 2장에서 서희의 강화조약으로 인한 강동6주 획득과 윤관의 9성 축성과 반환이 국내에 어떤 영향을 주었는지 규명하려 하였다. 또한 3장에서는 묘청의 서경 천도운동과 금과의 연결고리를 규명하는데 초점을 맞추려고 하였다. 그러나 몽고와의 관계를 다룬 5·6장에서는 몽고의 세력이나 영향력이 워낙 커서 고려가 자주성을 발휘할 여지가 적어 필자의 의도대로 쓰기가 쉽지 않았다. 우리 역사상 대외정책에서 자주성이 무너진 것은 고려 후기 몽고와의 관계에서 시작되었다고 생각된다. 4장은 농민들이 외세와 연합하여 고려정부를 공격하고 있어 조금 성격이 다르지만 전체적인 맥락은 통한다고 생각되어 하나로 묶었다.

요컨대 고려전기의 외교는 상대방 나라와 정당한 외교절차를 통해 나름대로 최선의 방책을 구하려 했다고 생각한다. 그러나 몽고 간섭기에 들어서서는 원 황제의 부마가 되어 정치적 자율성이 약화되면서 정신적으로도 위축되었다. 원 간섭기를 극복하기 위한 고려민의 시도에 관해서는 후일을 기약하고자 한다. 몽고 간섭기 고려의 외교사는 오늘날의 우리나라와 미국과의 관계를 보는 것 같아 안타깝기 그지없다. 오늘 이라크 파병을 결정했다는 소식을 들었다.

외교를 내정의 일환으로 파악하는 것은 상식이지만 이를 구체적으로 규명하는 데는 많은 한계가 있었다. 필자는 이를 극복하여 국내의 정치적 갈등과 대외정책의 연관성을 밝히려고 시도하였다. 이에 대해 필자의 의도가 제대로 서술되고 있는지, 또 그 견해가 나름대로 공감대를 이룩할 수 있을지 두렵다. 무엇보다 스스로가 큰 틀을 제시하지 못함이 아쉽지만 내공이 부족한 필자가 함부로 언급하는 것은 피하려고 한다. 단지 이 책을 통해 일단락을 지어봄으로써 앞으로 계속 정진하는데 하나의 디딤돌로 삼고자 한다. 그리고 기존에 발표했던 논문이지만 수정 보완을 가하여 완성된 체계를 이루려고 노력하였다.

필자가 박사학위논문을 쓰고 책으로 출간한지 이미 12년이 훌쩍 넘었다. 강산이 변할 동안 눈이 어두워지고 건강이 옛날 같지 않음을 느낄 뿐 아무 것도 한 일이 없는 것 같아 자책감을 느낀다. 이에 용기를 내어 책을 출간하고자 한다.

학위를 받고 대전 한남대에 내려온 지 이미 8년이 지났다. 뛰어난 재질이 있음에도 취업이 안되어 시간강사로 떠도는 후배들을 보면 가슴이 아프다 못해 분노가 생긴다. 고려시대의 연구가 오늘을 발전시키고 변화시키는데 크게 도움을 주지 못하는데 한계를 느끼기도 한다.

앞으로 우리 경제가 빨리 나아지고 인문학에 대한 수요도 많아져서 사랑하는 제자들이 졸업 후에 취업이 잘 되었으면하는 바람이다. 변변치 못하지만 이나마 쓸 수 있게 된 것은 모두 이들의 덕분이다.

　지금도 격려와 후원을 해 주시는 박용운 선생님과 편집 단계에서 조언을 아끼지 않았던 공주대학교의 윤용혁 선생님, 그리고 이진한 선생님에게 먼저 감사하다는 말을 전하고 싶다. 그리고 교정을 도와주고 언제나 즐거운 마음을 가지게 해주는 김난옥·이정호 선생 등 고려사 후배들에게 또한 감사의 말을 전하며, 멀리 안동에서 원고의 정리작업을 도와준 정재석 사장, 한남대학교의 동료 선생님들과 매번 서투른 컴퓨터 작동의 오류를 시정해주는 조교 서홍석 등 우리 제자들에게도 고맙다는 말을 전하고 싶다. 마지막으로 변변치 못한 책을 출간하게 해 준 경인문화사 관계자 여러분께 또한 감사의 인사를 전하고 싶다.

2003년　겨울

李 貞 信

<목 차>

머리말

서 론 ◦ 1

제1장 태조의 대거란 정책과 고려 건국이념의 형성 ◦ 7
    Ⅰ. 머리말 ··· 9
    Ⅱ. 태조의 대거란정책 ·· 11
    Ⅲ. 고려 건국 이념의 형성과 <訓要10條> ······················· 22
    Ⅳ. 최승로의 상서문에서 본 발해와 거란 ······················· 43
    Ⅴ. 맺음말 ··· 48

제2장 江東 6州와 尹瓘의 9城을 통해 본 고려의 대외정책 ◦ 51
    Ⅰ. 머리말 ··· 53
    Ⅱ. 고려전기의 북방개척 ·· 55
    Ⅲ. 성종대 거란의 고려침입과 고려의 대응 ··················· 59
    Ⅳ. 성종 이후 고려와 거란의 외교 추이 ························· 70
    Ⅴ. 문종 이후의 대외관계와 윤관의 9성 ························ 75
    Ⅵ. 맺음말 ··· 83

제3장 묘청의 난과 대금 관계 ◦ 87
    Ⅰ. 머리말 ··· 89
    Ⅱ. 12세기의 국제정세 ··· 92
    Ⅲ. 고려의 대금정책과 서경천도운동 ···························· 106

Ⅳ. 묘청의 난 ··· 117
　Ⅴ. 맺음말 ·· 128

제4장 의주민의 항쟁과 동진과의 연합 □ 131

　Ⅰ. 머리말 ·· 133
　Ⅱ. 의주의 연혁과 항쟁의 배경 ··· 134
　Ⅲ. 의주민 항쟁의 발발 ·· 148
　Ⅳ. 정부의 대응 ·· 158
　Ⅴ. 의주민과 동진과의 결탁 ··· 161
　Ⅵ. 동진과의 2차 연합항쟁 ··· 167
　Ⅶ. 맺음말 ·· 170

제5장 동녕부와 고려의 대원관계 □ 173

　Ⅰ. 머리말 ·· 175
　Ⅱ. 고려와 원과의 관계 ·· 176
　Ⅲ. 동녕부의 성립과 존재형태 ·· 191
　Ⅳ. 원의 동녕부 반환과 역사적 평가 ·································· 207
　Ⅴ. 맺음말 ·· 209

제6장 永寧公 王綧을 통해 본 고려와 몽고관계 ▫ 211
   Ⅰ. 머리말 213
   Ⅱ. 종실의 경제적 처우 216
   Ⅲ. 영녕공 준의 생애 221
   Ⅳ. 영녕공의 평가 247
   Ⅴ. 맺음말 253

결 론 ▫ 257
부 록 ▫ 265
참고문헌 ▫ 269
찾아보기 ▫ 283

서 론

　원 간섭기 이전의 고려시대 동북 아시아는 전형적인 삼각관계를 이루고 있었다. 즉 고려와 거란(요)과 송, 그리고 고려와 여진(금)과 남송이다. 이들 삼국 중에 어느 한 나라가 남은 두 나라를 제압할 수 없었던 만큼 서로간의 견제를 통해 무리한 요구나 간섭이 없이 외교관계가 안정적으로 수립될 수 있었다. 그러므로 고려는 비록 명목상으로 요나 금에게 조공을 바친다고 하더라도 나름대로 많은 자율성을 확보하여 이웃의 여진이나 일본에 대해 독자노선을 걸을 수 있었으므로 이를 다원적 천하관이라고 부르기도 한다.
　그러나 몽고가 북방을 통일하면서 상황은 달라졌다. 몽고가 동북아시아에 들어오면서 서하·금·송은 모두 멸망하고, 그나마 살아남은 국가는 고려와 베트남 그리고 일본 정도였다. 당시 서남아시아·동유럽·러시아 등을 제압한 몽고의 위력으로 볼 때 사실은 살아남은 것만으로도 높이 평가받을 만한 일이었다. 그러므로 고려시대 대외관계는 원 간섭기를 기준으로 해서 크게 변화하였다. 이 책은 1·2·3장까지는 거란과 여진관계를 다루며 4장은 금이 망하고 몽고가 들어서는 사이의 과도기, 5·6장은 몽고 침입기를 다루었다.
　고려시대의 외교사 연구는 외교보다는 전쟁사 중심으로 될 정도로 거란, 여진, 몽고 등 북방민족과의 전쟁이 빈번했다. 그러나 전쟁상태가 30년이나 계속된 몽고를 제외하고는 거란과 여진과는 평화공존이 더욱 오래 지속되었다. 그 과정에서 예나 지금이나 외교가 그렇듯이 전쟁 중이 아니라 하더라도 각국은 외교적인 갈등 속에서 자신의 이익을 챙기기 위한 시도는 계속되고 있었다. 여기에서 다루고자하는 것은 고려왕조의 북방 민족에 대한 외교정책이다.

 우선 첫째로 고려 태조대에 발생한 사건, 즉 낙타 굶기기를 토대로 태조가 대외관계를 어떻게 풀어가려고 했는지를 살펴보려고 한다. 태조는 후삼국을 통일한 후 거란을 고려민 결속을 위한 他者로서 인식했음을 살펴보려고 하였다. 고려가 후삼국을 통일할 즈음 북방에는 발해를 멸망시킨 거란이 강자로 떠오르기 시작했다. 그러나 통일되었다고는 하나 마음 속까지 일체감을 가지지 못한 고려로서는 정신적으로도 하나의 국가로 만드는 것이 급선무였다. 태조가 내부적인 결속을 다지기 위해 거란에서 보내온 낙타를 굶기고, 후진과 연합하여 거란공격을 시도하고 <훈요 10조>로서 고구려의 계승국임을 강조하여 왕권의 안정과 고려의 단일화를 시도하였음을 규명하려고 하였다.

 2장은 서희의 강동 6주, 윤관의 9성을 통해 성종 이후 북방 이민족에 대한 고려의 입장의 변화를 살피고자 하였다. 특히 서희와 소손녕이 맺은 강화조건을 고려의 일방적인 승리로 평가하는 기존 견해에 대해 반론을 제기하고자 하였다. 전쟁에서 승리하여 강화를 맺는 경우를 제외하고는 외교에서는 국력이 뒷받침되지 않는 한 일방적인 승리는 있을 수 없다고 생각한다. 그리고 특별히 무지하거나 약한 나라가 아닌 거란이 고려에 유리하게 조약을 맺었다면 그것이 또한 거란에 많은 이점이 있었기 때문일 것이다. 여기에 의문을 가지고 거란이 양보하게 된 이면을 밝히려고 하였다. 거란이 고려에 영토를 할양한 이면에는 평안북도에서 압록강에 걸친 지역에 발해 유민들이 散在하여 발해의 부흥을 시도하고 있었으므로 고려와 연결하여 이들의 움직임을 막는 것이 거란의 주요한 목표였기 때문임을 논증하려고 했다. 그리고 거란은 고려와의 경계를 확정지음으로써 고려가 더 이상 북진을 하지 못하게 하려는 의도도 있었다고 판단된다.

또한 고려가 영토를 넓혔다고는 하나 거란과 강화를 맺음으로써 고려의 최전방을 압록강으로 한정시켜 앞으로의 북진정책에 걸림돌로 작용하였다고 파악하여, 천리장성이나 윤관이 설치한 9성의 포기 또한 같은 맥락에서 규명할 수 있으리라는 상황인식을 기본으로 하면서 당시 국제정세에 대응하는 고려의 외교정책을 다시 평가해 보려고 하였다.

3장은 묘청의 난을 기존 견해인 개경세력과 서경세력과의 갈등으로 보는 관점에서 벗어나 대외관계사적 관점에서 풀어보고자 하였다. 인종은 이자겸의 난이 진압된 후에도 여전히 왕권을 억압하는 문벌귀족의 세력에서 벗어나고자 하였는데, 이같은 상황에서 묘청이 등장하였다. 이 시기 요를 멸망시킨 금의 압력이 고려의 국내정세를 더욱 불안하게 하자 묘청은 稱帝建元을 통한 왕권의 확립과 금나라 정벌을 통한 자주성의 회복을 표방하였다. 이를 구체적으로 실현시키기 위해 부패하고 보수적인 귀족들이 횡행하는 개경을 떠나 서경으로의 천도가 필요했던 것이다. 그러나 이것이 문벌귀족들의 반대로 좌절되자 묘청은 난을 일으켰다. 그러므로 필자는 묘청의 난을 고려의 국내정세와 더불어 특히 대외관계에 촛점을 맞추어 묘청 등 세력의 대금입장은 어떤 것이었는지 살피며, 대송·대금 외교정책과 연관하여 인종이 묘청세력을 이용해서 개경세력을 억누르고, 征金論을 내세워 금의 고려에 대한 압력을 완화시키려고 노력한 점을 주시하였다. 그러나 고려가 금나라와 외교적으로 타협함으로써 서경세력의 존재의의가 약화되고 이들이 왕권강화의 새로운 걸림돌이 되어가자 인종이 그들을 외면함으로써 묘청의 난이 발생했다는 관점에서 보려고 하였다.

4장은 반란민과 외세와의 제휴라는 점에서 조금 성격이 다르지만 의주민의 항쟁에서 외세와 결합하여 고려정부에 저항하는 모습에서 피지배층에게 타국은 어떤 의미가 있는지 보려고 했다. 오늘날의 관점에서 보면 매국노라고 질타를 받을 만한 행동이 고려시대는 어떻게 받아졌던가. 고려민의 외세와의 결탁을 바라보는 우리의 인식은 근대 민족국가 수립 후 각 국의 이익을 탐하고 다른 나라를 수탈하는 제국주의에 대한 인식과 같아도 좋은가 하는 생각에서 출발하였다.

고종대에 들어와 고려왕조의 최대 위기는 농민봉기와 외세의 침입이었다. 고종 3년부터 시작된 북방 이민족의 고려 침략은 거란부터 시작되었는데, 신종대 경주지역의 농민봉기 이래로 소강상태에 빠져 있던 농민들은 거란의 침입으로 고려사회가 동요함에 따라 고종 3년 양수척의 거란투항을 시작으로 다시 일어나기 시작하였다. 여기에서는 고종 6년에 한순·다지를 중심으로 반란을 일으켜서 나중에는 금이나 동진과 연합하여 고려정부를 공격하려 했던 의주민의 항쟁을 중심으로 살펴보았다. 또한 외세와 결탁하여 고려정부와 대치하는 의주민의 국가의식도 규명해 보고자 했다. 고려는 태조 이후 하나의 국가 의식은 있었으나 여진족 등 이민족과 함께 거주하는 서북민에게 민족의식이나 국가의식은 그리 크지 않았다고 보여진다. 민족공동운명체로서의 국가의식보다는 개경 지배층과 양계의 피지배층이라는 지역과 계급간의 이해관계로 인한 갈등이 더욱 심각하였다는 관점에서 파악하였다.

몽고와의 전쟁 이후 몽고군의 고려민에 대한 일방적인 수탈, 살육, 방화는 고려민으로 하여금 고려가 자신의 나라라는 인식을 새롭게 하는 계기가 되었다고 생각한다. 그러나 이를 인식하고 저항하기에는 고려 지배층은 너무 부패했고 몽고는 너무 강한 나라였다. 결국 원 간섭기에 들어서게 되고 각각의 이익을 탐하는 일부 인사들에 의해 쌍성총관부와 동녕부가 설치되었다.

5장은 동녕부를 통해 원에 의한 고려 지배의 실상을 살펴보고자 했다. 그리고 동녕부의 존재형태를 통해 몽고의 분리정책이 내부의 경쟁심을 유발시켜 고려사회의 갈등을 야기시키려 했음을 그려내려고 하였다. 고종대에 고려는 몽고와의 전쟁이 무려 30년간이나 계속되었으나 몽고의 압력을 이기지 못하고 강화를 맺어 고려는 이제 원 간섭기에 들어가게 되었다. 이즈음 우리의 국토를 들어 몽고에 투항하는 자가 나타났으니 대표적인 인물이 쌍성총관부의 趙暉·卓靑, 그리고 동녕부의 崔坦이다. 이들이 몽고에 투항한 이유는 고려의 국력이 약한 틈을 타서 몽고의 힘을 빌어 동북면과 서북면 지역을 고려정부의 간섭없이 자치적으로 통치하려는 것이 목적이었지만, 한편으로는 몽고가 그렇게 되도록 유도한 측면이 있었음은 부인하기 어렵다. 여기에서 필자는 쌍성총관부에 이어 동녕부가 설치됨으로써 고려는 이들과 원에 충성경쟁을 벌여 정신적으로도 완전히 원에 예속되는 상황을 설명하려고 하였다. 그리고 동녕부의 성립과 존재형태를 규명하고 다음으로는 고려정부와 원과의 관계를 살펴서 동녕부를 통해 당시 원 간섭하에 민족분리책으로 야기된 고려사회의 단면을 살피려고 하였다.

  마지막으로 몽고와의 전쟁 과정에서 볼모로 끌려간 영녕공 준의 모습을 통해 양국간의 관계를 살펴보고 역사에 휘몰리는 한 개인의 모습을 그리고자 했다. 그는 몽고 침입기에 태어나 고려가 몽고와 강화를 맺는 과정에서 인질로 끌려가 한평생을 몽고에서 살았다. 영녕공이 볼모로 갔음에도 몽고는 고려침략을 멈추지 않았고 오히려 몽고의 요구로 영녕공은 고려 침략에 가담해야만 했다. 이후 영녕공은 고려의 볼모가 아니라 몽고황제의 신하로서 역할을 충실히 하여 황제의 신임을 얻음으로써 당시 고려를 배반하고 몽고로 가서 동경총관으로 있던 홍복원의 강력한 경쟁자가 되었다. 그러나 원종이 항복함으로서 몽고에서 입지가 약화되어 제자리를 찾지 못한 영녕공은 다시 고려로 돌아가 여생을 마치려 시도하였지만 국왕을 비롯한 고려 내부의 반발로 무위로 돌아갔다. 그는 몽고의 고려 견제책에 희생

된 불행한 왕족이었다. 그의 삶에 초점을 맞추면서 당시 외세간섭기의 고려의 모습도 함께 살피고자 한다. 그리고 그의 생애를 통해 원 간섭기 고려왕실에서의 종실의 역할과 몽고가 이들을 이용하여 국내정치에 간여하고 고려를 견제한 실상을 살펴보려고 하였다.

자주성이 강했던 고려의 외교정책이 강대국 마음대로 끌려 들어가게 된 것은 익히 아는 바 대로 원 간섭기 이후부터였다. 원 간섭기를 백년간이나 겪은 고려가 온전하게 자리매김하여 그 시기의 악몽을 벗어나기 위해서는 그에 못지않는 세월이 필요했으리라 생각한다. 그러나 고려사회는 공민왕대에 들어와서 원의 간섭을 벗어난 후에도 흥왕사의 정변, 附元輩의 발호, 홍건적과 왜구의 침입 등 내외의 여러 분란으로 인해 원 간섭기를 반성하고 고려사회를 새롭게 이끌고 나갈 여유를 갖지 못하였다. 또한 오랫동안 다른 나라의 간섭으로 인해 고려 지배층은 물론 피지배층도 무력감을 벗어나지 못했다. 이것은 경제적 침탈 못지않는 정신적인 타격을 가져와 고려사회에 큰 손실을 끼쳤다. 이같은 상황을 극복하려고 공민왕은 附元輩를 처단하고 전민변정도감을 설치하는 등 여러 가지 개혁을 시도하였지만 결국 실패함으로서 얼마 있지 않아 조선왕조가 들어서게 되었다. 그러나 원 간섭기를 극복하지 못한 채 조선왕조로 들어가면서 정도의 차이는 있지만 조선과 명과의 관계는 고려와 원과의 관계의 연장선상에 있었다고 생각한다.

이 책은 고려시대 전반을 다루지는 않고 중요 토픽 문제들을 다룰 뿐이어서 미흡한 부분이 많이 남아있다. 또한 외교 문제를 다루면서 요·금·원사에 대한 이해가 부족한 점이 마음에 걸린다. 이 글은 고려의 입장에서 대외관계를 파악하여 서술한다는 점만을 부각시키고 부족한 사항은 앞으로 해결해야할 문제점으로 인식하고 노력할 것이다.

제1장

태조의 대거란 정책과
고려 건국이념의 형성

Ⅰ. 머리말
Ⅱ. 태조의 대거란정책
Ⅲ. 고려건국 이념의 형성과 〈訓要 10條〉
Ⅳ. 최승로의 상서문에서 본 발해와 거란
Ⅴ. 맺음말

I. 머리말

　태조는 고려왕조를 수립하여 후삼국을 통일하였다. 그는 고려를 세워 신라의 연장이 아니라 새로운 사회를 만들고자 하였다. 태조가 고려라는 새로운 사회를 만들어서 유지해 나가기 위해서는 고려적인 성격이 부각되고 신라와는 차별되는 사회를 생각한 것은 당연한 귀결이었다. 고려는 신라사회의 엄격한 신분제도인 골품제를 없앰으로서 호족의 지지를 얻을 수 있었다. 그러나 태조가 우선적으로 해야 할 일은 백성들의 신뢰를 이끌어내어 국가를 안정시키는 일이었다. 그가 통일을 이루었다고는 하지만 아직은 각지에 호족세력이 강성하여 안정된 왕권을 수립할 수가 없었다. 태조는 호족과의 관계를 잘 풀어나가기 위해 사성정책과 결혼정책, 그리고 기인제도를 실시하여 지방사회를 안정시켰으나 이것은 고려왕조를 유지시키기 위한 소극적인 제도였을 뿐 고려사회를 이끌어나가는 이념적 기반은 아니었다. 그로서는 새로운 이데올로기의 창출이 필요했고 그 일환으로 만들어진 것이 거란과의 교류단절과 <訓要10條>이다.[1]

　국가성립 초기단계의 국가가 그렇듯이 태조 당대에는 사회체제의 안정을 이룩하지 못하였다. 그리고 <訓要10條>가 앞으로 고려가 나아갈 방향을 제시했다고 보기에는 너무 소략하고 내용도 충실하지 못함도 사실이다.

---

[1] <訓要10條>가 後世에 조작되었다는 今西龍의 주장은 이미 국내 학자들에 의해 부정되었다.
　　今西龍, 1944,「高麗太祖訓要十條에 就きて」『高麗史研究』近澤書店.
　　李丙燾, 1948,『高麗時代의 硏究』, 乙酉文化社, 28~59쪽.
　　金成俊, 1985,「十訓要와 高麗太祖의 政治思想」『韓國中世政治法制史研究』, 一潮閣.

〈그림 1〉 만월대

　그러나 <訓要>외에 태조가 남겼다는 『政誡』 1권과 『誡百寮書』 8편이 존재하지 않는 지금 <訓要>와 그의 행적을 중심으로 그가 이룩하고자 했던 고려사회를 추정할 수 밖에 없다. 그 중에서 태조가 제시한 중요 목표는 불교 중시와 북진정책임은 주지하는 바이다. 그의 낙타 굶기기와 <訓要10條>를 통해 북진정책을 위시한 대거란관계를 국내의 정세와 함께 살펴봄으로서 고려 태조가 지향하는 바를 살펴보고자 한다.[2]

---

2) 고려와 대거란관계의 논문은 다음과 같다.
　서성호, 1999, 「고려 태조대 대거란정책의 추이와 성격」 『역사와 현실』 34.
　李龍範, 1981, 「10~12世紀의 國際情勢」 『한국사』 4.
　韓圭哲, 1985, 「後三國時代 高麗와 契丹關係」 『富山史叢』 1.
　＿＿＿, 1984, 「高麗來投・來往 契丹人」 『韓國史研究』 47.
　金在滿, 1986, 「契丹・高麗國交前史」 『人文科學』 15.
　姜大良, 1948, 「高麗初期의 對契丹關係」 『史海』 1, 朝鮮史研究會.

Ⅱ. 태조의 대거란정책

『고려사』 태조 25년의 기사에는 평소 기록에 나타나는 태조의 인품과는 맞지 않게 거란 사신과 낙타에게 가혹한 행동을 한 모습이 보인다.

> A. 거란이 사신을 보내와서 낙타 50필을 주었다. 왕은 거란이 일찍이 발해와 화목하게 지내오다가 갑자기 다른 생각을 내어 맹약을 배반하고 멸망시켰으니 이는 심히 무도한 일이다. 멀리 화친을 맺어 이웃을 삼기에는 부족하다고 하면서 드디어 교빙을 끊고 그 사신 30명을 섬에 유배시키고 낙타를 만부교 아래에 묶어두어 모두 굶어죽게 하였다.3)

거란이 건국 초기에 고려에 낙타를 보내온 것은 後晉이 거란에 대한 반감을 노골적으로 드러내어 정책변화를 시도했기 때문이었다. 거란은 後唐의 石敬瑭을 도와 후진을 세우도록 하였으므로 그 대가로 후진의 고조는 燕雲 16州를 거란에 할양하고 거란을 군신관계로서 예우하였다. 그러나 그의 아들대인 出帝(少帝)는 거란에의 복속을 거부하였다. 이에 거란은 후진을 정벌하기 위한 준비 작업으로서 고려와의 관계를 개선할 필요성으로 사신과 낙타를 보냈던 것이다.4) 그러나 태조는 온화하면서도 사리분별이 분명한 인물로 알려져 있음에도 거란에게는 너무 심하다 싶을 정도로 뚜렷한 반감을 드러내었다. 전시상태에서 방문한 적국의 사신이라도 危害를 가하지 않고 돌려보내는 것이 상식인데, 화친을 맺기 위해 보내온 사신을 귀양보내고 선물인 낙타를 아사시킨 그의 행동은 매우 돌발적인 것으로서 거

---

3) 『高麗史』 권2, 太祖 25년 10월. "契丹遣使來 遣槖駝五十匹 王以契丹嘗與渤海連和 忽生疑貳 背盟殄滅 此甚無道 不足遠結爲隣 遂絶交聘 流其使三十人于海島 繫槖駝萬夫橋下 皆餓死"
4) 서성호, 1999, 「고려 태조대 對거란정책의 추이와 성격」 『역사와현실』 34, 41쪽.

란에 대한 대단한 모욕이었다. 이것이 빌미가 되어 전쟁이 일어날 수도 있는 사건이었다.

이에 대해 고려 후기의 유학자 이제현은 '장차 거란의 기만적인 계책을 꺾으려 한 것인지 혹은 후세의 오만한 마음을 방지하려 한 것인지 반드시 숨겨진 뜻이 있을 것이다'[5]고 하였으며, 강대량은 고려가 국교단절을 감행한 이유를 첫째, 거란의 발해정복이 고려의 북진정책에 어두운 그림자를 남겼으며 둘째, 고려에 내투한 발해유민을 선무하기 위해 셋째, 대중국 무역이 대거란 무역보다 유리하며 넷째, 북방 이민족에 대한 의식적 편견의 4가지로 설명하였다.[6] 이용범은 발해를 구실로 고구려의 舊疆을 회복하려는 의도로,[7] 한규철은 후삼국 통일 과정에서 후백제와 거란이 극비리에 교섭을 벌인데 대한 보복[8]으로 파악하였다. 고려가 926년 거란이 발해를 멸망시켰을 때가 아니고 하필이면 942년에 와서야 단교한 배경을 김재만은 그 전년에 후진의 책봉을 받은 입장에서 후진을 편들어야 했기 때문에 거란의 접근을 거부[9]할 수 밖에 없었다고 주장하였다. 노명호는 만주의 발해유민과 여진인 등 거란에 대한 잠재적인 대항 세력들에게 고려조정의 의지를 명시적으로 널리 알리려는 조처로 이해하였으며[10], 서성호는 斷交와 만부교 사건은 본시 발해의 땅이며 지금은 거란이 영유한 이 지역의 여진을 고려의 주체적 의사에 따라 처리하면서 북진을 계속해 나가겠다는 선언적 의미가 있다고 보았다. 그러나 거란이 이를 이유로 전면 공격해 올 가능성은 매우 낮았으므로 태조의 적대적 단교조치는 이를 감안한 위에 이루어졌다[11]고 하였다.

---

5) 『高麗史節要』 권1, 태조 25년.
6) 姜大良, 1948, 「高麗初期의 對契丹關係」 『史海』 1.
7) 李龍範, 1981, 「10~12世紀의 國際情勢」 『한국사』 4, 69쪽.
8) 韓圭哲, 1985, 「後三國時代 高麗와 契丹關係」 『富山史叢』 1.
9) 金在滿, 1986, 「契丹・高麗國交前史」 『人文科學』 15, 191쪽.
10) 盧明鎬, 1998, 「高麗 支配層의 渤海遺民에 대한 認識과 政策」 『汕耘史學』 8, 175쪽.

이같이 고려 초기 대거란 외교에 대해서는 선학들에 의해 많은 논의가 있었으며, 이들에 의해 대외적인 문제는 상당부분 의문이 해소되었다. 필자는 이에 대해 대외관계를 고려 내부로 시선을 돌려 국내 사정과 연계시켜 규명해 보고자 한다. 당시 거란이 고려에 화의를 구했을 때 태조가 거란에 거부감을 나타낸 이유와 고려내부의 실정을 살펴보자.

우선 태조는 거란을 적대시한 이유로 발해를 멸망시켰기 때문이라 했다. 이는 발해를 우리 민족으로 끌어들임으로써 고구려·백제·신라 그 이후에 발해·신라를 계승한 유일한 나라로 고려의 정통을 과시하려는 의도로 보인다. 우리나라는 역사적으로 오랫동안 단일민족체로서 단일한 국가였다고 하나 이는 고려시대에 해당하는 말은 아니었다. 고려 이전에는 남북국이, 그 이전에는 삼국으로 분리되어 있었던 상황에서 태조 대에 와서 처음 통일된 국가를 이루었다. 그러나 고려는 고구려나 발해의 상당수의 영토를 회복하지 못했으며 후백제도 강압적으로 통일을 이루었던 만큼 국내의 조건에 따라 언제든지 다시 분열될 가능성이 있었다. 이를 치유하는 것이 태조의 1차 목표였다. 그는 <訓要>에서 다음과 같이 말하였다.

> B. 우리 동방이 옛날에는 당의 풍습을 모방하여 문물과 예악이 모두 그 제도를 준수하여 왔다. 그러나 지역이 다르면 사람의 성품도 다르니 구태여 같게할 필요는 없다. 거란은 禽獸의 나라이므로 풍속이 같지 않고 언어도 역시 다르니 삼가 衣冠제도를 본받지 마라.12)

태조는 고려만의 특성을 강조하였다. 중국이나 거란과는 지역이

---

11) 서성호, 1999,「고려 태조대 대거란정책의 추이와 성격」『역사와 현실』 34, 45쪽.
12) 『高麗史』권2, 太祖 26年 4月. "惟我東方 舊慕唐風 文物禮樂 悉遵其制 殊方異土 人性各異 不必苟同 契丹是禽獸之國 風俗不同 言語亦異 衣冠制度 愼勿效焉"

달라 人性도 달라졌으므로 그들의 풍습에 억지로 맞출 필요는 없다고 하여 스스로의 독자성과 특성을 강조하였다. 이것은 새로운 왕조를 세우면서 고려만의 고유한 문화를 강조하여 단일 민족체의[13] 모습을 드러내려는 시도로 보인다. 민족체의 구체적인 모습은 지역, 문물, 예악, 풍속, 언어에서 차이를 보이는데 이로 인해 고려는 중국, 거란과 다른 고유한 나라를 이루고 있다고 보았다.

 태조는 우선 고려라는 영토를 구획지은 이후, 중국의 문물과 거란의 의관 풍속과 구별되는 고려만의 것을 확립시키고자 했다. 이미 진덕여왕[14] 이래 당의 복식과 여러 문물의 전래가 신라에 큰 영향을 주었으며, 경덕왕 대에는 신라 고유의 지명을 한문식으로 바꾸어[15] 신라의 많은 풍습들이 당의 제도를 본받아 고유한 특성이 없어졌다. 이에 태조는 고려 고유의 전통을 살려나가려 했으며 이것이 고려를 하나로 통합시키는데 큰 구실을 할 것으로 생각했던 것이다. 태조가 의도했던 고려문화의 특징적인 모습은 팔관회를 통해 짐작할 수 있다.[16] 팔관회는 天靈 및 五嶽, 名山大川, 龍神 그리고 조상신에 제사지내는 것으로 그는 여기에서 불교를 비롯하여 전통적으로 전래되던 민간신앙을 모두 종합하여 고려 독자적인 모습을 구현하려고 하였다.

 고려 후기에 가서 고구려·백제·신라의 부흥운동이 일어난 것은

---

13) 민족, 민족체의 개념에 관해서는 박한용, 1994, 「한국 근현대의 민족이론과 민족주의론」, 『한국사』 24, 한길사, 283~286쪽. 그는 민족은 신분제가 무너진 근대사회에서 설정된 것이므로 신분제가 공고한 전근대 사회의 민족의식을 민족체로 명기하고 있다.
14) 『三國史記』 卷5, 新羅本紀5 眞德女王 2年 3月. "春秋又請改其章服 以從中華制 3年 春正月 始服中朝衣冠"
15) 『三國史記』 권9, 新羅本紀9 景德王 16年 12月과 『三國史記』 권34~36, 地理志 참조.
16) 물론 팔관회 행사가 신라·태봉의 것을 계승하였지만 태조는 사원정책과 더불어 팔관회를 고려를 형성하는데 중요한 기능을 담당하도록 하였다.
 『高麗史』 권69, 禮11 嘉禮雜儀 仲冬八關會儀 참조.

태조가 시도한 민족체의 응집력이 후대에 지속되지 못해 일정한 한계가 있었다고[17] 볼 수도 있다. 그러나 후삼국 시대와 달리 부흥운동이 민의 호응을 받지 못해 제대로 계속되지 못하고 금방 끝나버린 것은 태조가 시도했던 민족체의 응집력이 어느 정도는 형성되어 있었음을 보여주는 예라고 거꾸로 생각할 수도 있다.

둘째로는 후삼국 통일에 공을 세운 장수들을 정리할 필요성을 느낀 것 같다. 통일 이후의 고려정세를 살펴보면, 태조는 즉위한지 18년만에 후삼국을 통합하였다(936). 그러나 통일된 나라를 이루기는 했으나 지방에는 호족세력들이 여전히 자신의 영역에서 호령하고 있었고, 전쟁이 끝난 조정에는 후삼국 통일 과정에서 공을 세운 장수들이 득실거렸다. 태조를 보좌하여 후삼국 통일의 공을 세운 장수들은 그들의 노고에 대한 대가로 관직과 토지, 노비 등 일정한 이권을 요구하였으리라 생각된다. 예컨대 경순왕이 고려에 투항하였을 때 왕건은 敬順王 金傅에게 觀光順化衛國功臣 上柱國 樂浪王 政丞 食邑 八千戶를 제수하고 직위는 태자의 위에 두었으며 해마다 녹봉 1천석을 주고 慶州의 事審으로 삼았다.[18] 그런데 김부가 경주 사심이 되자 모든 공신들이 또한 이를 본받아 각기 자신이 거주한 지역의 사심이 되었다고 한다. 만약 사심의 임무나 역할이 새로운 것이었다면 대다수 공신이 한꺼번에 사심이 되는 것은 간단한 일이 아니었을 것이다. 결국 공신들은 사심으로 임명될 本州에 대한 특정한 권리를 이미 이전부터 인정받고 있었음을 시사한다.[19] 따라서 지방관도 제대로 파견하지 못하고 있는 태조대에 왕권이 지방에 미칠 수 있는 범위는 대단히 한정적일 수 밖에 없었다. 그는 이를 타파하고 싶었을 것이다.

특히 태조는 6명의 왕비와 23명의 부인을 두었는데, 이는 상당수

---

17) 채웅석, 2002, 「고려시대 민족체 인식이 있었다」, 『역사비평』 58.
18) 『高麗史節要』 권1, 太祖 18年 12月 壬申.
19) 李純根, 1986, 「高麗時代 事審官의 機能과 性格」, 『高麗史의 諸問題』, 三英社, 187쪽.

의 호족이 중앙에서 자신의 기반을 다지기 위해 왕실과의 통혼을 원하여 이루어진 것이었다.[20] 물론 태조도 안정된 지지기반의 필요성에서 혼인을 강행하였던 만큼 그가 죽은 후 왕위 쟁탈전이 우려되는 것은 당연한 노릇이었다. 그는 <훈요 10조>를 남기면서 다음과 같이 말하였다.

> C. 후대 자손들이 마음가는대로 함부로 하여 기강을 어지럽힐까 크게 근심이 된다. 이에 <훈요>를 지어 후대에 남기려 하니 무릇 아침 저녁으로 펴보아서 영원히 귀감으로 삼도록 하라.[21]

태조가 <訓要>를 남긴 첫 번째 이유는 그가 죽은 후 25명이나 되는 아들들이 호족들과 결합하여 왕위쟁탈전을 일으킬까 우려했기 때문이었다. 태조는 고려를 세우는 과정에서 장수들과 함께 전쟁터에서 생활하여 이들의 성향을 잘 파악하여 통솔하였으므로, 그들은 태조에게는 함부로 반감을 품거나 대적하려 들지 않았다. 그러므로 태조가 왕위에 있을 때에는 이들을 어느정도 무마할 수 있지만 다음 대에 호족이나 장수들이 어떻게 나올지는 충분히 짐작할 수 있는 일이었다. 이미 태조의 나이 66세였다. 언제 죽을 지 모르는 나이인데 그가 죽고난 후에 호족들이 반역을 저지르지나 않을지, 아들 혜종이 제대로 왕위를 유지할 수 있을지 근심이 될 수 밖에 없었다. 태조는 국내의 안정을 위해서라도 외부에 시선을 돌려 거란에 대한 적대의식을 강화시킬 필요가 있었다.

물론 그는 옛 고구려 영역을 회복하는데 차질을 빚게한 거란에 대해 반감을 가지고 있었으며, 武將들 상당수도 태조와 같은 심정이었

---

20) 嚴成鎔, 1986, 「高麗初期王權과 地方豪族의 身分變化」『高麗史의 諸問題』, 三英社, 50~51쪽.
21) 『高麗史』 권2, 太祖 26年 4月. "第恐後嗣 縱情肆欲 敗亂綱紀 大可憂也 爰述訓要 以傳諸後 庶幾朝披夕覽 永爲龜鑑"

제1장 태조의 대거란 정책과 고려 건국이념의 형성 17

을 것이다. 이를 이용해서 국내의 안정과 북진정책, 두가지를 모두 실현시키기 위해 그는 일대 모험을 감행하였다. 즉 후진과 연합하여 거란을 치고자 한 것이다. 거란에 승리할 수 있다면 숙원인 옛고구려 땅을 되찾을 수 있으며 국내적으로는 장수들을 전방에 내몰아 그들의 시선을 밖으로 돌릴 수가 있었다. 이것은 조정에서의 권력다툼보다 훨씬 바람직한 일이었고 대외적으로는 인척의 나라인 발해의 원한을 갚는다는 명분을 내세워 국내의 갈등을 잠재울 묘책이기도 했다. 이를 위해 왕건은 후진의 고조에게 거란 협공을 제의하였다. 다음 기록을 보자.

> D. 後晉 天福 연간에(936~943) 서역승려 襪羅가 내조하였는데 火卜에 능하였다. 그는 얼마 후에 高祖를 하직하고 고려로 유람하기를 청하였다. 왕건이 그를 극진히 예우하였는데, 당시는 거란이 발해 땅을 병탄한 지 여러 해가 지난 시기였다. 왕건이 조용히 말라에게 이르기를, "발해는 본디 나의 친척의 나라인데 그 왕이 거란에게 잡혀 있습니다. 내가 그대 조정을 위하여 공격하여 장악하고자 하며, 또한 오랜 원한을 갚으려고 합니다. 선생께서는 돌아가 천자에게 말하여 기일을 정하여 함께 습격하도록 합시다."라 하였다. 말라가 돌아가 모두 아뢰었으나 고조는 응하지 않았다. 후에 出帝(942~946)가 거란과 전투하게 되자 말라가 다시 그 일을 아뢰었다. 帝가 郭仁遇로 하여금 왕건에게 詔旨를 가져가게 하여 거란 영역을 깊이 들어가 공격하여 거란을 위협하도록 하였다. 그러나 이 때는 왕건이 이미 사망하고 武(惠宗)가 나라 일을 맡으매 그 아버지 때의 대신들과 잘 조화하지 못하여 서로 싸워 죽이고 있었던 시기였다.[22]

위의 기록에서 태조는 발해를 친척의 나라라고 했다. 이것은 934년 7월에 고려에 귀부해 온 발해 세자 大光顯에게 王繼라는 이름을 주어 종실의 적에 올리고 발해왕실의 제사를 계속 받들게 해준 사실을[23] 염두에 두고 한 말이라고[24] 생각한다.

---

22) 『資治通鑑』 권285, 後晉紀 齊王 開運 2년(945) 11월 戊戌.

태조는 후삼국을 통일한 이후에는 북진정책을 써서 옛고구려 땅을 회복할 생각을 품고 있었다. 이는 고려라는 국가의 명칭이나 서경개척을 통해 충분히 추정이 가능하다고 판단된다. 그러기 위해서는 당연히 발해는 제압해야 하는 대상이었을 것이다. 그는 궁예를 몰아내고 국왕으로 즉위한 그 해, 고구려의 마지막 수도였던 平壤을 대도호부로 삼고 사촌동생 王式廉과 광평시랑 列評을 보내어 이곳을 다스리게 했던 것이다. 그러나 고려가 후삼국을 통일하기 전에 거란이 발해를 멸망시킴에 따라 태조의 꿈은 깨어졌다. 이에 따라 그의 목표는 발해에서 거란으로 바뀌었으며, 대신 발해를 고구려와 연계시켜 포용하고자 했다고 생각된다.

태조가 거란에 분노한 것은 당연한 일이었으므로 대외적인 측면에서도 고려와 거란과의 전쟁은 충분히 설득력이 있었다. 그러나 후삼국을 통일한 지 얼마 되지 않아 전쟁을 일으킨다면 후백제나 신라땅에서 반란이 일어날 수도 있었다. 더구나 점차 세력을 키워나가고 있는 거란과 독자적으로 전쟁을 일으켜서 고려가 만일 패배라도 하게 된다면 큰 부담이 되지 않을 수 없었다. 그것은 왕조의 존립여부와도 관련되는 일이었다. 그러므로 태조는 다른 나라와 연합하여 고려의 위험부담을 줄이기 위해 후진에 그 의사를 타진하였던 것이다.[25]

---

23) 『高麗史』 권2, 太祖 17년 7월.
24) 宋基豪, 1995, 「발해의 멸망」 『渤海政治史硏究』, 一潮閣, 202~203쪽.
   친척의 나라로 부른데 대해 민족의 동질성으로 이해하거나 대광현을 왕실의 일원으로 본 것을 지칭하기도 하고 혹은 실제 혼인관계가 있었다고 보는 등 다양한 견해가 있다. 자세한 내용은 서성호, 앞의 논문, 33쪽, 주 64) 참조.
25) 여기에 대해 강대량(강진철)은 그 시기가 고려가 후삼국을 통일한지 불과 2년 후이므로 고려의 전력이 거란을 이길 수 없다고 하였다. 또한 서성호도 고려와 후진에 의한 거란협공은 매우 비현실적으로서, 태조가 실제로 거란협공을 수행하기 위해 제의한 것이 아니라 군사협력의 관계로 발전시키기 위해서라고 판단하였다. 그러나 고려는 후백제와의 전투경험이 많은 군대가 포진하고 있었으므로 오히려 전쟁에서 승리를

태조가 후진의 연호를 쓰는 한편 황제의 신임을 받고있는 승려 말라를 융숭하게 대접하고 설득하여 고려편에 끌어들였음에도 後晉 高祖(石敬瑭)는 이를 받아들일 수가 없었다. 당시 후진은 거란을 君臣의 禮로 대하고 燕雲 16州를 할양하며 매년 비단 30만필을 조공으로 바치는 형편이었다. 다음 出帝 代에 와서 거란과의 굴욕적인 외교를 극복하고자 그제서야 고려와의 연합에 관심을 가지고 사신을 파견하였지만, 이미 이때는 태조가 죽고 혜종 대에 들어서서 왕위쟁탈전이 일어나 내분에 휩싸였을 때였다. 결국 후진과 연합하여 거란을 공격하려던 태조의 계획은 이루어질 수가 없었으며 946년(정종 1)에는 후진도 거란의 공격을 받아 멸망하였다.

후진과의 연합전선이 무위로 돌아가자 태조는 거란에 대한 반감을 노골적으로 드러내어 거란이 고려를 치게끔 유도하기 위해 낙타를 굶겼다고 생각된다. 태조가 바로 전쟁을 선포하지 않고 거란이 먼저 공격하도록 시도한 것은 오랫동안의 후삼국 통일전쟁에 지친 장수들과 군인들의 반발과 불만이 만만치 않았기 때문이라고 생각된다. 또한 후삼국만 통일되면 평화가 올 것이라고 기대하는 농민들의 열망을 태조가 먼저 깨뜨리기가 어려웠기 때문은 아닐까. 태조가 거란사신을 귀양보내고 낙타를 죽이는 행위로 보아 당시 거란의 전력은 고려를 이길 정도로 크게 강하지 않았던 것으로 보인다.[26] 태조는 승리를 기대할 수 있었으므로 어떻게 하든지 소규모의 전쟁을 일으켜 북진정책을 달성하고 내분을 극소화시키려고 했던 것이다. 요컨대 그가 후진과 연합을 시도하거나 낙타를 죽여 전쟁을 유도했던 1차적인 목적은 왕권의 안정이었고 다음은 북진정책으로서, 두 마리의 토끼를 한꺼번에 잡는 것이었다. 이것은 태조가 죽은 직후부터 고려가 내

바라볼 수도 있지 않았을까 생각된다(강대량, 앞의 논문 60쪽 ; 서성호, 앞의 논문 36쪽).
26) 서성호, 앞의 논문, 41쪽.

분에 휩싸이고 왕권이 흔들리고 있는 사실에서도 잘 알 수 있다. 이에 관한 보다 상세한 내용이 최승로 상서문 五朝政績評에 보인다.

> E-1) 혜종이 병이 들어서 위독해지자 宰臣 王規 등이 비밀리에 음모를 꾸며 왕실을 엿보았습니다. 정종이 이를 먼저 알고 비밀리에 西都의 忠義가 있는 장수들과 계책을 세워 대비하였습니다. 이에 장차 내란이 일어나려고 할 때에 대규모의 衛兵이 이르렀으므로 간악한 계책이 이루어지지 못하고 여러 흉악한 무리들이 죽임을 당했습니다.[27]
>
> 2) 또 일찍이 혜종·정종·광종 3왕이 왕위를 계승할 때를 보건대 모든 일이 안정되지 못한 즈음에 개경·서경의 문무관의 반이 죽거나 다쳤습니다. 하물며 광종 말년에는 세상이 어지러워 참소가 일어나서 대저 형벌에 연루된 자가 무고한 사람이 많았으며 역대의 勳臣 宿將들도 모두 죽음을 면치 못하고 제거되어 景宗이 왕위에 오를 때에는 舊臣으로 살아남은 자는 40여명뿐이었습니다.[28]

위의 기록에 의하면 혜종이 위독하였을 때 정종을 도와 왕위를 약탈한 세력은 왕식렴 뿐 아니라 서경의 忠義가 있는 장수들이 많이 가담하였다고 한다. 이는 태조가 죽은 직후부터 야기된 만큼 이같은 불온한 기류는 태조대에도 예측이 가능했으리라 생각한다. 그러므로 그는 거란과 갈등을 빚어 대외관계의 불안감을 조성함으로써 국왕을 중심으로 일치단결을 원했을 것이다. 즉 태조는 그의 사후에 후삼국 통일에 공을 세운 신하들이 왕자들과 야합하여 권력쟁탈전을 일으킬 것을 우려하여 거란과의 전투를 기대했다고 판단된다. 고려의 군대는 오랫동안 후백제와의 전투에서 단련된 군사들이니 만큼 어느 정

---

[27] 『高麗史』 권93, 列傳6 崔承老. "及惠宗寢疾彌留 宰臣王規等 潛有所圖 窺覦王室 定宗先認之 密與西都忠義之將 定計而爲備 及內難將作 衛兵大至 故姦計不成 群兇受誅"
[28] 앞의 책. "又曾見 惠定光三宗 相繼之初 百事未寧之際 兩京文武 半已殺傷 況屬光宗末年 世亂讒興 凡繫刑章 多是非辜 歷世勳臣宿將 皆未免誅鋤而盡 及景宗踐祚 舊臣之存者 四十餘人耳"

도는 승리를 자신했던 것 같다. 태조는 고구려의 영토회복과 더불어 대외적인 긴장감을 조성하여 그의 대에 이어 아들 대에도 왕권을 안정시키려는 목적으로 낙타를 굶겨 죽였던 것이다. 거란의 입장으로서는 분노할 수 밖에 없는 사신을 귀양보내고 낙타를 餓死시킨 만부교 사건에 대해 이렇다할 행동이 보이지 않는다. 다만 이후 발해민의 고려 투화가 뜸해지는 것으로 보아 거란이 그들 통치하의 발해유민을 강력하게 통제하여 투화를 억제하는 내부단속에만 주력했던 것으로 파악된다.29)

 당시 대외정세를 보면 태조 25년 6월에 후진의 고조가 죽고 출제가 즉위하면서 출제는 거란에 조공을 바치는 군신의 예를 기꺼워하지 않았다. 후진과의 관계가 냉각기에 빠져들면서 거란은 후진과 고려가 연합전선을 맺어 거란을 공격하는 빌미를 주지 않으려 했다. 고려가 후진의 편만 들지 않는다면 거란은 후진과의 전쟁을 자신했던 것 같다. 후진과의 일전을 눈앞에 두고있는 거란의 입장에서는 고려와 다시 전쟁을 벌이기에는 무리였을 것이다. 이에 따라 낙타를 죽이고 사신을 가두는 행위에 대해 거란이 전쟁을 일으키거나 그들의 불만을 나타내는 외교적인 조처를 취하지 않음으로서 태조는 그가 의도했던 성과를 거두지 못하였다. 죽음에 임박한 그가 마지막으로 할 수 있는 일은 <훈요>를 남겨 후세 왕들에게 경각심을 불러일으키는 것 외에는 아무 것도 없었다.

---

29) 韓圭哲, 1997,「渤海遺民의 高麗投化」『釜山史學』33, 27쪽.

Ⅲ. 고려 건국 이념의 형성과 <訓要10條>

1. 건국 이념의 형성

태조는 <훈요>뿐 아니라 「정계」와 「계백료서」를 남겨 국왕 뿐 아니라 신하들에게도 그들의 본분을 지키도록 하였다. 그러나 이는 전해지지 않는다. 다만 남아있는 <훈요>를 통해 그가 지향하는 고려 사회를 짐작할 수 있을 따름이다.

> 첫째, 우리 국가의 대업은 여러 부처님의 호위에 의거한 것이다. 그러므로 선종·교종 사원을 창건하고 주지를 파견하여 불도를 닦음으로써 각기 자기 직책을 다하도록 하라. 그런데 후세에 간사한 신하가 정권을 잡아 승려들의 청탁을 따르게 되면 각 사원을 서로 쟁탈하게 될 것이니 이런 일을 엄격히 금지하여야 한다.[30]
>
> 둘째, 모든 사원은 모두 道詵이 산천의 좋고 나쁜 것을 가려서 창건한 것이다. 도선이 말하기를, '내가 선정한 이 외에 함부로 사원을 짓는다면 地德을 훼손시켜 국운이 길지 못할 것이라'고 하였다. 내가 생각하건대 후세의 國王, 公侯, 后妃, 朝臣들이 각기 願堂이라는 이름으로 더 많은 사원들을 증축한다면 국가에 큰 근심이 될 것이다.[31]
>
> 여섯째, 나의 지극한 관심은 燃燈과 八關에 있다. 연등은 부처를 섬기는 것이요 팔관은 天靈, 五岳, 名山, 大川, 龍神을 섬기는 것이다. 후세에 간악한 신하가 加減할 것을 건의하더라도 마땅히 금지시켜야 할 것이다.[32]

---

30) 『高麗史』 권2, 太祖 26年 4月. "其一曰 我國家大業 必資諸佛護衛之力 故創禪敎寺院 差遣住持焚修 使各治其業 後世姦臣執政 徇僧請謁 各業寺社 爭相換奪 切宜禁之"
31) 위와 같음. "其二曰 諸寺院 皆道詵推占 山水順逆 而開創 道詵云 吾所占定外 妄加創造 則損薄地德 祚業不永 朕念後世 國王公候后妃朝臣 各稱願堂 或增創造則 大可憂也"

<훈요 10조> 중 그의 고려 만들기에는 불교를 중심사상으로 삼고 있으며(1, 2, 6조), 대외관계와 관련 있는 항목도 3개나 된다(4, 5, 9조). 그 외는 상속문제, 국왕이 官吏와 백성에 대해 취해야 할 태도, 인재 등용 문제들로서 국왕이 지켜야 할 자세에서 유학의 영향도 보인다. 그러나 주지하다시피 불교는 삼국시대부터 신라, 발해에 이르기까지 중심적인 사상이었다. 그는 이를 계승하여 불교를 중심 이념으로 삼고자 하였는데 그 중에서 그가 가장 주안점을 둔 것은 사찰의 창건과 통제이다. 신라시대의 불교가 경주를 불국토로 생각하고 국왕은 부처님과 동질적인 존재로서 파악하는 진종설화를 만들어 내었다면[33] 고려의 불교는 그 정도로 강력한 힘을 가진 것은 아니었다. 즉 신라왕실이 석가집안과 동일시함으로서 왕권의 신성성을 강조하였다고 하여 고려가 신라의 방식대로 할 수는 없었다. 정변을 일으켜 고려를 세워 아직 확고한 정통성이 부족한 태조로서는 신라에 비해 의식수준이 높아진 주민을 상대로 개경만을 불국토라 하며, 태조를 석가와 동일시하는 것은 무리가 있었다. 그러므로 고려는 제도적으로 전국의 사찰을 국가가 관리함으로서 지방관을 파견하지 못하던 시기에 지방통제의 일환으로 이용하려고 한 것으로 파악된다. 즉 태조는 禪師를 우대하고 禪宗을 추종하였지만,[34] 그의 목표는 불교를 통해 민심을 회유하며, 사원을 정부의 통제하에 두는 것이었다고 판단된다. 그는 <훈요>에서 언급한대로 불교에 관한 그의 태도를 분명히 하여 그의 후

---

32) 위와 같음. "其六日 朕所至願 在於燃燈八關 燃燈所以事佛 八關所以 事天靈及五嶽名山大川龍神也   後世姦臣 建白加減者 切宜禁止"
33) 許興植, 1994,「中世의 佛敎와 社會思想」『韓國中世佛敎史硏究』, 一潮閣, 90~91쪽.
    安智源, 1999,『高麗時代 國家 佛敎儀禮硏究』, 서울대학교 박사학위논문, 234~236쪽.
    안지원은 진종설을 진평왕의 왕권강화를 정당화하는 지배 이데올로기로 파악하고 있다.
34) 金杜珍, 1981,「王建의 僧侶結合과 그 意圖」『韓國學論叢』4, 國民大學校.

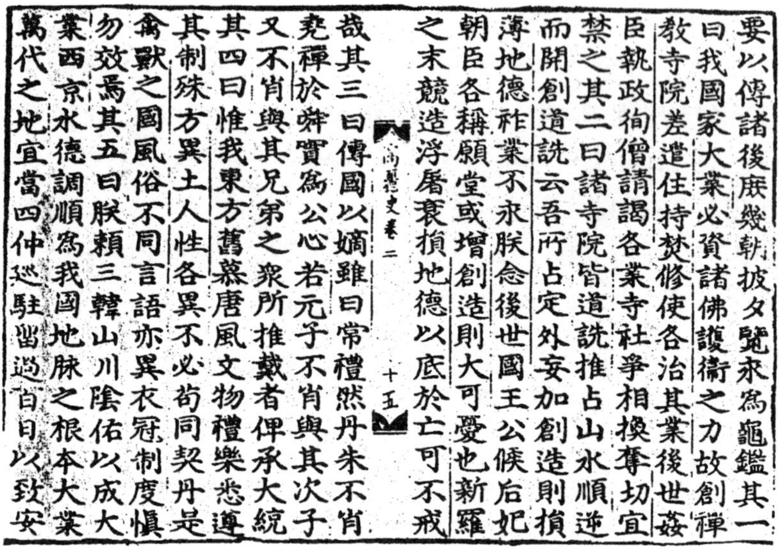

〈그림 2〉 훈요 10조

대에도 계속 정부가 사원을 관리할 것을 주지시켰다. 다음 기록을 비교해 보도록 하자.

F-1) 우리 태조대왕은 국가의 토대를 닦고 선법을 독실히 숭상하였으며, 이에 五百禪宇를 서울과 지방에 창건하여 승려들을 거처하게 하고 2년에 한 번씩 담선법회를 서울에서 열었던 것은 北兵을 진압하기 위한 것이었다.[35]

2) 태조는 용덕 원년(921)에 海會를 설치하여 승려들을 선발하였다.[36]

3) 태조가 삼국을 통일하고 師가 이곳에 절을 짓고 있다는 말을 듣고 五岬의 田地 五百結을 이절에 납부하였다. 淸泰 4年 丁酉에 賜額하여 雲門禪寺라 하고 袈裟의 靈蔭을 받게 하였다.[37]

---

35) 李奎報, 「龍潭寺 叢林會牓」, 『東國李相國集』 25.
36) 李智冠 譯註, 「海美 普願寺 法印國師 寶乘塔碑」 『歷代高僧碑文』-고려편 2-. "龍德元年 置海會 選緇徒"
37) 『三國遺事』 권4, 義解5 寶壤梨木. "未幾 太祖統一三國 聞師至此創院而居

F-1)은 <훈요> 제2조를 보완한 내용이라 볼 수 있다. 태조가 서울과 지방에 500개의 선종사찰을 창건했다는 것은 창건이라기 보다는 고려왕조가 그 이전에 존재했던 사찰을 정부 차원에서 공인해 준 것을 의미한다고 생각한다. 태조는 사찰을 공인해 주었을 뿐만 아니라 사원의 존립이 가능하게 토지를 시납했던 것이다. 위에서 보는 바와 같이 승과시험을 국가 차원에서 치르고 토지를 주어 사찰을 국가의 통제권 내에 들어 있도록 하였으며, 2년에 한번씩 담선법회를 개경에서 열어 지방세력을 통제했던 것으로 보인다.

호족세력이 득세하여 지방관을 파견하지 못하는 상황에서 태조는 호국불교의 성격을 강화시켜 사원이 개인의 구복보다 국가를 위한 공공물로 존재[38]하도록 시도하였다. 따라서 海會와 叢林은 불교계를 회유하려는 목적에서 실시된 것이다. 뿐만 아니라 그는 개경을 중심으로 많은 사원을 창건하여 각 종파를 안착시키고 많은 불교행사를 통해 민심을 통합하였으며[39] 지방세력도 사원을 중심으로 통제하고 제어하였다.[40] 가령 태조대에 사원을 새로 건립하자면 중앙의 都評省(廣評省)에 보고하였고 중앙에서는 해당 현에 보내진 入京使라는 직임을 지닌 사람의 보고를 참고하여 사원의 조성을 허락 받아야만 했다.[41]

그가 가장 중시한 것은 불교를 통해 후백제 영역의 주민들과 화합하는 일이었다. 특히 후삼국 시대에 들어서면서 고려와 후백제는 통

乃合五岬田東五百結納寺 以清泰四年丁酉 賜額曰 雲門禪寺 以奉袈裟之靈蔭"
38) 許興植, 1976,「高麗의 僧科制度와 그 機能」『歷史教育』19 ; 1986,『高麗佛教史研究』, 一潮閣 재수록, 361~362쪽.
39) 한기문, 1983,「고려태조의 불교정책-창건 사원을 중심으로」『大丘史學』22.
40) 徐珍敎, 1996,「高麗太祖의 禪僧포섭과 住持파견」『高麗太祖의 國家經營』, 서울대학교출판부, 366쪽.
41)『韓國金石全文』中世 上,「榮風 境清禪院 慈寂禪師 凌雲塔碑」, 317쪽.

〈그림 2〉 개태사 삼존불 사진

일의 명분하에 서로 싸워온 것이 무려 40여년 이었다. 통일을 이룬 후에도 서로를 적대시하여 싸운 감정은 남아있을 수밖에 없었고 이것이 <훈요> 8조의 車峴 以南과 公州 江 밖의 인물을 중용하지 말라는 극단적인 언어로 표명되기에 이르렀다고 생각된다.

후삼국 통일을 자축하는 의미에서 만들어진 개태사의 경우를 보면, 태조는 발원문에서 후백제의 정복을 군사활동에 의한 것으로 보지않고 여러 부처의 衛護之力에 의한 것으로 기록하였다.[42] 그러나 개태사의 부처는 어깨가 두텁고 손이 커서 인자한 부처님 모습보다

---

42) 梁銀容, 1992, 「高麗太祖 親製 開泰寺華嚴法會疏의 硏究」 『伽山李智冠스님 華甲紀念論叢 韓國佛敎文化思想史』 上 ; 1998, 『韓國思想論文選集』 28, 불함문화사 재수록, 818쪽.

는 전쟁터를 누비는 장수를 연상케 한다. 이는 위협적이고 강력한 힘을 상징하는 큰 손과 장대한 체구를 가진 부처님의 모습을 통해서 백제지역 주민에게 위엄을 과시하며, 한편으로는 복종시키려는 의도가 나타난 것으로 생각된다. 비단 태조 때뿐만 아니라 광종 때 만들었다는 논산 관촉사의 은진미륵이나 부여 대조사의 미륵불 등 백제지역의 부처들도 상당히 두터운 체구를 자랑한다.[43] 요컨대 태조는 불교를 당시의 분산되고 서로 적대감에 쌓여있던 후삼국시기의 사람들을 하나의 통일된 나라사람으로 만드는데 이용하였음을 알 수 있다. 그리고 태조는 민심을 끌어들이기 위해 팔관회와[44] 연등회를 만들어 이 축제로서 고려민을 하나로 만드는데 이용하였다.

불교와 더불어 고려민을 정신적으로 하나로 통합시키는데 태조가 생각해낸 것이 동족의식이라는 고려 나름의 민족개념이었다. 여기에 적합한 나라가 발해였던 것이다. 이에 태조는 거란에 대한 적대의식과 발해의 동족의식을 창출하여 한민족 만들기의 일환으로 이용하였다. 계속해서 <훈요>를 보자.

> 네째, 우리 동방은 옛날부터 당의 풍습을 본받아 문물 예악도 모두 그 제도를 준수하여 왔다. 그러나 지역이 다르면 사람의 성품도 제각기 같지 않으니 구태여 같게할 필요는 없다. 거란은 禽獸의 나라이므로 풍속이 같지 않고 언어도 역시 다르니 삼가 衣冠제도를 본받지 마라.[45]
>
> 다섯째, 내가 삼한 산천의 도움을 받아 대업을 이루었다. 서경은 水

---

43) 개태사의 3부처는 대개 4m 내외이며, 은진미륵은 18.2m, 대조사 미륵불은 10m로서 상당히 크고 건장하다. 고려초 조각품이 지방적 양식을 띠어 거칠고 세련되지 못한 탓도 있지만 국가 차원에서 만든 불상이 크고 엄숙하여 주로 위엄을 과시하는 것은 의도적이지 않나 필자는 생각한다.
44) 奧村周司, 1979, 「高麗における八關會的秩序と國際環境」 『朝鮮史研究會論文集』 16.
45) 『高麗史』 권2, 太祖 26年 4月. "其四曰 惟我東方 舊慕唐風 文物禮樂 悉遵其制 殊方異土 人性各異 不必苟同 契丹是禽獸之國 風俗不同 言語亦異 衣冠制度 慎勿效焉"

德이 순조로워 우리나라 地脈의 근본이며 萬代 王業의 기지이다. 마땅히 四時의 仲月에는 그 곳에 행차하여 1백일 이상 머물러 나라의 안녕을 도모하도록 하라.46)

아홉째, 또 강하고 악한 나라를 이웃하고 있으니 어찌 위태로움을 잊어버릴 것인가. 군사는 마땅히 보호하고 구휼하며 요역을 헤아려 면제해줄 것이며, 매년 가을에 사열하여 무예가 특출한 자들은 마땅히 벼슬을 더하여 주도록 하라.47)

태조의 거란정책은 후삼국 통일 이후에 구상된 것으로 판단되는데, 후삼국 통일 이전까지는 거란에 사신을 보내어 친선관계를 유지하였기 때문이다.48) 그는 거란의 의관제도를 본받지 말 것, 서경에 자주 행차할 것, 그리고 거란을 강하고 악한 짐승같은 나라로 묘사함으로서 우리와 다른 이민족임을 명시하고, 이 이민족의 침략을 방어하기 위해서 군사를 잘 진무할 것을 강조하였다. 뿐만 아니라 중국에 대해서도 우리와 사는 곳이 달라 관습도 다르므로 구태여 같게할 필요가 없다고 하여 거란 뿐 아니라 중국과도 일정한 선을 그어 고려의 독자성을 표명하고자 했다.

태조가 거란을 제압해야 할 대상으로 인식하고 있었지만 그의 생전에 서북방 지역에 설치한 鎭들이 모두 청천강 이남인 것으로 보아49) 그의 북방정책은 거란의 대두로 인해 큰 성과를 거두지 못하고

---

46) 위와 같음. "其五日 朕賴三韓山川陰佑 以成大業 西京水德調順 爲我國地脈之根本 大業萬代之地 宜當四仲 巡駐留過百日 以致安寧"
47) 위와 같음. "其九日 … 又以强惡之國爲隣 安不可忘危 兵卒宜加護恤 量除徭役 每年秋閱 勇銳出衆者 隨宜加授"
48) 한규철, 1994, 「발해멸망기의 교섭」『발해의 대외관계사』, 신서원, 147~152쪽.
49)『高麗史』권58, 地理3, 그리고 兵2 城堡와『高麗史節要』권1, 太祖條 참조. 姜大良, 앞의 논문 28~30쪽.
태조2년-龍岡縣(平南龍岡), 3년-咸從縣(平南 江西郡 咸從面)·安北府(安州), 4년-雲南縣(平南 寧邊), 8년-成州, 11년-通德鎭(肅州), 安定鎭(順安), 12년-安定鎭(順安)·安水鎭(价州)·興德鎭(殷州).

있었다. 이에 태조는 옛 고구려 땅을 수복하기 위한 1차적 작업으로 서 병사의 처우개선과 더불어 백성들이 고려를 자신의 나라로 생각하게 하는 의식이 필요함을 인식하였다. 그러기 위해 고려의 독자성을 강조하였고 불교를 중심사상으로 내세워 고려민을 하나로 만들고자 했다. 여기에는 후백제·신라의 영역 뿐 아니라 발해를 흡수시킴으로써 옛 고구려 주민들을 완전하게 끌어들이려고 했던 것이다.

태조가 북진정책을 내세워 서경을 중시하였지만, 이곳으로 천도하려는 의지가 확실했다고는 생각되지 않는다. 서경 우대는 서경세력의 군사력 이용과 고구려 유민들을 우선 결속시키기 위함이었지 그가 생각한 수도는 여전히 개경이었다고 생각한다. 그러므로 그는 천재지변을 내세워 자연스럽게 서경의 위치가 개경 다음임을 명시하였다. 서경으로의 천도포기를 시사한 내용은 이미 후삼국을 통일하기 전인 태조 15년에 나타나고 있다.

> G. 근래에 서경을 완전히 보수하고 백성을 옮겨 채운 것은 地力에 의거하여 삼한을 평정하고, 장차 이곳에 도읍을 정하려고 한 것이다. 그런데 지금 민가의 암탉이 수탉으로 변화하고 큰 바람이 불어서 官舍가 무너졌으니 대체 무슨 재변이 이렇게까지 일어나는가.[50]

태조는 재변을 내세워 서경천도의 어려움을 거론하였다. 천도문제는 재변으로 인한 것이라기 보다는 사실은 개경민과 호족들의 반발 때문이었으리라 생각된다. 그가 죽은 후 정종대에 서경천도를 발표하고 개경 주민들을 뽑아 서경에 충당시키자 주민들의 분위기가 이를 받아들이지 않고 원망과 비방이 일어났다고[51] 하였으니, 태조 또한 서경천도를 강행하였다면 마찬가지였을 것이다. 그러나 천도포기

---

50) 『高麗史』 권2, 太祖 15年 5月 甲申. "頃完葺西京 徙民實之 冀憑地力 平定三韓 將都於此 今者民家 雌雞化爲雄 大風官舍頹壞 夫何災變至此"
51) 『高麗史』 권2, 定宗 3年 3月 丙辰.

에 대한 부담도 있었다. 그는 이에 대한 서경민들의 반발이 행동으로 나타날 것을 우려하여 서경을 대표하는 세력인 유금필을 미리 유배 보낸 것으로 보인다.

당시 후삼국의 상황을 보면, 태조 14년(931) 2월에 신라왕이 太守 謙用을 보내어 만나기를 요청하여 태조가 직접 신라를 방문하였다. 이때 그는 불과 50여명의 기병을 거느리고 갔다고 하는 것으로 보아 신라에 대한 고려의 자신만만한 태도를 엿볼 수 있으며, 이를 토대로 서경세력을 약화시키려고 하였다. 그 해 11월 辛亥일에는 西京에 행차하였으며 이듬해 15년(932) 3월에는 유금필이 鵠島로 귀양갔다.[52] 유금필의 유배는 서경세력의 약화를 의미하는 것으로, 여기에는 최응 등 관료들과 개국공신이 연관된 것으로 보인다. 즉 경순왕이 귀부를 약속하고 고창전투에서 후백제가 패배하여 후삼국 통일의 전망이 밝아지자 이제는 고려 내부에서 주도권 다툼이 일어나 추대공신과 서경세력의 갈등이 표면화되고 있었다. 이에 태조는 측근 문신들과 논의하여 공신세력의 손을 들어주었던 것이다.

이듬해 그는 천재지변을 구실로 사실상 천도포기를 뜻하는 서경경영정책의 대폭적인 완화조처를 공포하였다. 태조 13년 정월의 고창군 전투의 승리로 이제는 승세가 후백제에서 고려로 바뀌었기 때문에 유금필·박수경 등 서경세력이 지닌 우세한 군사력에 기대는 상황에서[53] 조금은 자유로와졌기 때문이라고 판단된다. 그러나 서경으로의 천도를 포기한 것이지 서경을 중시하는 생각이 달라진 것은 아니었다. 태조의 입장에서 고구려 계승, 북진정책, 반거란 정책은 서경과 더불어 고려를 하나로 맺어주는 연결고리였기 때문이었다. 그러므로 <훈요>의 제5조에서 보는 바와 같이 비록 천도하지 않더라도

---

52) 『高麗史』 권92, 列傳5 庾黔弼.
53) 李泰鎭, 1977, 「金致陽亂의 性格」『韓國史研究』 17, 76쪽.
　　氏는 왕건이 서경을 중시한 것은 서경의 군사력에 의존하기 위해서라고 파악하고 있다.

1년에 100일 이상 서경에 머물도록 하여 서경이 여전히 개경 다음으로 중요한 지역임을 강조하였다.

2. 건국 이념의 형성에 참여한 인물

조선왕조의 개국시조는 이성계이지만 실지로 조선왕조를 세우는 기틀과 이념을 구축한 인물은 정도전이라고 이야기되고 있다. 조선왕조의 법전을 편찬하고, 성리학에 토대를 둔 사회를 만드는 중심에 정도전이 있었다. 이에 비해 고려는 태조의 <훈요>를 통해 추정할 수 밖에 없는데 그의 <훈요 10조>는 불교와 북진정책을 통한 고려만들기로 요약할 수 있다. 당시 태조를 도와 건국이념을 형성하는데 참여한 인물이 누구였는지 유추해 보기로 한다. 태조 대의 인물로 『고려사』 열전에 등장하는 학자는 崔凝, 崔彦撝, 王儒, 崔知夢 등이다. 먼저 태조에게 두터운 신임을 받아 영향력이 컸던 최응의 경우를 살펴보자.

H-1) 어느날 태조가 최응에게 말하기를, "옛날에 신라가 9층탑을 만들고는 드디어 통일의 위업을 이룩하였다. 이제 개경에 7층탑을 건조하고 서경에 9층탑을 만들어서 현묘한 공덕을 빌어 여러 추악한 인물들을 제거하고 삼한을 통합하여 一家를 이루려고 하니 그대는 나를 위해 發願疏를 지으라" 하니 응은 즉시 지어 바쳤다. 태조 15년에 죽으니 나이는 35세였다.[54]

2) 태조는 전쟁을 하고 나라를 세우려던 시기에 음양설과 불교에 대하여 관심을 가지고 있었다. 참모 최응이 태조에게 간하기를, "전해오는 말에 난세에는 문치에 힘써서 민심을 얻는다고 하였으니 군왕의 지위에 있는 사람은 비록 전쟁을 할 때라도 반드시 文德을

---

54) 『高麗史』 권92, 列傳5 崔凝. "他日 太祖謂凝曰 昔新羅造九層塔 遂成一統之業 今欲開京建七層塔 西京建九層塔 冀借玄功 除群醜 合三韓爲一家 卿爲我作發願疏 凝遂製進 十五年卒 年三十五"

닦아야 합니다. 불교와 음양설에 의지하여 천하를 얻은 사람이 있다는 것을 듣지 못했습니다." 태조가 답변하기를, … "佛神의 陰助와 山水의 영험스런 기운이 혹시 일시적인 효과라도 있을까 하는 것을 생각했을 뿐이요. 어찌 이것으로서 나라를 다스리며 민심을 얻는 대도[大經]로 삼으리오. 난이 평정되고 백성들이 평안을 찾게 되면 바로 풍속을 고쳐서 아름답게 교화할 것이다".55)

최응은 黃州 土山 사람으로서 五經에 통달하고 글을 잘 써서 궁예 휘하에서 翰林郎을 지냈다. 그는 왕건이 궁예의 의심을 받아 위기에 처했을때 구해준 공으로56) 왕건이 즉위한 후에도 知元鳳省事·廣評郎中·內奉卿·廣評侍郎을 역임하였다. 위의 내용에서 보는 바와 같이 태조의 생각을 정면에서 비판하고 이에 대해 태조가 해명하는 것을 보면, 왕건과 더불어 국가 설립의 이념을 구축한 인물은 최응이었다고 생각된다. 그러나 그는 태조 15년, 후삼국 통일 이전에 일찍 죽음으로서 그의 포부를 펼만한 시간적 여유는 없었다. 그래도 그는 도참설이나 불교보다는 유학을 토대로 국가를 운영해갈 것을 건의하고 또 태조가 받아들일 것을 약속하여 후삼국 통일 이전에는 그 나름대로의 역할은 한 것 같다. 당시의 행적을 살펴보면, 그는 庾黔弼이 귀양간 직후에 죽었으며, 그가 죽은 이후에 유금필은 풀려나게 된다. 이를 토대로 그와 유금필과의 대립적인 관계를 유추해 볼 수 있다.

왕건을 도와 후삼국 통일에 앞장 선 패강 호족세력은 平州 豆恩坫(그의 딸 龍女는 왕건의 祖父 作帝建의 처)57), 白州 劉相晞(작제건에게 永安城과 궁실을 지어줌), 長湍 韓氏(태조의 어머니), 黃州 皇甫氏(태조 4妃), 中和 金鐵(公山 전투에서 죽은 金樂의 동생) 등을 들 수 있는데,58) 이들 중 가장 강력한 세력이 유금필과 박수경이었다.

---

55) 崔滋, 『補閑集』 上.
56) 『高麗史』 권92, 列傳5 崔凝.
57) 『高麗史』 高麗世系 聖源錄.
58) 金昌謙, 1987, 「太祖 王建의 浿西豪族과 渤海遺民에 대한 정책 연구」

유금필은 평주(평산) 사람으로서, 태조 6년에 북방의 골암진의 여진족을 굴복시켜[59] 북방을 안정시킴으로써 왕건이 남쪽 후백제와의 전쟁에 주력할 수 있게 한 인물이다. 그 외에 그는 후백제와 벌인 燕山鎭, 任存郡 그리고 曹物城 전투에서 큰 공을 세웠을 뿐 아니라 후백제에 의해 위기에 처한 신라를 지키는 데에도 주도적인 역할을 했다. 당시 대다수의 장수나 호족들이 사병을 거느리고 있었고 특히 유금필은 북방의 용맹스러운 군사를 사병으로 편입하여 왕건이 필요할 때 큰 도움을 받았지만 한편으로는 견제의 대상이었다. 신라를 위해 후백제를 물리친 그가 경주에 갔을 때 경주민의 환대는 고려왕을 능가할 정도였다.[60] 그의 군사력을 기반으로 그는 자연히 패강지역의 중심 세력으로 자리잡게 되었으며 왕건은 그의 딸을 9번째 부인으로 맞이하였다.[61]

그와 더불어 패강지역의 강력한 세력은 박수경으로 대표되는 평산 박씨였다. 그는 혜종대에 王式廉과 더불어 堯를 定宗으로 추대한 일등공신이었다. 堯의 왕위계승은 서경세력의 강력한 후원 때문이었다. 그들은 정종대에 주도권을 쥔 것을 계기로 정종을 움직여 정치의 중심지를 서경으로 옮겨 정치적 기반을 확고히 하고자[62] 했지만 정종의 죽음으로 실패했다.

유금필, 박수경으로 대표되는 평산지역은[63] 서경과 이해관계를 같

『成大史林』 4.
59) 『高麗史節要』 권1, 太祖 6年 4月.
60) 『高麗史』 권92, 列傳5 庾黔弼.
61) 『高麗史』 권88, 列傳1 后妃1 東陽院夫人 庾氏.
62) 李泰鎭, 1977, 「金致陽亂의 性格」 『韓國史研究』 17, 78쪽.
63) 왕식렴으로 대표되는 서경세력이 왕실의 후원자 노릇을 한 것은 유금필이 죽은 후에 평산 박씨(박수경)와 왕식렴이 결탁하여 강력한 세력을 구축했기 때문이라고 판단된다. 태조가 왕식렴을 서경으로 보내어 개척한 것은 고구려의 옛 수도라는 점과 평산 등 서경주위의 호족세력을 견제하기 위해서였지만 왕식렴은 이들을 견제하기보다는 서로 보완하는 관계로 변화시켰다고 생각한다.

이 한 것으로 보이며, 태조는 이들 세력이 아들 혜종에게 큰 위협이 된다고 판단했던 것 같다. 태조는 유금필을 귀양보내었으나 그를 견제하던 최응이 죽음으로써 유금필은 정계로 되돌아올 수 있었다. 태조는 다시 그를 중용할 수 밖에 없었다. 당시 후삼국은 고려로 통일되리라 예상되고 있었으나 후백제와의 일전을 남겨두고 있는 상태에서 그의 도움은 필수적이었기 때문이었다. 후삼국 통일후 태조는 거란과의 전쟁을 유도함으로서 그들 호족들의 사병을 전선에 투입시킬 생각이었다고 여겨진다. 다음 최언위, 박유, 최지몽을 살펴보자.

> I-1) 翰林院令 平章事 崔彦撝가 죽었다. … 18세에 당에 들어가 과거에 오르고 42세에 비로소 신라에 돌아와 執事省侍郎・瑞書院學士로 임명되었다. 뒤에 신라가 귀부하자 태조가 명하여 太子師傅로 삼고 문한의 임무를 맡겼다. 宮院의 額號는 모두 그가 작성하였는데 한때는 貴遊들이 모두 스승으로 섬겼다.[64]
>
> 2) 王儒의 본 이름은 朴儒이며 字는 文行이고 光海州人이다. 성품이 순박하고 정직하며 경서와 사기에 통달하였다. 처음에는 궁예에게서 벼슬하여 員外가 되었다가 東宮記室로 옮겼다. 궁예의 정치가 어지러워지자 출가하여 산골짜기에 숨어 지냈다. 태조가 즉위하였다는 소식을 듣고 와서 뵈니 태조가 그를 예로써 대접하면서 말하기를 "좋은 정치를 하는 길은 오직 어진 사람을 구하는데 있는데, 이제 그대가 온 것은 마치 傅巖 渭濱이 선비를 얻은 것과 같다." 하고 이어 冠과 帶를 주고 機要를 주관하게 하였는데 공로가 있으므로 드디어 王씨 姓을 주었다.[65]
>
> 3) 최지몽은 初名은 聰進이고 南海 靈巖郡人이다. … 경서와 사기를 넓게

---

[64] 『高麗史節要』 권2, 惠宗 元年 12月. "翰林院令 平章事 崔彦撝卒 … 年十八 入唐登科 四十二始還國 拜執事侍郎 瑞書院學士 及新羅歸附 太祖命爲太子師 委以文翰之任 宮院額號 皆所撰定 一時貴遊 皆師事之"

[65] 『高麗史』 권92, 列傳5 王儒. "王儒本姓名朴儒 字文行 光海州人 性質直 通經史 初仕弓裔 爲員外 遷至東宮記室 見裔政亂 乃出家 隱於山谷間 聞太祖卽位 來見 太祖以禮待之謂曰 致理之道 惟在求賢 今卿之來 如得傅巖 渭濱之士 仍賜冠帶 令管機要 有功 遂賜姓王"

제1장 태조의 대거란 정책과 고려 건국이념의 형성 35

섭렵하고 더욱이 天文과 卜術에 정통하였다. 18세 때에 태조가 그의 명성을 듣고 불러서 꿈을 해석하게 하였더니 길조를 얻어 말하기를, "장차 반드시 삼한을 다스릴 것이다."라고 하였다. 태조가 기뻐서 지금 이름으로 고치게 하고 비단옷을 하사하고 供奉職에 제수하였다. 그는 항상 정벌에 따라다니며 태조의 곁을 떠나지 않았으며, 후삼국을 통일한 후에는 궁중에서 왕을 모시고 자문에 응하였다.66)

최언위는 경순왕의 歸附와 함께 고려에 입조하였는데67) 그때 그의 나이는 68세였다. 그가 요직을 맡기에는 나이가 많고 또 자진해서 온 것이 아니라 나라가 망하여 하는 수 없이 신라 왕을 따라왔으므로 크게 신뢰받는 인물은 아니었다고 판단된다. 그가 고려에서 주로 한 역할은 太子師父로서 文翰의 임무를 맡아 宮院額號와 비명을 짓는 일에 주력했다고 한다. 그가 지은 비문 내용에는 왕건에 대한 비판과 불만이 보이는 것으로 보아 태조가 크게 중용했던 것 같지는 않다.68)

---

66) 『高麗史』 권92, 列傳5 崔知夢. "崔知夢 初名聰進 南海靈巖郡人 … 博涉經史 尤精於天文卜筮 年十八 太祖聞其名 召使占夢 得吉兆曰 必將統御三韓 太祖喜 改今名 賜錦衣 授供奉職 常從征伐 不離左右 統合之後 侍禁中 備顧問"
67) 『고려사절요』에는 그가 경순왕을 따라 온 것으로 되어 있으나, 『고려사』 권92, 열전5 최언위조에는 태조가 나라를 창건하자 가족을 데리고 왔으므로 태자사부로 임명하고 文翰을 맡겼다고 하여 태조의 건국 직후에 온 것으로 되어있다. 그가 남긴 금석문 내용으로 추정하건대 그는 경순왕과 함께 왔다고 생각된다.
68) 李賢淑, 1996, 「나말여초 崔彥撝의 정치적 활동과 위상」 『이화사학연구』 22, 33~36쪽 참조. 이현숙 견해의 한가지 예로 최언위는 태조를 周武王이나 漢高祖에 비유하지 않고 魏皇帝(曹操)에 비유하였는데 당 말부터 조조에 대한 부정적 인식이 퍼져가고 있었다고 한다. 여기에 대해 이기동은 최언위가 고려에 와서 재상의 반열에 승진하여 중요한 위치에 있었다는 다른 견해를 표명한 바 있다. 그는 혜종 원년(944) 12월에 大相 元鳳省大學士 翰林院令 平章事로서 사망하였는데 그의 직위가 높은 것으로 보아 고려에서 중요한 직책을 맡아 역량을 발휘한 것으로 인식하였다(李基東, 1978, 「羅末麗初 近侍機構와 文翰機構의 擴張」 『歷史學報』 77, 50~51쪽).

그러나 그의 아들 최광윤, 최항에 이르러서는 뛰어난 재능과 文才로서 조정에 발탁되었다고 한다.[69]

다음 박유(왕유)의 경우, 광해주(춘천) 사람으로서, 고려 개국 직후에 태조를 만나려고 오니 국왕으로부터 크게 환대를 받았다고 한다. 박유는 학문적·행정적 능력에 의해 태조와 밀착되었다고 하지만 사실은 궁예를 몰아내고 왕위에 오른 왕건이 민심을 수습하는 과정에서 궁예 때의 관리였던 그의 歸附가 자신의 정변을 정당화시키는데 유용한 면도 있었을 것이다. 박유는 국가건립의 이념을 세우는데 최지몽과 더불어 일정한 역할을 담당하여 태조는 그에게 왕씨성을 하사하고 그의 딸은 태조의 18번째 부인이 되었다. 玄孫인 王字之가 胥吏로부터 높은 벼슬에 올랐다는 것으로 보아 그가 죽은 이후에는 집안이 크게 떨치지 못하고 서리로 전락하였음을 알 수 있다. 박유는 혜종대 어느 시점에 왕위쟁탈전에 연루되거나 광종의 왕권강화 과정에서 죽임을 당한 것 같다.

최지몽은 왕건의 후삼국 통일을 예언하여 18세에 이미 공봉직에 임명되고, 통일 이후에도 주로 왕의 측근에서 자문에 응하는 직위를 가지고 있었다. 최지몽은 혜종, 정종 대에도 왕위쟁탈전에 휩쓸리지 않고 순탄하게 승진하였으며, 광종이 호족을 숙청할 때에도 외방으로 축출되는 정도에 그치고 다시 경종대에 복귀하였다. 그는 태조의 마음을 헤아려 박유와 더불어 정책을 입안한 것으로 판단되지만 태조 생전에는 30세 미만의 나이로 너무 젊어 주도적인 역할을 하는 위치에 있었다고는 생각되지 않는다. 따라서 고려의 거란사신 귀양과 낙타 굶기기를 통해 고려를 한민족으로 묶어보려는 시도에 일익을 담당했던 인물은 문신으로서는 박유와 최지몽 정도를 거론할 수 있다.

그 외에 또 하나의 인물은 태조 집권시 元鳳省 學士로 활약한 金岳

---

[69] 『高麗史』 권92, 列傳5 崔彥撝.

이다.70) 그는 처음에는 신라, 다음은 후백제에서 활동하다가 930년 태조가 고창군 전투에서 견훤의 군사를 패주시켰을 때 포로가 되었다.71) 김악은 943년 5월 태조가 임종할 때 神德殿에 불려가 그의 遺書를 초안하여 선포한 것으로 볼 때72) 태조집권 후반기에는 상당한 역할을 했던 것 같다.

태조는 이들 유학자들의 조언으로 고려왕조의 기본틀을 갖추는데 주력하였다고 생각된다. 그러나 조선왕조와는 달리 고려는 수차례의 전쟁을 거쳐 통일이 되었던 만큼 문인보다 무인이 중시되었다. 그에 병행하여 태조의 측근 인물로서는 통일 전에 요절한 최응을 제외하고는 조선의 정도전처럼 고려왕조의 이념을 제시하고 수립할 만한 큰 인물이 있었던 것 같지는 않다. 국가성립의 기본구상으로서 <훈요 10조>에 이들 유학자들이 주장하는 유교적인 요소(7, 9, 10조)가73) 없는 것은 아니지만 불교적이고 북진정책을 표방하고 있으며, 적장자를 굳이 고집하지 않는 점, 그리고 최지몽이 영암군 출신임에도 차현 이남 지역민에 대한 차별적인 태도를 나타내고 있는 점 등으로 볼 때 <훈요 10조>는 유학자들의 견해와 함께 박술희 등 개국 공신들의 견해를 참조하여74) 태조 자신이 최종적으로 결정하였다고 추정된다. 태조가 제시한 왕조 통치의 이념적 토대는 광종대의 과거제를 기반으로 성종대의 최승로에 이르러서 유교적으로 변화되었다.

---

70) 李基東, 1978,「羅末麗初 近侍機構와 文翰機構의 擴張」,『歷史學報』77, 51쪽.
71)『高麗史』권1, 太祖 13年 正月 丙戌 여기에는 金渥으로 나온다. 그러므로 같은 인물로 속단하기에는 조심스러운 점이 있다고 생각한다.
72)『高麗史節要』권1, 太祖 26年 6月 戊戌.
73) 朴漢卨, 1978,「고려의 건국과 호족」,『한국사』4, 국사편찬위원회.
74)『高麗史』권2, 태조 26년 4월.
    태조가 <훈요 10조>를 박술희에게 맡기고 있는 점에서 짐작할 수 있다.

3. 건국 이념의 형성에서 발해의 위치

발해는 고구려를 계승한 국가이면서 고구려 수도였던 환도성, 국내성, 평양을 5경에 포함시키지도 않았으며, 특별히 이곳을 중시한 흔적도 보이지 않는다. 동북면 함흥지방에는 발해의 남해부가 설치되어 있음에도 불구하고 서북면에는 이러한 행정청이 설치되지 않은 것으로 볼때 이곳에 거주했던 여진은 초기에는 발해의 직접 통치를 받지 않았다고 생각된다.75) 또한 발해는 고구려 계승을 내세우고 있음에도 고구려의 수도였으며, 신라와 발해의 중간에 위치하여 척박해진 평양을 발해가 편입하여 보호하려는 의지가 보이지 않는다. 이는 당과 신라에 의해 이중으로 견제 당하고 있어 여력이 미치지 않았을 수도 있지만 발해민의 국가의식에 있어서 좀 더 천착해야할 부분이다.

고려와 거란과의 관계에 있어서도 고려는 922년 거란과 첫 교류를 가진 이래 수 차례 사신이 파견되었다. 특히 926년 2월 20일, 고려가 거란에 사신을 파견한 시점은 발해가 붕괴 된 지 한 달도 지나지 않았던 시기이므로, 이는 거란의 발해정복을 축하하는 사신파견으로 추정되고 있다.76) 그리고 발해가 멸망한 후, 그들이 내투 할 때 동족의식을 자각하고 온 것이라고 보기는 어려우며, 고려도 초기에는 단순한 유이민으로 받아들였을 것이다.77) 그러나 태조 17년 7월에 대광현이 백성 수만명을 데리고 고려에 귀화했을 때 태조가 대대적인 환대를 표명함을 계기로 발해를 고구려와 동일시하는 모습을 만들어 내었다.78)

---

75) 강대량, 앞의 논문, 33쪽.
76) 韓圭哲, 1985, 「後三國時代 高麗와 契丹關係」『富山史學』 1, 26쪽.
77) 김광석, 1983, 「고려태조의 역사인식」『백산학보』 27.
78) 『高麗史』에는 대광현이 태조 17년 7월에 내투했다고 하고, 『고려사절

태조는 발해유민을 받아들이는 행위를 통해 옛 고구려 영역 주민들을 끌어들이는 모습으로 고려의 정신적 통합을 구축하고자 했다.79) 이와 더불어 태조는 즉위한 그 해 평양이 황폐해졌음을 가슴아파하며 개발하도록 지시하였다. 그는 궁예의 뒤를 이어 고구려를 계승한다는 의지를 평양개발을 통해 나타내고자 했다.

J-1) 이제현이 찬하기를, 臣이 충선왕을 섬길 때 왕이 말씀하시기를 … "우리 태조께서는 즉위한 후에 김부가 아직 귀순하지 않았고 견훤이 잡히지 않았는데도 자주 西都에 행차하여 친히 북방 변경을 巡狩하였다. 그 뜻은 동명왕의 옛 영토를 우리의 영역으로 알아 반드시 빼앗아 차지하려 하였던 것이었으니 어찌 다만 계림을 취하고 압록강을 칠 뿐이었으리오".80)

2) 史臣이 말하기를, 강한 거란이 우방을 멸망시키매 국교를 단절하였고, 약한 발해가 나라를 잃고 돌아갈 데가 없으매 이를 위무하였다. 자주 서경에 행차한 것은 근본되는 영역으로 삼으려는 까닭이며 친히 북방 변경에 巡狩한 것은 사나운 풍속을 줄이고자 함이었다.81)

왕건은 궁예를 몰아내고 고려를 세웠지만 국내에는 아직도 궁예의 추종세력이 잔존하고 있었고 후백제는 남쪽에서 고려를 위협하고 있

요』에는 이러한 내용이 태조 8년 12월 조에 나온다. 필자는 『고려사절요』는 발해멸망을 언급하면서 이후까지 소급해서 기록한 것으로 판단되므로 『高麗史』를 따르기로 한다. 이에 관해서는 여러 견해가 있다. 김광석, 1983, 앞의 논문 참조.
79) 강대량은 발해인을 받아들여 회유한 이유를 개척사업에 중요한 인적 자원을 보충하고 만일의 경우에는 이러한 인적자원을 군사적 방파제로 이용하기 위해서라고 보았다(앞의 논문, 54~55쪽).
80) 『高麗史節要』권1, 太祖 26年. "李齊賢贊曰 臣及事忠宣王 王嘗言 … 我太祖 卽位之後 金傅未賓 甄萱未虜 而屢幸西都 親巡北鄙 其意亦以東明舊壤 爲吾家靑氈 必席卷而有之 豈止操鷄搏鴨而已哉"
81) 위와 같음. "史臣曰 太祖 … 以契丹之强 而侵滅與國 則絶之 以渤海之弱 而失地無歸 則撫之 屢幸西京 以爲根本之地也 親巡北鄙 以連獷悍之俗也"

었다. 물론 고려가 건국한 시기는 918년이고 발해는 925년에 망했으므로 8년의 여유가 있었지만 고려는 건국 직후부터 후삼국 통일전쟁으로 인해 발해에 신경써서 친선과 우의를 맺을 여유는 없었다. 물론 여유가 있었다 하더라도 그럴 필요성을 느꼈을 지도 의문이다.[82]

고려는 후삼국을 통일한 이후에 북진정책으로 영토를 넓혀가기 위해서는 고구려 계승을 표방할 필요성을 느끼고 발해를 망하게 한 거란을 비난하였다. 그러나 정말 발해의 멸망에 대해 같은 민족이라는 감정이 있었다면 발해사를 편찬하는 정도의 일은 하지 않았을까 생각된다.[83] 태조의 의도는 고구려 계승이지 발해의 계승은 아니었으며, 발해가 내면적으로 우리의 역사로 인식된 것은 고려 후기 이승휴에 이르러서 비로소 표면화되었다.

왕건이 궁예 휘하에 있던 918년 3월에 다음과 같은 내용이 『고려사』에 실려있다. 唐商 王昌瑾이 시중에서 오래된 거울을 구했는데 그 거울면에 '先操鷄後搏鴨'이라는 글귀가 씌어져 있었다. 이는 장차 왕건이 신라의 계림을 차지한 다음, 압록을 가질 것이라고 하여 왕건이 후삼국 뿐 아니라 옛 고구려 땅을 되찾게 될 것이라고 하는 예언을 말한 것이다. 비록 거울의 글귀가 왕건을 추대하는 사람들에 의해 조작된 것이라고 생각되지만 그렇다 하더라도 그 내용은 당시 민심을 나타내는 것이라 볼 수 있다.

---

82) 한규철, 앞의 논문.
83) 이우성, 1976, 「고려중기의 민족서사시」 『한국의 역사인식』 상, 창작과 비평사.
그는 고려왕조가 발해유민을 최대한 받아들이면서도 발해를 위하여 역사를 편찬해준 일이 없었고 뒤에 『삼국사기』 『삼국유사』 찬자에 의해서도 발해는 무시되었다고 비판하였다.
그리고 현종대에 興遼國을 세운 大延林이 거란을 공격하면서 고려에 원조를 요청했을 때 崔士威 등 신료들은 '저들이 서로 싸우는 것이 우리에게 유리하다'며 발해의 후손인 대연림을 도와주지 않고 있다. 『高麗史』 권94, 列傳7 崔士威.

고려는 이전의 태봉 대부터 신라를 치고 압록강 유역을 회복하는 것이 1차적 목표였음을 알 수 있다. 918년은 발해에 내분이 일어나고 대외적으로는 거란과 대치상태에 있기는 했지만, 거울의 내용은 발해를 고구려를 계승한 나라로 인식하기 보다는 빨리 멸망시켜야 하는 북쪽의 옛 고구려 영토로만 인식하고 있었다. 그것은 지배층 뿐만 아니라 피지배층도 그렇게 생각했음을 알 수 있다. 고려가 발해와 같은 친척임을 강조한 것은 북진정책을 위해서였다. 鴨의 위치는 의주 근방으로 추정된다.[84]

또한 발해유민이 얼마나 우대를 받았는지는 의문이다.[85] 발해인을 후대했다는 기록은 『高麗史』권2, 태조 17년 7월에 발해세자 大光顯이 수만명의 백성을 거느리고 오자 태조는 그에게 王繼란 이름을 내리고 宗籍에 올리는 동시에 특별히 元甫의 관품을 주어 白州를 맡아서 조상의 제사를 받들게 했다고 하였다. 태조 대에 국왕과 혈족처럼 친밀하다는 증거로 호족이나 관료들에게 왕씨성을 하사하는 경우는 있었다. 집안이 크게 내세울만 하지 않는 사람인 경우에 賜姓은 무한한 영광이었을 것이다. 그러나 대광현의 경우, 대씨 성을 버리고 왕씨 성을 받는 것이 과연 자랑스러웠을 것인지 의심스럽지만, 나라를 잃은 유망민 처지로서는 어쩔 수 없었으리라 판단된다.

예컨대 신라는 문무왕 10년(670), 안승을 金馬渚(益山)에 머물게 하고 고구려 왕으로 봉하였다가[86] 14년에는 報德王으로 개칭하였다. 이어 동왕 20년에는 안승을 문무왕의 동생과 결혼시켜 우대하는 모습을 보였으나 당을 물리치고 나라가 안정된 신문왕대에 가서는 안승을 蘇判으로 삼고 김씨성을 하사하고 서울에 머물게 했다. 이에 불만을 품고 안승의 族子 大文은 고구려 유민을 이끌고 반란을 일으켰던 것이다.[87] 신라는 안승을 고구려왕에서 신라귀족으로 만듬으로서,

---

84) 李基白 外, 1993, 『崔承老上書文硏究』, 一潮閣, 79쪽.
85) 박한설, 1981, 「고려의 건국과 호족」『한국사』4, 국사편찬위원회.
86) 『三國史記』권6, 新羅本紀6 文武王 10年 7月.

영역적으로는 고구려를 통합하지 못하였지만 왕통을 통합했다는88) 명분을 가질 수 있게 된 것이다.

　신라와 마찬가지로 고려도 발해의 왕자에게 왕씨성을 하사함으로서 발해의 왕족을 고려의 왕족으로 만들어 왕통의 계승이라는 면에서 자연스럽게 통합되었음을 나타내고자 하였다. 즉 태조는 하나의 국가로 통합하는 고려만들기의 일환으로 발해의 왕자와 유민을 환영하고 북진정책을 표방했던 것이다. 나라가 멸망하여 고려에 유망한 대다수 발해 주민의 입장에서는, 고구려와 연관성이 강조되고 고구려를 계승한 발해로서 고려에 통합되는데 대해 크게 불만이 있을 리가 없었다.

　내부적으로는 불교가 정신적인 구심축임을 표방하기 위해 사찰을 세우고89) 연등회·팔관회를 성대하게 베풀었다면, 북진정책은 밖으로 고구려를 계승할 것을 표방하고 고구려의 영토를 되찾아야 하는 고려가 추진해야할 미래의 꿈으로서 자리잡게 했다. 그러한 그의 의도는 거란의 세력이 강해져서 遼가 세워짐에 따라 점차 실현이 어렵게 되어 성종대에 이르면 고려의 국경선은 압록강 유역으로 고착화하는 정책으로 전환되었다. 최승로의 상서문은 북진정책이 변화되었음을 상징적으로 보여준다.

---

87) 『三國史記』 권8, 新羅本紀8 神文王 4年 11月.
88) 古煎撒, 1998,「後期新羅·渤海の統合意識と境域觀」『朝鮮史硏究會論文集』 36.
89) 919년 3월에 태조는 法王寺·王輪寺 등 10개의 사찰을 개경에 세웠으며 그 외에 지방에는 936년 후삼국의 통일 이후에 연산에 개태사, 청도에 운문사, 炭峴門內에 現聖寺 등을 설치하여 지방에 세력이 미치지 않는 곳에 사찰을 세워 사찰을 통해 그 지역을 통치한 것으로 판단된다. 자세한 내용은 韓基汶, 1998,「高麗太祖時의 寺院創建」『高麗寺院의 構造와 機能』, 民族社 참조.

Ⅳ. 최승로의 상서문에서 본 발해와 거란

 최승로의 상서문에서는 발해와 거란에 관한 기록은 아주 소략하다. 그는 내정의 문제점에만 치중하였을 뿐 대외관계에서는 큰 관심을 보이지 않고 다만 태조의 업적을 평가하면서 거론하였을 따름이다. 다음 내용을 보자.

> K-1) 우리가 사절의 교환을 거절한 것은 거란이 일찍이 발해와 화친을 맺었다가 갑자기 의심을 일으켜 옛 맹약을 돌아보지 않고 하루 아침에 발해를 멸망시켰기 때문입니다. 그러므로 태조는 무도함이 심하여 더불어 사귈 수 없다고 하여 그들이 바친 낙타도 모두 다 내버리고 기르지 않으셨습니다. 그 심원한 계획으로 환란을 미연에 방비하고, 위기가 오기 전에 나라를 보전함이 이와 같았습니다.[90]
>
> 2) 발해가 이미 거란군에게 격파되어 忽汗城이 무너졌을 때, 그 세자 大光顯 등이 우리나라가 義를 내세워 일어났다 하여 남은 무리 수만호를 거느리고 밤낮으로 빨리 길을 걸어 도망하여 왔습니다. 태조는 매우 가엾게 생각하여 극진히 접대하고 성명을 하사하기에 이르렀습니다. 또 그를 종실의 籍에 붙이고 그의 본국 조상의 제사까지 받들도록 하여 주셨으며 그의 文武 參佐 이하까지도 모두 官爵 임명의 은전을 넉넉하게 입었습니다.[91]
>
> 3) 첫째로, 우리나라가 삼국을 통일한 이래 47년이 지났는데도 병사들이 아직까지 편안한 잠을 자지 못하고 군량을 많이 소비하는 것은 서북 지방이 오랑캐와 이웃하여 방수하는 곳이 많기 때문입니다. 원컨대 聖上께서는

---

[90] 『高麗史』 권93, 列傳6 崔承老. "我乃絶其交聘者 以彼國 嘗與渤海連和 忽生疑貳 不顧舊盟 一朝殄滅 故太祖以爲 無道之甚 不足與交 所獻駱駝 亦皆弃而不畜 其深策遠計 防患乎未然 保邦于未危者 有如此也"

[91] 위와 같음. "渤海旣爲丹兵所破 其世子大光顯等 以我國家擧義而興 領其餘衆數萬戶 日夜倍道來犇 太祖憫念尤深 迎待甚厚 至賜姓名 又附之宗籍 使奉其本國祖先之禋祀 其文武叅佐以下 亦皆優沾爵命"

이것을 염두에 두소서. 대체로 馬歇灘(청천강 유역)92)을 국경으로 삼음은 태조의 뜻이요, 압록강가의 石城(의주부근)을 국경으로 삼음은 大朝의93) 정한 바입니다. 바라건데 장차 이 두 곳 중에서 전하께서 판단하시어 요충지를 가려 강역을 정하고 土人 중에서 활쏘기와 말타기에 능한 자를 뽑아서 그 防戌에 충당하십시요. 또 그들 중에서 2~3명의 偏將을 선출하여 통솔시킨다면 京軍들은 교대로 방수하는 괴로움을 면할 수 있으며 사료와 군량을 시급하게 운반해야 하는 비용을 절약할 수 있습니다.94)

최승로의 상서문이 받아들여졌던 성종대는 승려가 국왕의 위에 있음을 상징적으로 나타내는 國師·王師制 뿐 아니라 팔관회·연등회도 폐지시켜 유교사회를 지향하던 시대였다. 이 시대를 이끌어 가는 중심에 최승로가 있었다. 그러므로 그의 상서문은 고려사회의 변하는 방향을 예시하는 점에서 중요한 의미가 있다.

여기에서 태조 왕건 이래로 중시되던 북진정책도 달라지고 있었다. 최승로는 거란에 대한 태조의 적개심에 동감을 표명했으며, 발해의 태자 대광현의 귀부를 따뜻이 맞아준 정책을 찬양하였다. 그럼에도 그의 시무 28조의 3조에서는 태조가 정한 마흘탄이나 前代 국왕이 설정한 압록강의 석성을 국경으로 삼도록 건의하여 이곳을 지키

---

92) 李基白 外, 1993, 앞의 책.
93) 『海東繹史』 地理志 西北路 沿革條에는 景宗을 가르킨다고 하였으며, 『국역 동문선』 V(민족문화추진회, 1977, 185)에는 중국을 가르킨다고 하였으며, 이기백의 『최승로상서문연구』에는 성종을 의미한다고 하였다. 필자가 보건대 최승로는 지금 성종에게 강역을 정하도록 요청하였으며, 유학자 최승로가 거란을 大朝라고 할 리가 없으며, 송은 고려와 거리가 멀어 국경에 관심이 없었다고 생각되므로 大朝는 前代의 임금인 景宗이라고 생각된다(이기백, 1993, 『최승로상서문연구』, 일조각, 79쪽 주 10) 참조).
94) 앞의 책. "我國家 統三以來 四十七年 士卒未得安枕 糧餉未免糜費者 以西北隣於戎狄 而防戌之所 多也 願聖上 以此爲念 夫以馬歇灘爲界 太祖之志也 鴨江邊石城爲界 大朝之所定也 乞將此兩處 斷於宸衷 擇要害 以定疆域 選土人 能射御者 充其防戌 又選其中 二三偏將 以統領之 則京軍免 更戍之勞 蒭粟省飛挽之費矣"

제1장 태조의 대거란 정책과 고려 건국이념의 형성 45

도록 할 뿐 더 이상 북진정책의 의지는 보이지 않는다.

이에 관한 가장 구체적인 예로서 거란의 침입을 막기 위해 고려의 변방을 지키는데 土人을 쓰는 것이 경제적으로 유리함을 역설한 점이다. 토인이란 주로 여진족을 말하는 것이다. 당시 청천강과 압록강 사이의 영역에는 고려에 귀부하지 않은 많은 여진족이 다수 살고 있었다.[95] 서희의 강동 6주가 압록강 이내임을 보고 알 수 있듯이 압록강 유역이 완전히 고려의 영역으로 확립되지 않았음을 보여준다. 그럼에도 고려의 군사가 아닌 토착인으로 변방을 지키게 하는 것은 방어위주의 전략이지 옛 고구려 땅을 회복하려는 적극적인 의지표명은 아니었다. 이것은 최승로 개인의 의사라기 보다는 당시 유학자 관료층의 일반적인 견해였을 것이다.

이같은 노선에 반대하는 서희를 비롯한 호족 세력들이 성종대 후반인 거란 침입기에 강동 6주를 얻는 외교적 승리를 기화로 전면에 부각되게 된다.[96] 벌써 성종대에 와서 북진정책의 의미는 상당히 약화되고 있었다. 이것은 성종의 유교적 성향, 거란의 강세도 이유가 되겠지만 더 이상 정변이 발생하지 않는 내부의 안정된 상황이 굳이 북진정책을 전면에 내세워 거란과의 관계악화를 바라지 않았기 때문이었다. 그러므로 호족세력이 왕위를 넘보거나 갈등을 초래하지 않는 이상 북방으로의 진출의지는 광종대를 고비로 변화되었고, 이것이 성종초 최승로의 상서문에서 상징적으로 드러나게 된 것이었다. 그 이후에도 북진정책을 내세운 태조의 고려만들기는 후대의 왕들에 의해 변질되어 갔다. 다음 기록을 보자.

    L. 동신사는 宣仁門 안에 있다. 땅이 좀 평평하고 넓은데 전각이 누추하며 행랑 30간은 황량하게 수리하지 않은 채로 있다. 正殿에는 東神聖母之堂이란 방이 붙어 있고 장막으로 가려 사람들이 神像을 보지 못

---

95) 『高麗史節要』 권2, 成宗 12年 5月.
96) 李基白, 1981, 「高麗 貴族社會의 形成」『한국사』4, 국사편찬위원회, 162쪽.

하게 만들었는데 이는 나무를 깎아 여인의 형상을 만들어 놓았기 때문이다. 어떤 사람은 그것이 부여왕의 부인이며 河伯神의 딸이라고 한다. 그녀가 주몽을 낳아 고려의 시조가 되었기 때문에 제사를 지내는 것이다.97)

개경의 동신사에는 주몽의 어머니이자 하백의 딸인 유화의 사당이 있었는데 이미 인종대에 황량하게 부서진 채로 남아있었다고 한다. 주몽의 사당이 아니더라도 유화의 사당은 고구려 계승을 표방하는 의미가 있는 중요한 장소였다. 그럼에도 불구하고 고려전기에 속하는 인종대에 개경에 있던 사당인 동신사가 제대로 수리가 되어있지 않았다는 사실은 북진정책의 이상이나 고구려의 계승이라는 이념이 역대 국왕에게 더 이상 큰 의미가 없어진 것으로 판단된다. 그렇다고 고구려 계승의 의미를 완전히 잊어버린 것은 아니었으니, 주몽사당에 대한 배향은 고려말까지 지속하였기 때문이다.

M-1) 顯宗 2年 5月 丁亥일에 평양의 木覓, 橋淵, 道知巖, 동명왕 등의 신에게 勳號를 더하였다98)

2) 肅宗 10年 8月 甲申일에 사신을 보내 東明聖帝 사당에 옷과 폐백을 드렸다99)

3) 睿宗 4年 4月 乙酉일에 동지추밀원사 許慶을 시켜 평양, 木覓, 東明 등 신사에 제사를 지내는 한편 興福, 永明, 長慶, 金剛 등 절에 文豆屢 도량을 설치하게 하고 또한 문하시중 尹瓘, 추밀원 부사 柳仁著 등을 시켜 昌陵에 제사를 지내 전쟁의 승리를 빌게 하였다.100)

---

97) 『高麗圖經』 17, 東神祠. "東神祠 在宣仁門內 地稍平廣 殿宇卑陋 廊廡三十間 荒凉不葺 正殿榜曰 東神聖母之堂 以帛幕蔽之 不令人見 神像蓋刻木作女人狀 或云乃夫餘妻 河神女也 以其生朱蒙 爲高麗始祖 故祀之"
98) 『高麗史』 권4, 顯宗 2年 5月 丁亥. "加平壤木覓橋淵道知巖東明王等神 勳號"
99) 『高麗史』 권63, 禮5 吉禮小祀 雜祀 肅宗 八月 甲申. "遣使祭東明聖帝祠 獻衣幣"

제1장 태조의 대거란 정책과 고려 건국이념의 형성 47

M-4) 睿宗 11年 4月 丁卯일에 사신을 보내 上京川의 상류인 松岳 東神 의 여러 신묘와 朴淵 및 서경의 목멱 東明祠와 道哲 嵒梯淵에서 비를 빌었다.101)

M-5) 東明王墓 ; 府 동남쪽 中和와의 접경인 용산곡에 있는데 진주묘라 고도 부른다. 仁里坊에는 사당이 있는데 고려는 계절 따라 왕의 신임장을 보내 제사를 지냈으며 매달 보름과 그믐에는 해당 관리 에게 명령하여 제사를 지내게 하였다. 이 읍 백성들은 지금도 무 슨 일이 있을 때마다 이곳에 와서 기도를 한다. 세간에는 동명성 제의 사당이라고 전한다.102)

　주몽사당에 대한 배향은 현종, 숙종, 예종 뿐 아니라 고려 후기까 지 계속 이어지고 있었다. 이것은 역대 국왕들이 주몽의 사당에 계속 배향 했음을 보여준다. 특히 충렬왕의 경우는 당시 고려가 원간섭기 에 들어서 있었고 또한 평양에 원 직속지로서 동녕부가 설치되어 있 었음에도 동명왕 사당에 제사지낸 것은103) 고구려를 계승하는 상징 적인 의미가 고려 말까지 지속되었음을 보여준다.
　그러나 동명왕의 사당에 제사를 지내는 것과 북진정책은 별개문제 로 인식했던 것으로 보인다. 예종대 윤관은 여진을 몰아내고 9성을 쌓았지만 고려 정부는 다시 여진에게 돌려주었다. 고려의 9성 반환은 여진족을 굴복시켜 고려 국경선을 어지럽히지 못하도록 단속하는데 있었지 영토확보에 뜻이 없었음을 보여준다. 즉 9성지역이 여진의 땅

---

100) 『高麗史』 권13, 睿宗 4年 4月 乙酉. "遣同知樞密院事許慶 祭平壤木覓 東明神祠 又設文豆屢道場 于興福永明長慶金剛等寺 又遣門下侍中尹 瓘 樞密院副使柳仁著 祭昌陵 禱兵捷"
101) 『高麗史』 권63, 禮5 吉禮小祀 雜祀. "睿宗 十一年 四月 丁卯 遣使祈雨 於上京川上 松岳東神諸神廟 朴淵及西京木覓東明祠 道哲嵒梯淵"
102) 『高麗史』 권58, 地理3 西京留守官. "東明王墓 :在府東南 中和境 龍山 俗 號眞珠墓 又仁里坊有祠宇 高麗以時 降御押行祭 朔望亦令其官行祭 邑人至今有事輒禱 世傳東明聖帝祠"
103) 『高麗史』 권30, 忠烈王 19年 10月 戊申.

임을 인정하고 고구려나 발해의 영역이므로 우리가 되돌려 받아야 할 영역으로 인식하지 않았다는 것이다. 그러므로 예종대에 이르면 북진정책의 의지는 사라졌다고 보여진다. 이같은 인식에 대한 반발이 묘청의 난의 한 원인으로 작용했을 것이다. 그러나 이후 충선왕대에 이르면 인구증가, 요양·심양지방의 고려유민의 증가로 인한 영토의 현실적인 필요성에서 북진정책의 중요성은 다시 제기되었다.[104]

태조의 북진정책은 성과를 거두지 못했으며, 또한 북진정책을 내세워 고려 내부의 政爭을 막으려는 시도도 실패했지만 이를 통치이념으로 내세움으로서 고려민을 하나로 묶는 시도는 성공적이었다. 태조에 의해 고려는 하나가 되었다. 이는 비단 전쟁을 통해 물리적으로 통합한 성과를 넘어 정신적으로 고려라는 구심체를 중심으로 백성들을 통합하였음을 의미한다. 이 점이 앞으로 우리민족이 계속해서 하나로 나아가게 하는 디딤돌이 되었다는 점에서 큰 역사적 의의가 있다.

V. 맺음말

고려는 후삼국을 통합하여 분열되어 있던 통일 국가를 이룩하였다. 통합 초기에는 고려의 통일은 물리적인 통합에 불과하여 후백제·신라의 주민들과의 갈등과 분열이 치유되지 못하고 있었다. 또한 고려 내부에는 후삼국 통일에 앞장섰던 장수들과 호족들이 戰勝의 과실을 두고 서로 주도권을 장악하려 시도하였다. 이같은 문제점이 태조가 죽는다면 다음 대의 계승자를 두고 힘겨루기가 이루어질 것은 명확한 사실이었다. 그리고 북방에는 발해를 멸망시킨 거란이 새로운 강자로 떠오르고 있었다.

---

[104] 『高麗史』 권2, 太祖 26年 李齊賢의 평.

제1장 태조의 대거란 정책과 고려 건국이념의 형성 49

이 모든 문제를 해결하기 위한 수단으로 태조가 이용한 것이 거란이 선물로 보낸 낙타를 죽여 거란과의 관계를 악화시켜 전쟁을 유발하는 것이었다. 그는 친척의 나라 발해를 멸망시켰다는 명분을 내세워 후진과 연합하여 거란을 공격하려 하였으나 후진의 소극적인 대처로 실패하자 낙타를 아사시키고 거란사신을 가두었던 것이다. 그러나 거란은 후진과의 결전을 눈앞에 두고있어 고려와 전쟁할 의사가 없어 아무런 보복조처를 취해오지 않음으로서 그의 계획은 무위로 돌아갔다.

이후 태조는 <훈요 10조>를 남겨 통일된 왕조의 통치이념을 형성시키고자 하였다. 그 중심적인 내용은 불교와 북진정책이었다. 즉 그는 불교와 사원을 통해 40여년간 분열되어 있던 주민들을 하나로 통합시키고 지방세력을 견제하기에 노력하였으며 고구려의 계승을 내세워 발해유민을 우대하고 발해 왕자에게 왕씨 성을 주어 태조와 같은 성을 지니게 했다. 평양을 중시하여 옛 고구려 영토에 대한 욕망과 더불어 발해를 포섭함으로서 태조는 신라·후백제 뿐 아니라 고구려를 통합했음을 확실하게 표방하여 물리적으로 뿐 아니라 정신적으로도 같은 민족의 나라임을 강조하였다.

그러나 그는 개경을 수도로 삼고 서경을 중시한 것이지 개경과 서경의 위치를 바꾸려 한 것으로는 생각되지 않는다. 왕건의 세력기반은 어디까지나 개경이었기 때문이다. 그가 사촌동생 왕식렴을 서경 유수로 보낸 것은 徙民정책을 써서 서경을 강화시켜, 평산의 유금필, 박수경 등 서경주위 세력의 견제를 시도한 것으로 판단된다.

그러나 태조가 국가설립의 이념으로 제시했던 북진정책은 그가 죽은 후 40여년이 지난 성종대에 이르면 그 중요성을 상실하고 현상유지 정책이 시도되고 있다. 성종대의 대표적인 유학자인 최승로의 상서문을 보면 북방에 진출하는 데에 큰 의욕을 가지고 있지 않다. 또한 예종대 윤관의 여진정벌에서 여진의 간곡한 요청이 있었다고 하더라도 9성을 돌려준 것은 여진과의 전쟁이 여진을 굴복시키는데 있었을 뿐 옛 고구려 영역을 회복하는데 있지 않았음을 시사한다.

　태조의 북진정책은 성과를 거두지 못했으며, 또한 북진정책을 내세워 고려 내부의 정변을 막으려는 시도도 실패했지만 고려라는 국가를 중심으로 이념적으로 통합하려는 시도는 큰 성과가 있었다고 판단된다. 태조에 의해 고려는 하나가 되었다. 이는 비단 그가 전쟁을 통해 물리적으로 통합한 성과를 넘어 정신적으로 고려라는 구심체를 중심으로 하나의 국가의식, 민족의식이 성립되고 있었다. 태조의 시도가 기본바탕이 되어 근대에 이르기까지 분열되지 않고 하나의 국가로 내려올 수 있었던 원동력이 되었던 것이다.

제2장

江東 6州와 尹瓘의 9城을 통해 본 고려의 대외정책

Ⅰ. 머리말
Ⅱ. 고려 전기의 북방개척
Ⅲ. 성종대 거란의 고려침입과 고려의 대응
Ⅳ. 성종 이후 고려와 거란의 외교 추이
Ⅴ. 문종이후의 대외관계와 윤관의 9성
Ⅵ. 맺음말

Ⅰ. 머리말

성종 12년(993)에 거란이 고려를 침입함으로써 고려는 왕조 수립이래 최초로 이민족과 전쟁을 치루어야 하는 위기에 직면했다.[1] 이때 고려의 태도는 어떠했으며 북진정책의 실현과 관련하여 고려는 어떤 목표하에서 거란을 상대했는지 살펴보도록 하겠다.

『고려사』에 의하면 고려 조정은 항복하고 화친을 구걸하자는 측과 서경 이북의 땅을 떼어주고 黃州부터 岊嶺까지를 국경으로 삼자는 측의 주장으로 나뉘었다. 이 둘 어디에도 외적과 맞서 싸우려는 적극적인 의지는 보이지 않는다. 처음 成宗은 割地論을 따르기로 하였다가 徐熙의 설득으로 조건부 강화로 방침을 바꾸었다. 고려는 태조때부터 북진정책을 국시로 내걸었지만 이제 성종대에 이르면 그 의미가 많이 약화된 것 같다. 건국 초부터 고구려 계승을 내세운 북진정책의 가장 중요한 목표가 국가확립, 고려 만들기였던 만큼[2] 성종은 太祖에서 景宗대에 이르는 기간동안 이것이 어느 정도 완성되었다고

---

[1] 고려와 거란과의 전쟁에 관한 논문은 다음과 같다.
　나종우, 2002,「10세기 동아시아의 국제정세 속에서 고려와 거란관계」『군사』46.
　金在滿, 1986,「契丹・高麗國交前史」『人文科學』15.
　方東仁, 1985,「高麗前期 北進政策의 推移」『領土問題硏究』2.
　李龍範, 1981,「10~12世紀의 國際情勢」『한국사』4, 국사편찬위원회.
　朴賢緖, 1981,「北方民族과의 抗爭」『한국사』4, 국사편찬위원회.
　李龍範, 1977,「高麗와 契丹과의 關係」『東洋學』7.
　김상기, 1959,「단구와의 항쟁」『국사상의 제문제』2, 국사편찬위원회.
　姜大良, 1948,「高麗初期의 對契丹關係」『史海』1, 朝鮮史研究會.
[2] 이정신, 2002,「고려태조의 건국이념의 형성과 국내외 정세」『한국사연구』118, 한국사연구회.

판단한 것으로 생각된다. 따라서 국가체제가 안정된 성종대에 이르면 이제 고려사회의 내부적인 안정을 고착시키는 단계에 들어가게 되어 대외전쟁을 기피하는 분위기가 조성되었던 것으로 보인다.

그러나 서희 등의 요청에 의해 거란과의 교섭에 성공하여[3] 고려는 여진을 축출하고 長興鎭(泰川)·歸化鎭과 龜州·郭州에 성을 쌓고 이 듬해에는 다시 安義鎭(安州)·興化鎭(義州 南 55리)에, 다시 이듬해에는 宣州(宣川)·猛州(猛山)에 축성하였다. 고려와 거란이 강화를 맺은데 대해 기존 견해에 따르면 고려 측은 280리의 강토의 확장, 서여진의 복속, 麗·丹간의 완충지대 설정이라는 실익을 얻음에 반하여 거란측으로는 단순한 경역의 양보에 그치지 않고 제2차 거란의 침략에서 드러난 바와 같이 거란의 동여진 경략에 필수적인 요충지를 포기하였다고 평가하여[4] 고려 외교정책의 일방적 우세를 강조하였다.

그러나 외교란 개인의 능력도 중요하지만 실지로는 국력에 따라 좌우되는 것이다. 당시 나라를 세운지 60 여년이 지난 거란이 외교에 미숙하여 서희의 의도에 끌려 들어갔다고 판단하기는 어렵다. 그들이 양보했다면 그것이 그들에게 유리하다고 인식했기 때문일 것이다. 고려는 거란과 강화를 맺어 그들의 요구를 받아들임으로써 고려의 최전방을 압록강으로 한정시켰다. 이것은 일시적으로는 영토가 확장되었지만 항구적으로는 압록강 유역이 고려의 국경선으로 고착되어, 앞으로의 북진정책에 걸림돌로 작용하여 이 이상 더 옛 고구려 영역의 회복이 어려워지는 결과를 초래하게 된 면도 있다고 생각된다. 그리고 천리장성이나 윤관이 설치한 9성의 포기 또한 같은 맥락에서 규명될 수 있으리라 판단된다. 이와 같은 상황인식을 기본으로

---

3) 서희에 관해서는 高句麗硏究會, 1999, 『徐熙와 高麗의 高句麗 繼承意識』, 학연문화사.
박현서, 1981, 「북방민족과의 항쟁」 『한국사』 4, 국사편찬위원회, 266쪽 외 다수 논문이 있다.
4) 박현서, 앞의 논문, 268쪽.

하면서 당시 국제정세에 대응하는 고려의 외교정책을 살펴보기로 하겠다.

Ⅱ. 고려전기의 북방개척

고려는 국초부터 옛 고구려 영토 회복을 중요한 목표로 삼고 있었다. 태조대에는 후백제와 전쟁에 주력하느라고 북쪽으로 많이 진출하지 못하였지만 광종대에 이르면 상당히 적극적으로 북방개척이 이루어지고 있었다. 우선 태조대부터 현종대까지 북방개척의 현황을 살펴보기로 한다.

고려는 태조이래로 북진정책을 시행하여 오늘날의 평안남도 지역 즉 평양·龍岡·咸從·成州(成川)·安水鎭(价川)·肅川 등의 요지를 모두 확보하였으며 평안북도까지 진출하였다. 정종대는 서북지방의 개척으로 德昌鎭(영변)·鐵甕(孟山)·博州(博川)의 확보와 더불어 30만의 광군사를 두고 거란을 방어하였다. 계속해서 광종대에 이르면 박천·태천·운산·영변·정주·嘉州(嘉山)까지 진출하였으며 경종대에는 淸塞鎭(熙川)에 축성함으로서 적유령 산맥 아래의 주요 지역은 모두 점령하여 이제 압록강 이남에서 남은 지역은 의주·龍州(龍川)·鐵州(鐵山)·通州(宣川) 등 압록강 서쪽 유역의 일부분 정도였다.

이에 성종은 압록강까지 고려의 영역으로 만들기 위한 교두보를 마련하기 위해 984년(성종 3)에 刑官御事 李謙宜로 하여금 압록강변에 관방을 축조하게 하였다. 그러나 여진의 저항에 밀려 실패하였다가[5] 성종 10년에 이르러서 압록강 밖의 여진을 백두산 밖으로 몰아내었다고 한다.[6] 이것은 이미 성종대에 고려가 압록강 유역까지 거

---

5) 『高麗史』 권3, 成宗 3年 5月.
6) 『高麗史』 권3, 成宗 10年 10月.

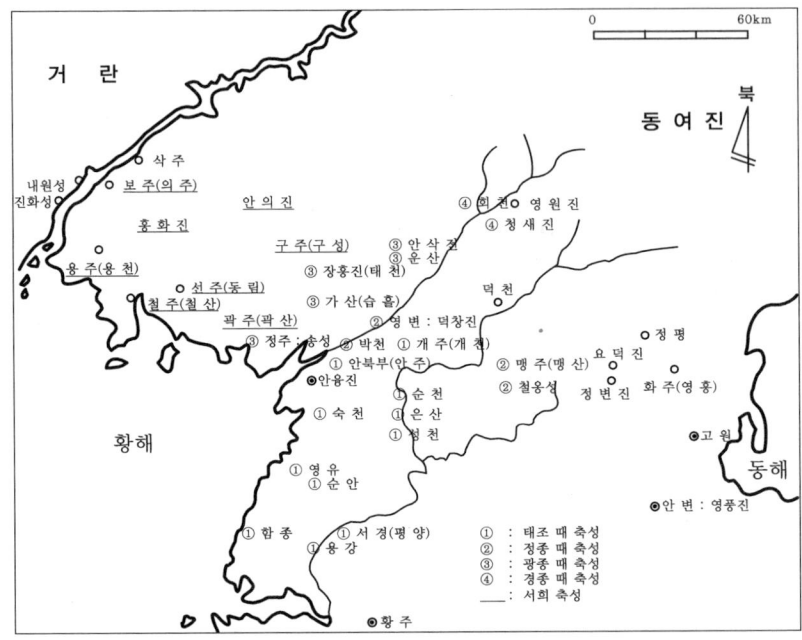

〈그림 4〉 북부지방 지도

의 점령했거나 최소한 이 지역의 여진세력을 고려가 장악하고 있었음을 말해준다. 이같은 고려의 진출에 거란은 불안을 느끼기 시작한 것 같다. 991년(성종 10)에 거란이 威寇·振化·來遠 등 요새를 설치하고 3,000명의 군사를 배치한 것은 압록강을 경계로 고려가 영역을 넓히지 못하게 하려는 의도가 들어있었다고 생각된다. 이제 압록강 유역을 중심으로 고려와 거란의 힘 겨루기가 진행되면서 전운이 감돌기 시작했다.

고려는 奴婢按檢法, 百官의 公服制度 등 강력한 豪族抑壓策을 실시했던 光宗으로 인해 왕권이 안정을 되찾게 되었다. 이어 성종대에 이르러서 가장 특기할 만한 일은 崔承老로 대표되는 일군의 학자들에 의해 안정된 왕권을 기반으로 앞으로 고려사회가 나아갈 방향이 제시된 점이다. 즉 최승로가 올린 시무 28조를 성종이 흔쾌하게 받아들임으로서 이것이 고려사회를 이끌어가는 지침이 된 것이다. 그러나 그의 시무 28조 중 남아있는 22조에서 북방정책과 관련 있는 내용은 1조 1개뿐이다. 다음 기록을 보자.

첫째로, 우리나라가 삼국을 통일한 이래 47년이 지났는데도 병사들이 아직까지 편안한 잠을 자지 못하고 군량을 많이 소비하는 것은 서북 지방이 오랑캐와 이웃하여 방수하는 곳이 많기 때문입니다. 원컨대 聖上께서는 이것을 염두에 두소서. 대체로 馬歇灘(청천강 유역)[7]을 국경으로 삼음은 태조의 뜻이요, 압록강가의 石城(의주부근)을 국경으로 삼음은 大朝의[8] 정한 바입니다. 바라건대 요충지를 가려 강역을 정하고 土人 중에서 활쏘기와 말타기에 능한 자를 뽑아서 그 방수에 충당하고 또 그들 중에서 2~3명의 偏將을 선출하여 통솔시킨다면 京軍들은 교대로 防守하는 괴로움을 면할 수 있으며 사료와 군량을 운반하는 비용을 절약할 수 있을 것입니다.[9]

최승로의 상서문이 받아들여졌던 성종대는 승려가 국왕의 위에 있음을 상징적으로 나타내는 國師·王師制 뿐 아니라 팔관회·연등회도 폐지시켜 유교사회를 지향하던 시대였다. 이 시대를 이끌어가는 중심에 최승로가 있었다. 그러므로 그의 상서문은 고려사회의 변하

---

7) 李基白 外, 1993,『崔承老上書文研究』, 一潮閣.
8)『海東繹史』地理志 西北路 沿革條에는 景宗을 가르킨다고 하였으며,『국역 동문선』V(민족문화추진회, 1977, 185)에는 중국을 가르킨다고 하였으며,『崔承老上書文研究』에는 성종을 의미한다고 하였다. 유학자 최승로가 이민족이라고 한 단계 낮춰보는 거란을 大朝라고 할 리가 없으며, 송은 고려와 떨어져 있어 국경선 구축에 관심이 없었다고 생각되므로 大朝는 前代의 임금인 景宗이라고 생각된다(李基白 外, 1993,『崔承老上書文研究』, 一潮閣, 79쪽 주 10) 참조).
9)『高麗史節要』권2, 成宗 元年 6월. "我國家 統三以來四十七年 士卒未得安枕 糧餉未免糜費者 以西北隣於戎狄 而防戍之所多也 願聖上 以此爲念 以馬歇灘爲界 太祖之志也 鴨江邊石城爲界 大朝之所定也 乞擇要害 以定疆域 選土人能射御者 充其防戍 又選其中二三偏將 以統領之 則京軍免更戍之勞 芻粟省飛挽之費"

는 방향을 예시하는 점에서 중요한 의미가 있다. 여기에서 태조 이래로 중시되던 북진정책이 달라지고 있음을 알 수 있다. 최승로는 28조에 앞선 五朝政績評에서 거란에 대한 태조의 적개심에 동감을 표명했으며, 발해의 세자 大光顯의 歸附를 따뜻이 맞아준 자세를 찬양하였다.10) 그럼에도 그의 상서문에는 태조가 정한 마흘탄이나 경종이 설정한 압록강의 석성을 국경으로 삼아 방비하도록 건의할 뿐 더 이상 북진정책에 대한 적극적인 의지는 보여지지 않는다.

이에 관한 구체적인 예로서 고려의 변방을 지키는데 土人을 쓰는 것이 경제적으로 유리함을 역설한 점이다. 토인이란 주로 여진족을 말하는 것으로써, 당시 청천강과 압록강 주변에는 아직도 고려에 완전히 귀속되지 않은 여진족이 다수 살고 있었다.11) 그럼에도 군사비의 절약을 내세워 고려의 군사가 아닌 토착인으로 변방을 지키게 하는 것은12) 방어위주의 전략이지 옛 고구려 땅을 회복하려는 적극적인 의지표명은 아니었다. 그는 국내의 안정, 유교사회의 구현에 관심을 두었을 뿐 거란의 대두로 야기될 수 있는 국토분쟁이나 전쟁의 위험성에는 무관심했던 것 같다.

성종대의 기록을 보면 국왕이 주로 대외관계보다는 국내의 정치에 주력한 듯한 기록이 많이 남아있다. 성종은 즉위한 직후에 팔관회에서의 雜技를 폐지하였으며, 2년에는 팔관회를 폐지하고 12목에 경학박사를 파견하여 불교와 일정한 거리를 두고 유교사회로 나아갈 것

---

10) 『高麗史』 권93, 列傳6, 崔承老.
11) 『高麗史節要』 권2, 成宗 12年 5月.
12) 李樹健, 1977, 「韓國中世文化의 特性(Ⅲ)-高麗期」『東洋學』座談會鈔, 단국대학교, 318쪽.
  이수건씨는 현지 주둔 병력은 그곳에 생활 근거지를 가지고 있으므로 현지의 山川地勢에 익숙하며, 또 가족이 있으므로 자기 지역을 지키는데 적극적이므로 이같은 최승로의 건의가 나왔다고 판단하였다. 물론 타당성 있는 견해이지만 경제적인 이유를 내세워 전적으로 토착민에게 변방을 맡기는 것은 국가 방어체계상 문제가 있다고 판단된다.

을 표방했다. 또한 2년 정월에는 圓丘에서 풍년을 기도하고 太祖의 神位를 원구에 모시고 왕이 친히 籍田을 갈고[13] 神農씨에게 제사를 지내고 5廟를 정하여 왕실의 존엄을 강조하였다. 그리고 그 해에 12 牧을 설치하고 모든 군현의 호족인 大監, 弟監을 村長, 村正으로 고쳐 중앙집권력을 강화하고 지방을 통제할 의사를 분명히 하였다. 또한 9 년 9월에는 孝를 선양한다는 명분을 내세워 忠을 강조하기 위해 전국 각계각층에서 孝子・順孫・義夫・節婦를 찾아 포상하였다.

요컨대 성종대는 대외관계보다 국내의 정치체제 안정에 주력한 시기였다.[14] 흔들림 없는 고려왕조를 지속시키기 위해 최승로의 건의에 따라 성종은 고려 사회의 체제 안정에 주의를 기울여 위의 조처들을 시행하였던 것이다. 그러나 국내의 문제에만 주력할 즈음 대외적으로 위기가 다가오고 있었다. 즉 거란의 침략이 시작된 것이다.

Ⅲ. 성종대 거란의 고려침입과 고려의 대응

거란 聖宗은 983년 10월, 蕭蒲寧・蕭恒德[15]으로 하여금 고려 침략의 준비작업으로써 여진족 토벌을 벌여 현재의 博川・雲山・泰山 등의 여진족을 진압하고 이듬해 개선하였다. 985년에는 옛 발해의 땅

---

13) 韓政洙, 2002,「高麗時代 籍田儀禮의 도입과 운영」『역사교육』83.
"고려는 적전의례를 통해 농상권장과 왕실의 위엄을 강조했으며 그 규모는 천자국과 같은 체제를 따랐다"
14) 具山祐, 1993,「高麗 成宗代의 鄕村支配體制 강화와 그 정치・사회적 갈등」『韓國文化研究』6, 부산대학교.
15)『遼史』88, 列傳18, 蕭排押 附 恒德.
소항덕은 字는 遜寧이며 공주와 결혼하여 駙馬都尉가 되어 東京留守까지 지냈으나 다른 여자와 관계한 것을 알게된 공주가 분노를 참지 못해 죽자, 996년(고려 성종 15)에 太后에 의해 賜死되었다고 한다.『고려사』에는 소손녕으로 적혀 있으므로 앞으로는 고려사의 기록대로 하겠다.

西京鴨綠府에 세운 定安國을 공격하여 이듬해 정월에 멸망시켰다. 이후 압록강 유역 일대의 여진부족을 거란에 복속시킨 991년(성종 10)에 거란은 威寇, 振化, 來遠 등 요새를 압록강 유역에 설치하고 많은 군대를 배치하여 고려와 대전할 준비를 갖추었다.16)

993년 5월 드디어 거란은 고려를 침입하였다. 거란 장수 蕭遜寧은 우선 逢山郡을 쳐서 함락시키고는 고려에 일방적인 항복을 요구하였다. 봉산군은 태주와 구주의 중간에 있는 지역으로서 고려와 북방 이민족간의 경계선이었다. 소손녕이 압록강을 건너 바로 고려와 맞서 싸웠다는 사실은 압록강 이남 지역이 거의 고려에 편입된 것으로 보아야 할 것이다. 그는 침략하게 된 사유를 『高麗史』권94, 徐熙傳에서 다음과 같이 설명하였다.

> A-1) 우리나라가 이미 고구려의 옛 영토를 영유하였다. 그런데 지금 너희 나라에서 우리 강토를 침탈하므로 이제 토벌하러 온 것이다.17)
>
> 2) 우리나라가 천하를 통일하였다. 아직까지 우리에게 귀부하지 않는 나라는 소탕할 것을 결정하였으니 속히 투항할 것이며 잠시라도 머뭇거리지 말라.18)
>
> 3) 우리 군사 80만이 도착하였다. 만일 강변까지 와서 항복하지 않으면 반드시 섬멸할 것이니 국왕과 신료들은 빨리 우리 군영 앞에 와서 항복하라.19)
>
> 4) 너희 나라에서 백성을 돌보지 않으므로 이제 천벌을 내리려 온 것이다. 만일 화의를 구하려거던 빨리 와서 항복하라.20)

---

16) 이용범, 1981, 「10~12세기의 국제정세」 『한국사』 4, 국사편찬위원회, 227쪽.
17) 『高麗史』권94, 列傳7 徐熙. "大朝旣已奄有高勾麗舊地 今爾國侵奪疆界 是以來討"
18) 『高麗史』권94, 列傳7 徐熙. "大朝統一四方 其未歸附 期於掃蕩 速致降款 毋涉淹留"
19) 『高麗史』권94, 列傳7 徐熙. "八十萬兵至矣 若不出江而降 當須殄滅 君臣宜速降軍前"

거란은 고려가 송과의 교류를 단절시키게 하려는 의도와 더불어 고려의 북진정책에 위협을 느껴 이를 꺾기 위해 소손녕을 보내어 고려에 침입하였다.[21] 그러므로 그들의 의도는 압록강을 경계로 더 이상 북진하지 않는다는 조건하에서 강화를 맺을 수 있기를 희망하였는데 이같은 거란의 의도는 그대로 받아들여지게 되었다. 우선 고려를 침입하면서 언급한 소손녕의 말을 분석해보자.

그는 첫째로 거란이 이미 고구려의 옛 땅을 점령하여 고구려를 계승했음에도 고려가 이 곳을 침범하므로 토벌하러 왔다고 했다. 거란이 고구려 계승을 주장하여 북방으로 진출하려는 고려의 의지를 꺾으려는 의도가 보인다. 이어서 보낸 글에는 거란이 천하를 통일했기 때문에 고려가 거란에 귀부해야 함을 주장하였다. 이제 거란은 고구려 계승에서 한 단계 더 전진하여 중원의 정통국가를 표방하고 있다. 그러나 이 정도의 위협으로 고려가 쉽게 귀부하리라고는 생각되지 않았으므로 다음으로 내세운 것이 80만 대군이었다. 소손녕은 고려를 굴복시키겠다는 의지의 표현으로 80만 대군이라는 엄청난 군사가 고려를 침입하였음을 강조하였다. 그리고는 민심을 달래려는 몸짓이 보인다. 즉, 고려정부의 북진책은 軍費를 증강시키게 되고 이는 결국 백성들의 삶을 피폐하게 만든다고 하여 고려민에 유화적인 자세를

---

20) 『高麗史』 권94, 列傳7 徐熙. "汝國不恤民事 是用恭行天罰 若欲求和 宜速來降"
21) 거란의 출병동기는 영토문제보다 여·송교빙을 여·요로 대치하려는 목적(이병도, 1961, 『한국사』 중세편, 을유문화사, 178쪽) 고려가 송과의 통교를 끊고 그들에게 통하도록 하려는 목적(김상기, 1985, 『고려시대사』, 서울대출판부, 77쪽) 고려측의 영토할양과 여·단 양국간의 교빙관계 수립을 목표로 했다고 보는 견해 (박현서, 1981, 「북방민족과의 항쟁」 『한국사』 4, 국사편찬위원회, 266쪽)가 있다. 이 이외에 최근의 견해로서 최규성은 1. 고려와 송과의 동맹관계를 단절하고 고려를 거란에 복속시킴으로써 송 정벌에 전념할 수 있는 전기를 맞이하며 2. 평안도 일대의 땅을 장악하여 고려의 도전을 사전에 봉쇄하기 위함이라고 하였다(최규성, 1995, 「북방민족과의 관계」 『한국사』 15, 국사편찬위원회, 202쪽).

나타내 보임으로서 지배층과 이간시키려 하였다. 고려의 북방진출을 저지하기 위한 거란의 강온 양면책은 고려사회에 동요를 가져왔다. 소손녕은 고려의 태도여하에 따라 전쟁을 포기할 수도 있다는 언질을 줌으로써 고려에 항복을 요구한 것이다. 이같은 거란의 태도는 먼저 국왕·귀족 등 지배층을 동요하게 했다.

거란이 침략했다는 소식을 듣자 高麗 成宗은 전황을 살펴보기 위해 安北府에 이르렀는데 이때 거란의 공격이 재빨리 진행되었던 것으로 보인다. 고려 관리들은 거란의 東京留守 蕭遜寧이 침입하는 즉시 고려의 선봉대와 싸워 逢山郡을 함락시켰으며, 그가 무려 80만이라는 대군을 이끌고 침략을 감행하였다는 소식을 듣고 매우 두려워 하였다. 이같은 두려움과 소손녕의 회유책이 고려 관리들로 하여금 割地論을 내세워 서경 이북의 땅을 거란에 떼어주고 강화를 맺자는 여론을 대두시키게 하였다.

최승로의 "마홀탄을 국경으로 삼자고 한 것은 태조의 뜻이요 압록강변의 석성을 국경으로 삼은 것은 경종이 정한 바 입니다"라는 견해에서 보는 바와 같이 성종 초기 고려의 목표는 압록강까지의 진출이었으므로 아직은 더 이상의 영토적 야심은 가지지 않고 있는 것으로 보인다. 그러나 당시 태조나 경종이 압록강변의 마홀탄이나 석성을 경계로 삼자는 것은 그때 고려가 영역을 확대할 수 있었던 최북단이었기 때문이지 이것을 영원한 고려의 국경선으로 삼으려 했다고는 생각되지 않는다. 고려의 목표는 고구려의 옛 땅을 되찾는 것이었기 때문이다. 그러나 이미 압록강 유역까지 도달한 상태에서 나온 최승로의 견해는 이상 더 북진정책의 의지가 없음을 보여준다.[22] 이는 무엇보다 국내정세가 안정상태를 이루고 있으므로 거란과 전쟁을 야기시켜 국내의 안정을 깨뜨리지 않으려는 의도가 들어있었던 것으로

---

22) 이정신, 2002, 「고려 태조의 건국이념의 형성과 국내외 정세」 『한국사연구』 118.

판단된다. 최승로와 같은 견해의 신라 6두품 계열의 유학자들은[23] 거란이 침입했을 때 평양 이북을 떼 주더라도 강화를 맺기를 희망했으리라 판단된다.

처음 성종은 할지론을 수용하고자 하여 서경 이북의 땅을 떼어주기 위해 서경에서 비축한 군량미를 주민들에게 나누어주었다. 이같은 행위는 이때까지도 국왕이 서희의 견해를 받아들이지 않고 있었음을 보여준다. 서희는 일단 거란과 만나 그들의 의도가 뭔지 알고 난 후에 싸우거나 항복하자는 냉철한 외교 전략가다운 자세를 가지고 거란의 움직임을 예의 주시하고 있었다. 그러나 한발 앞서 정부가 투항하기 위해 서경에 남은 양식을 대동강에 빠뜨리려는 최후의 순간에 이르게 되자 서희는 前 民官御事 李知白 등 동조자를 모아 할지론을 강력하게 반대하고 나섰다. 이것은 전쟁 발발 초기단계에서 투항파가 우세한 상황에서는 서희의 견해가 제대로 반영되기 어려웠음을 보여준다. 그러나 서경의 양식을 내버리려는 지경에 이를 즈음에는 일부 관리들과 백성들 사이에서 정부의 무능을 질타하는 소리가 나오기 시작했다. 남은 양식을 개경으로 보내거나 남도의 백성에게 나누어 줄 수 있음에도 버린다는 사실은 양식을 운반할 여유조차 가지지 못하고 시급하게 굴복하는 자세를 보인 것이었다. 이들의 비난을 내세워 서희는 국왕에게 적극적으로 대처하는 방안을 강구하도록 요구하였다.

사실 거란과 강화를 맺는 사실 자체가 고려 정부의 입장에서는 태

---

23) 성종대는 두 계통의 인물들이 정치를 이끌어 나갔는데 하나는 崔知夢, 崔承老, 崔亮, 李夢游, 王融, 李陽, 金審言 등의 유학을 존중하는 학자들이고, 다른 하나는 朴良柔, 徐熙, 李知白, 李謙宜, 韓彦恭, 鄭又玄, 李周憲, 趙之遴 등의 전통적인 사상을 존중하는 행정관리이다. 전자는 전반기에 후자는 후반기에 우세하였으며, 전자는 신라 6두품 계통이 주류를 이루고 여기에 일부 후백제 계통이 섞인데 비해 후자는 호족이 주가 되었다고 하였다(李基白, 1981, 「高麗 貴族社會의 形成」『한국사』 4, 국사편찬위원회, 157~170쪽).

조의 遺訓과 정면으로 배치되는 일이었다. 일찍이 태조는 거란이 우리의 친척국가인 발해를 멸망시킨 나라이므로 더불어 화의를 맺을 수 없다고 하여 거란이 보내온 낙타 50마리를 굶겨 죽이고 사신을 귀양보낸 일이 있었다.24) 그러므로 태조의 유훈을 받들어 거란과는 지속적으로 적대감을 가지고 교류하지 않고 있었는데, 이제 거란의 위력에 눌려 강화를 맺는다는 것은 고려로 볼 때 매우 떳떳하지 못한 모습이었다. 서희 또한 전쟁에서 승리할 확신은 없고, 그렇다고 고개를 숙여 강화를 맺는 문제는 태조대 이래의 국시를 위배하는 것이므로 우선 외교적인 타협을 강구했던 것이다.

고려 측의 회답을 촉구하는 의미에서 소손녕은 청천강 남쪽의 安戎鎭을 공격하였다. 그러나 뜻하지 않게 고려의 中郞將 大道秀에게 패배하여 거란군이 이상 더 남하할 수가 없게 되어 거란 또한 승리를 확신할 수 없는 불안한 상태였다.25) 이같은 상황이 고려와 거란이 불가피하게 강화를 맺을 수 밖에 없었던 조건이었다. 강화 내용은 알려진 바대로 소손녕은 고려가 신라를 계승했음에도 고구려 땅을 침식했음과 송과 교류함을 문제로 삼았다. 이에 서희는 고려가 고구려를 계승한 나라임을 강변하고 여진 때문에 교류할 수가 없었다고 해

---

24) 『高麗史』 권2, 太祖 25年 10月.
25) 이에 대해 김위현은 소손녕이 화의를 맺을 수 밖에 없었던 이유를 첫째, 고려에 대군이 장기간 주둔하거나 깊숙이 진군하였다가는 여진과 가깝게 지내오던 고려가 그들과 연결하여 압록강 유역을 차단할 경우와 송과 연결하여 송이 북진할 경우를 고려하지 않을 수 없었으며 둘째, 만약 80만 대군이 참전하였다면 그들의 군사습관상 打草谷이 불가능하며 당장 인마의 양곡과 먹이가 문제되었을 것이며 셋째는, 산악과 강에서 싸워본 경험이 적은 거란군이 전쟁수행에 어려움이 있었을 것이며 넷째, 고려 침공군 중에는 상당수가 동경도 관내의 주민일 것이므로 이들은 본래 발해의 유민 또는 여진계 주민일 것이다. 이들이 전쟁 중 고려에 투귀하거나 밀모할 가능성을 우려했다고 설명하고 있다. 필자는 네번째 이유를 주시하고자한다(金渭顯, 1999, 「徐熙의 外交」 『徐熙와 高麗의 高句麗 繼承意識』, 학연문화사, 119~120쪽).

명하였음은 익히 알려져 있는 바이다.

강화의 결과는, 고려측은 여진을 내쫓고 압록강 동쪽의 280리의 영토를 장악하며, 고려가 거란을 섬기고 송과의 관계는 단절하는 것이었다. 결과적으로 고려는 강토의 확장, 西女眞의 복속, 麗·丹간의 완충지대 설정이라는 실익을 얻음에 반하여 거란측은 단순한 경역의 양보에 그치지 않고 동여진 경략에 불가결한 요충지를 포기하여 일방적인 고려의 외교적 승리였다고 파악하고 있다.26)

그러나 외교란 국력에 따라 결정되는 것이 상례이며, 927년에 나라를 세워 이미 60여년이 지나 어느 정도 안정된 기반을 갖추고 있는 거란이 특별히 실책을 저질렀다고 보기는 어렵다. 그들이 양보했다면 당시에는 그것이 그들에게 필요하다고 인식했기 때문일 것이다. 다음 기록을 보자.

> B-1) 거란의 동경으로부터 우리나라 安北府에 이르는 수백 리 사이는 모두 生女眞이 차지하고 있던 것을 광종 때에 이를 다시 찾고 嘉州·松城(定州 부근) 등의 성을 쌓았습니다. 이제 거란이 침공하는 의도는 북쪽의 두 성을 탈취하려는 데 불과한 것이며 그들이 고구려의 옛 땅을 찾겠다고 큰소리치고 있으나 실상인즉 우리를 두려워하고 있습니다.27)
>
> 2) 또한 압록강의 안팎도 역시 우리의 경내인데 지금 여진이 그 사이를 강점하고 있으면서 완악한 행위와 간사한 태도로서 교통을 차단하여 바다를 건너는 것보다 더 어려우니 朝聘의 불통은 여진 때문이다. 만일 여진을 쫓고 우리의 옛 땅을 회복하여 城堡를 쌓고 길을 통하게 된다면 어찌 국교를 통하지 않겠는가.28)

---

26) 朴賢緒, 1981,「北方民族과의 抗爭」『한국사』4, 국사편찬위원회, 266쪽.
27) 『高麗史』권94, 列傳7 徐熙. "自契丹東京 至我安北府 數百里之地 皆爲生女眞所據 光宗取之 築嘉州·松城等城 今契丹之來 其志不過取北二城 其聲言取高勾麗舊地者 實恐我也"
28) 『高麗史』권94, 列傳7 徐熙. "且鴨綠江內外 亦我境內 今女眞盜據其間 頑黠變詐 道途梗澁 甚於涉海 朝聘之不通 女眞之故也 若令逐女眞 還我舊地

3) (성종 12년 12월) 朴良柔를 禮幣使로 삼아 거란의 임금을 만나보게 하였다. 서희가 다시 아뢰기를, "신이 소손녕과 약속하기를, 여진을 소탕하고 평정하여 옛 땅을 수복한 후에 朝聘하겠다고 하였는데 이제 겨우 압록강 이내만 수복하였으니 청컨대 강 밖까지 수복되는 것을 기다려 수교를 하더라도 늦지 않을 것입니다" 하였다. 성종이 말하기를 "오랫동안 교빙하지 않으면 후환이 생길까 두렵다"하며 드디어 그를 파견하였다.29)

4) (소손녕이 편지를 보내기를) 황제의 명령에 따라 곧 헤아려서 鴨綠江 西里 5개의 성을 쌓기로 하였으므로 3월 초에 성을 쌓을 곳에 이르러 修築에 착수하려 합니다. 삼가 청하건대 대왕께서 미리 먼저 지휘하여 안북부에서 압록강 동쪽에 이르기까지 280리를 계산하여 적당한 田地를 답사하여 거리의 멀고 가까움을 헤아려서 아울러 성을 쌓도록 하되 役夫를 보내어 같은 시기에 착수하도록 하고 그 쌓은 성의 수를 빨리 회보 하십시오.30)

먼저 고려의 입장을 살펴보자. 서희는 거란군의 침입 목적이 실제로는 고려와 全面戰을 전개하기보다는 거란의 동경과 가까운 거리에 있는 가주와 송생의 점령에 본 뜻이 있었음을 간파하였다. 송생과 가주는 원래 여진인이 거주하고 있던 지역으로서 이들은 발해유민으로 볼 수 있다. 985년(성종 4)에 거란이 비록 발해를 계승한 정안국을 멸망시켰지만 거란은 아직도 잔존하는 압록강 부근의 발해유민의 저항을 우려하여 고려와 결탁하여 발해유민의 부흥운동 움직임을 사전 차단하려는 의도를 가지고 있었다고 생각된다. 서희는 이를 간파하고 이 기회에 고려가 내세웠던 북진정책을 발전시켜 압록강을 상회

築城堡通道路 則敢不修聘"
29) 『高麗史』 권94, 列傳7 徐熙. "遣良柔爲禮幣使入覲 熙復奏曰 臣與遜寧約 盪平女眞 收復舊地 然後朝覲可通 今纔收江內 請俟得江外 修聘未晚 成宗曰 久不修聘 恐有後患 遂遣之"
30) 『高麗史節要』 권2, 成宗 13年 2月. "尋准宣命 自便斟酌 擬於鴨江西里 創築五城 取三月初 擬到築城處 下手修築 伏請大王 預先指揮 從安北府 至鴨江東 計二百八十里 踏行穩便田地 酌量地里遠近 并令築城 發遣役夫 同時下手 其合築城數 早與回報"

하는 옛 고구려 영토의 수복을 추진하려는 생각을 갖고 있었던 것이다.[31] B-2)는 서희가 소손녕과의 담판에서 한 이야기로서 교류하지 못한 모든 책임을 여진에게 미루고 있다. 이것은 고려가 거란과 연합하여 발해유민을 제압할 의사를 드러낸 것으로써, 고구려를 계승하고 명실공히 삼국을 통합하였음을 표방하는 고려로서도 발해의 부흥은 달가운 일이 아니었다. 서로의 이해관계로 인해 고려는 거란과 강화를 맺게 되었던 것이다. B-3)은 서희가 성종에게 우리의 실익을 챙겨 압록강 너머의 영토까지 확보한 이후에 거란과 천천히 교빙하자고 제의하고 있다. 여기에서 서희가 소손녕과의 외교로 확보하였던 지역이 강동 6주에 그치지 않고 압록강 너머의 여진이 살고 있던 영역도 포함되었음을 짐작할 수 있다. 이것은 고려가 고구려 계승국임을 거란으로부터 인정받았던 만큼 서희는 압록강 이북으로 영역을 확대할 기회를 엿보고자 한 것 같다.

그러나 서희의 구상과는 달리 거란 대군의 침입으로 두려움을 갖게 된 성종은, 거란과의 화의에 시간을 끌면서 고려군을 압록강 너머로 북상시키다가 재충돌이 일어날 것을 우려했던 것 같다. 그러므로 성종이 서둘러 거란과 협상을 추진시킨 결과 고려의 영토가 압록강 하류 이남에서 고착되지 않았나 판단된다. B-4)에 의하면 소손녕 또한 지나치게 서두르는 모습을 보인다. 거란은 송과 주변국을 치기 위해 빠른 시일 내에 고려와 맞닿는 국경변방의 안정을 구축하고자 했음을 알 수 있다.

우선 서희가 쌓은 성을 보면, 성종 13년에 여진을 내쫓고 長興鎭·歸化鎭·郭州·龜州에 축성하였으며, 14년에 安義鎭·興化鎭(의주 남 55리)·靈州·猛州에 축성하였고, 15년에 宣州에 축성하였다고 한다. 그러나 이미 성종 초에 義州·龍川·鐵山·通州(宣川) 등 압록강 서

---

31) 최규성, 1999,「서희의 북방정책」『서희와 고려의 고구려 계승의식』, 학연문화사, 119~120쪽

쪽의 일부분을 제외하고는 압록강 이남 지역은 이미 고려의 영역과 마찬가지의 땅이었다. 성종 10년에 압록강 밖의 여진을 백두산 밖으로 몰아내었다는 사실은 거의 고려가 이 지역의 영토를 확보했으며, 이 곳에 사는 여진인은 고려에 편입되어 고려민이나 다를 바가 없었음을 말해 준다. 그러므로 사실 소손녕과 강화를 통해 획득했다는 강동 6주32)는 고려의 영토로 볼 수 있는 영역을 거란이 생색내며 인정해주는 형태로 밖에 보여지지 않는다.33) 당시 고려의 절실한 과제는 거란과의 전쟁을 종식하는 것이었고 고려 조정에는 화해를 요구하는 세력이 주도권을 장악하고 있었다. 그러므로 서희는 이를 알면서도 받아들일 수 밖에 없었다. 이같은 상황에서 서희는 성종이 거란과의 강화 직후에 천천히 사신을 파견하도록 건의하여 간접적으로 불만을 드러내었다.

고려와 거란이 강화를 맺은 것은 성종 12년 윤10월이다. 서희가 강화를 맺고 거란 진영에 1주일 정도 머물다가 돌아왔는데 이때 고려

---

32) 서일범, 1982, 「서희가 축성한 성곽과 청천강 이북 방어체계」, 『력사과학』, 1982~4, 150쪽 주2).
  서일범씨는 『高麗史』와 『高麗史節要』에는 江東 6州라는 용어가 나오지 않으며, 다만 『高麗史』 顯宗 3年 6月에 고려 국왕이 병으로 親朝할 수 없다고 하니 거란 임금이 노하여 興化・通州・龍州・鐵州・郭州・龜州 등 6성을 취하려고 한다는 내용에서 6성으로 나올 뿐, 강동 6주란 말은 나오지 않는다고 하여 강동 6주라는 용어에 의문을 제기하였다.
33) 박영해, 1966, 「거란 침입 이전 시기 고려의 대외 정책」, 『력사과학』 1966~1, 24쪽.
  고려에 대하여 고구려 옛 땅의 전부를 요구하던 적장 소손녕이 서희 장군과의 담판에서 압록강 이남지역을 고려의 영토로 인정하지 않을 수 없었던 것은 물론 고려의 군사적 승리와 서희장군의 뛰어난 외교활동의 성과라고 보겠지만 침략자들도 그것을 인정하지 않을 수 없었던 현실적 근거가 있었다고 보아야 할 것이다. 이밖에 거란이 축성한 3성이 압록강을 넘어오지 못한 것은 그곳까지 고려의 저지선이 진출해 있었음을 시사해 준다. 늦어도 거란침략 전까지 고려의 경계선이 압록강 유역까지 도달하고 있었다고 보아야 할 것이다.

성종이 바로 사신을 파견하려 하였다. 3)에서 서희는 이제 겨우 강내의 땅을 수복했다는 말을 하였는데 강은 압록강을 의미한다. 거란이 물러가고 서희가 돌아온 후에 성종이 거란에 사신을 파견하기까지의 시간은 불과 1달도 채 소요되지 않았다. 이같이 급박하게 변화하던 시기에 고려가 여진의 땅을 공략할 시간적 여유는 없었다고 보여진다. 그렇다면 고려가 가지고 있는 땅을 거란이 추인한 것에 불과하며 이듬해에 서희는 고려의 토지로 인정받은 영역에 축성을 한데 불과함을 알 수 있다.

고려는 태조 이래로 북진정책을 표방하여 광종대에 압록강 유역까지 鎭을 설치하며 영토를 넓히게 되었다. 이에 거란은 위치상으로 고려의 수중에 들어갈 것이 뻔한 강동 6주를 여진을 몰아낸다면 고려가 소유해도 좋다고 하여 일면 양보하는 듯 하면서 압록강 이북으로는 진출하지 못하도록 제동을 가하였다. 태조가 거란과 외교를 맺지 않은 것은 발해를 멸망시킨 나라라는 명분을 내걸었지만 그 이면에는 고려민을 하나로 통합하려는 의지34)와 더불어 만일 고려가 고구려 옛땅을 수복하지 않은 상태에서 수교한다면 국경선이 거론될 것이고 이때 국경선이 정해진다면 후일 고구려 옛 땅을 회복하려 할 때 규제가 가해져서 고려로서는 불리하다고 판단했으리라 생각한다. 그러므로 성종대의 거란과의 강화는 항시적인 전쟁상태를 벗어난다는 장점이 있지만 북진정책의 의지를 접어야 되는 심각한 문제였다. 그러나 어쩔수 없이 강화는 이루어졌고 이후 고려의 영토는 압록강 이남으로 고착되게 되었다.

그는 최선을 다하여 소손녕과 회담하여, 나름대로는 최대한 양보를 받아내기 위해 노력하였지만 그의 강화는 고려의 국경선을 한정시키고 항구화하여 고려의 북진정책을 어렵게 만든 일면도 있음은

---

34) 이정신, 2002, 「고려태조의 건국이념의 형성과 국내외 정세」 『한국사연구』 118.

부정할 수 없다. 또한 발해유민을 포섭해야 할 고려민으로서가 아니라 이민족으로 간주하여 내쫓음으로써 이들을 고려민으로 통합할 수 있는 가능성을 배제시키는 결과를 가져왔다. 이것은 서희가 실책을 범했다는 것이 아니라 대규모의 군사력을 앞세워 침략한 거란에 밀린 고려왕조의 한계라고 보는 것이 타당할 것이다. 거란의 입장에서는 여진과의 연결을 미리 사전에 차단시켜 고려가 요동으로 진출하지 못하도록 압록강으로 한정시키는 효과에 만족하였다고 판단된다.

거란의 소손녕은 압록강 북서쪽에 성을 쌓고 고려는 압록강 남동쪽에 축성하자고 약속된 듯 하다. 이같은 강화를 중심으로 고려는 송과 관계를 끊고 거란과 우호를 맺었다. 이후 고려와 거란관계는 평화가 지속되었다. 그러나 그것은 외면적인 모습에 불과했고 성종에 이어 목종대 이후에도 영역을 확대하려는 정부의 의지가 나타난다. 이후 고려는 서북지방이 거란의 견제로 이상 더 진출이 어려워지자 동북지방에 관심을 나타내고 있다. 특히 문종대에 동북지방에서 여진의 來附가 지속적으로 이루어지고 있는 것은 고려의 압력에 의한 것으로 판단된다.

Ⅳ. 성종 이후 고려와 거란의 외교 추이

고려와 거란은 전쟁을 치루지 않고 각기 필요한 이익을 챙김으로써 두나라 사이에는 당분간은 분쟁이 없었다. 거란의 양보든 형식적인 묵인에 불과하든 고려가 거란침입 이전에 비해 義州・龍州・鐵州・通州 등의 영토가 늘어난 것은 사실이었다. 그리고 이로 인해 거란과의 2차・3차 전쟁을 결정적인 승리로 이끌어내는 전략적인 요새가 확보되었으며, 거란으로서도 고려와 강화를 맺음으로써 이후 송과의 전쟁에 전념할 수 있는 상황을 만들었다.[35]

거란은 고려와 강화를 맺어 배후의 우려를 없앤 후, 995년(성종 14)에 옛 발해의 상경부근에서 독립적인 정권을 세운 兀惹部와 함흥평야의 여진부락 蒲盧毛朶部까지 정벌하였다.36) 그들은 회군할 때 고려의 영토를 통과하여 위협을 가함으로써 동북쪽 방면으로 진출하려는 고려의 의지를 미연에 방지하려 하였다. 고려는 거듭되는 거란의 군사행동을 우려하여 송과 외교관계를 재개하여 1000년(목종 3)에 송나라에 사신을 파견하였으며 1003년에는 송의 군사를 거란국경에 주둔하여 줄 것을 요청하기도37) 하였다. 이후 거란은 송에 침입하여 1004년(목종 7)에 송을 굴복시켰다.

거란은 송과 주변 여진족을 제압한 이후에 고려를 압박하기 시작했다. 즉 철저한 굴복을 요구했던 것이다. 거란은 1차 침입시에 압록강 유역의 영토를 고려의 것으로 인정해준 사실을 무위로 돌리고 노골적으로 다시 강동 6주를 요구하였다. 당시 거란은 고려의 장수 강조가 목종을 폐하고 현종을 즉위시킨 대역죄를 묻기 위해 출병한다고 했지만 사실은 고려가 송과의 관계를 지속시키고, 동북 방면의 여진족을 복속시켜 동북방으로 진출하는데 의구심을 가졌던 것이다. 다음 기록을 보자.

> C. (현종 원년) 5월 甲申에 尙書左司郎中 河拱辰과 和州防禦郎中 柳宗을 먼 섬으로 유배하였다. 일찍이 하공진이 동여진을 치다가 패배를 당한 적이 있었는데 유종이 그것을 한탄하였다. 때마침 여진인 95명이 來朝하려고 和州館에 이르자 유종이 이들을 모두 죽여버렸으므로 같이 귀양보냈다. 여진이 거란에게 호소하니 거란 임금이 신하들에게 말하기를, "고려의 康兆는 임금을 죽였으므로 대역 죄인이니 마땅히 군사를 일으켜서 죄를 물을 것이다."라고 하였다.38)

---

35) 박종기, 1994,「고려시대의 대외관계」『한국사』6, 한길사, 231쪽.
36) 蒲盧毛朶部는『高麗史』에 보이는 女眞 30城 部落을 말한다.
    李丙燾, 1961,『韓國史』中世編, 乙酉文化社, 186~188쪽.
37)『宋史』권487, 列傳246 高麗傳.

고려는 거란과 강화한 이후에는 동북 방면으로 진출하였다. 즉 목종 3년에 德州(평안도 안주목 덕천군), 4년에는 永豊鎭(안변)에 축성했으며 6년에 德州·嘉州(가산)·威化(운산)·光化(평북 태천군)에, 8년에 鎭溟縣(宜州)·金壤縣(강원도 通川)에, 9년에 龍津鎭(함남 정평)·龜州·登州(안변)에, 10년에는 興化鎭(義州)·翼嶺縣(강원 양양)에, 11년에 通州(평북 선천)·登州에 축성하였다. 서북계는 거란과 국경선이 맞닿는 교통의 요충지로서 이곳은 고려가 전통적으로 축성을 게을리하지 않은 지역이지만 河拱辰·柳宗 등 변방 장수들의 움직임을 보더라도 고려정부가 동북 방면에도 상당히 주의를 기울이고 있다는 느낌이 감지된다. 이같은 동북계 변방의 축성은 고려가 동북쪽으로 진출하려는 의지를 나타낸 것으로써 거란의 입장에서는 그들을 위협하는 행위로 판단했을 것이며39) 이 점은 직접 당사자인 여진도 마찬가지였다. 이때 여진이 찾아와서 고려정부의 여진인 살해를 하소연하자, 거란 임금은 고려를 쳐서 굴복시킬 필요를 느끼고 있었으므로 강조 정변을 구실로 내세워 국왕 교체의 어지러운 정세를 틈타 고려를 침입했던 것이다. 고려는 이들의 침공을 막기 위해 일시적으로 하공진과 유종을 유배시켰으나 거란의 침략을 막지는 못하였다.

2차전을 시작한 요의 聖宗은 강조를 살해하고 개경을 함락시켰으나 고려군의 강력한 저항으로 興化鎭·龜州·通州·西京 등을 함락시키지 못한 채 남쪽으로 내려왔으므로 자칫 잘못하면 퇴로가 끊길 우려가 있었다. 그러므로 성종은 河拱辰 등을 통한 고려 측의 정전제의를 받아들여 현종이 친조한다는 조건을 확인하고는 서둘러 군사를

---

38) 『高麗史』 권4, 顯宗 元年 5月 甲申. "流尙書左司郎中河拱辰 和州防禦郎中柳宗于遠島 拱辰嘗擊東女眞見敗 宗恨之 會女眞九十五人來朝 至和州舘 宗盡殺之 故並坐流 女眞訴于契丹 契丹主謂群臣曰 高麗康兆弑君 大逆也 宜發兵問罪"
39) 『高麗史』 권8, 文宗 12年 8月 乙巳. "… 昔庚戌之歲 契丹問罪書云 東結構於女眞 西往來於宋國 是欲何謀"

돌이킬 수 밖에 없었다. 이때 물러가던 거란군은 龜州 등에서 다시 楊規, 金叔興 부대의 공격을 받아 많은 군대를 잃었다. 이후 거란은 고려가 국왕 친조의 약속을 이행하지 않아 서둘러 군사를 철수한 명분도 가지지 못했으며 또 그들이 패배한 지역이 興化鎭·龜州·通州 등 고려가 차지하도록 묵인한 지역임을 알게 되자 강동 6주의 반환을 요구하였다. 거란은 비로소 그들이 고려가 소유하도록 양해했던 지역이 천혜의 요새지임을 인식하게 되었던 것이다.

그러나 실지로 그들이 고려에게 양여한 땅도 아니면서 반환을 요구하는 것은 고려의 입장에서 볼 때 강대국의 억지논리에 불과했다. 그럼에도 계속 사신을 보내어 반환을 요구하는 것은 아마도 거란은 1차 침입시에 고려 내부에서 割地論 논의가 있었음을 알게되지 않았나 추정된다. 이후 거란의 파상적인 고려침입과 현종 9년(1018)의 대규모의 침략은 이제 강동 6주의 반환을 목표로 이루어졌다고 볼 수 있다. 강감찬·강민첨 등이 이끄는 20만 고려 군사들의 대규모의 반격으로 蕭排押이 이끄는 10만의 거란군은 참패하고 물러갔다. 이후 전쟁에 지친 두 나라는 화약을 맺어 전쟁을 종결지었다. 거란은 비록 전쟁에서 승리하지는 못했으나 강동 6주 반환을 계속 강조함으로써 고려가 그 이상의 북방진출을 하지 못하도록 견제하는 효과는 가져오지 않았나 판단된다.

그러나 고려가 북방진출의 야망을 버린 것은 아니었다. 전쟁을 하는 과정에서도 고려는 방어를 위해 혹은 북방진출을 위해 축성하였다. 현종 원년에는 德州에 축성했으며 3년에 長州(定平)·金壤(통천)에 성을 쌓았다. 그러나 거란과의 전쟁이 끝난 후 고려의 북방정책은 점차 소극적으로 바뀌어갔다.

현종 20년에 이르러서 발해의 유민으로서 거란의 東京將軍이었던 大延林은 반란을 일으켜 興遼國을 세우고는 거란의 공격을 막기 위해 고려에 원병을 요청하였다. 이 틈을 타서 고려의 刑部尙書 郭元은 압록강 동쪽을 취하려고 군사를 움직였으나 실패하였다. 이때 崔士威는 平章事 蔡忠順과 함께 거란과 홍요국이 서로 싸우도록 방관할 것을 주장하였는데 국왕과 대다수 관원들이 이에 동조하였다. 여기에서 발해를 인척의 국가로 옹호했던 태조 이래의 모습은 보이지 않으며, 또한 고려가 적극적으로 거란을 공격하기보다는 어부지리를 택하는 안전한 방책을 강구하려 한 태도에서 소극적인 자세를 엿볼 수 있다. 이후 고려는 德宗대에 천리장성을 쌓았다.

고려는 건국 초부터 이민족의 남하에 대비하여 북방의 각 요충지에 城寨를 구축해 왔다. 그러다가 현종대에 거란과 강화를 맺은 다음 덕종 2년(1033)에 이르러서 平章事 柳韶에게 명하여 장성을 축조하기 시작하여 靖宗 10년(1044)에 완성시켰다. 천리장성은 서쪽 海邊에 있는 옛 國內城 경계의 압록강이 바다로 들어가는 곳부터 시작하여 동으로 威遠·興化·靜州·寧海·寧德·寧朔·雲州·安水·淸塞·平虜·寧遠·定戎·猛州·朔州 등의 13성을 걸쳐 耀德·靜邊·和州 등에 이르렀다.[40]

서희가 강화를 맺어 확보한 영역을 토대로 덕종대에 천리장성을 쌓은 것은 고려가 한반도 내에서만 자족하겠다는 표시였다. 원래 장성이란 국경선을 표시하는 의미를 강하게 나타낼 뿐 북방의 이민족이 침범하는데는 큰 장애물이 되지 못한다. 중국이 일찍이 만리장성을 쌓았더라도 이민족이 침범하는데 조금도 걸림돌이 되지 못하였는데 이 점은 고려도 마찬가지였다. 오히려 장성은 고려와 이민족의 구분을 명확히 하는 결과를 가져왔다. 즉 장성은 고려민과 다른나라 사람, 혹은 다른 종족이 사는 경계선이 되었다. 이것은 고려의 북방민에 대한 의식구조가 바뀌는[41] 계기로 작용하여 예종대에 9성 반환이라는

---

40) 威遠(의주)·興化(의주)·靜州(의주 동쪽)·寧德(의주목 定寧현)·寧朔(철산)·雲州(운산)·淸塞(희천)·寧遠(희천 동쪽)·定戎(의주목 定寧현)·猛州(맹산)·朔州(삭주)로 비정되며 요덕·정변·화주는 영흥에 소속된다. 몇 개는 확인되지 않는다.

결과를 초래하는 하나의 원인이 되었다. 서희의 외교는 거란의 침입을 방어하고 영토를 넓혀 큰 성과를 거두었으나 압록강 이남의 영토 확보라는, 현상유지에 만족한 외교정책으로 그친 아쉬움이 있다고 생각한다.

V. 문종 이후의 대외관계와 윤관의 9성

문종은 4년에 渭州城(평안도 泰川), 安義鎭의 榛子 農場에 성을 쌓아 寧朔鎭(泰川)이라 하였으며, 21년에 德州, 28년에 元興鎭(預原)·龍州·渭州에 성을 修築하였다. 또한 宣宗 8년에는 안변도호부 霜陰縣에 城壘를 쌓았다. 문종 이후의 기록에는 축성보다 이민족의 귀화에 주력했음을 볼 수 있는데 다음 내용이 많은 시사를 준다.

D-1) 丁卯에 도병마사가 아뢰기를, "東蕃 추장 阿兜幹은 來附한 이래로 오랫동안 은혜를 입었는데 우리를 배반하고 거란에 투화하였으니 그 죄가 아주 큽니다. 그 당의 수령 高之問 등은 지금 蕃境에 있으니 청컨대 가만히 군사를 보내어 붙잡아 關內로 끌어들여 그 연유를 심문하고 법률에 따라 죄를 주소서."라고 하니, 이에 따랐다.[42]

D-2) 丁未에 서북면 병마사가 아뢰기를, "서여진의 추장 漫頭弗 등 諸蕃이 청하기를, 東蕃의 예에 의하여 州郡을 나누어 설치해 준다면 길이 藩國이 되어 감히 거란의 蕃人들과 통교치 아니하겠다고 합니다."라고 하였다. … 또 아뢰기를, "平虜鎭에 가까운 경계의 蕃人 우두머리인 柔遠將軍 骨於夫와 覓害村要結 등이 고하기를, 우리들은 일찍이 伊齊村에 살면서 거란의 大完(거란의 관직명)이 되었는

---

41) 李龍範, 1977, 「座談會鈔」 『東洋學』 7, 단국대학교, 324쪽.
42) 『高麗史』 권7, 文宗 元年 2月 丁卯. "兵馬使奏 東蕃酋長阿兜幹 內附以來 久承恩賞 背我投丹 罪莫大焉 其黨首領高之問等 今在蕃境 請密遣軍士 拘執入關 拷訊端由 依律科罪 從之"

데, 얼마 전에 두 번이나 招諭를 받았으며, 기유년(문종 23) 11월에는 조정에 나아가서 두텁게 은혜를 입고 또 관직도 받았으니 감격을 이기지 못합니다 … 호적에 붙여 길이 울타리가 되게 하소서"라고 하였다.[43]

D-3) 丙子에 制하기를, "동북 변방 15州 바깥의 蕃人들이 잇달아 귀부하여 郡縣을 두어 달라는 청원이 지금도 끊어지지 않으니 이는 실로 종묘 사직의 신령의 도움에 힘입은 것이다."[44]

위의 기록은 귀화한 여진에게 단순히 관직을 수여하고 공물을 하사하는 단계를 지나 문종대의 귀부는 단순한 羈縻나 외교적인 형식 절차가 아니라 완전히 고려의 州郡으로 편입되고 있음을 보여준다. 그러므로 그들이 배반하여 고려의 영향권을 이탈하는 것은 법적 처벌의 대상이 될 수 있었다.[45] 문종대는 위의 기록 외에도 변방 여진

---

43) 『高麗史』권9, 文宗 27年 5月 丁未. "西北面兵馬使奏 西女眞酋長曼豆弗 等諸蕃 請 依東蕃例 分置州郡 永爲藩翰 不敢與契丹蕃人交通 … 又奏平虜鎭近境蕃帥 柔遠將軍骨於夫 及覓害村要結等告云 我等曾居伊齊村 爲契丹大完 邐者 再蒙招諭 於己酉年十一月 赴朝 厚承恩賚 且受官職 不勝感戴 … 附籍 永爲藩屛"
44) 『高麗史』권9, 27年 4月 丙子. "制曰 東北邊十五州外蕃人 相繼歸附 願置郡縣 于今不絶 此實賴宗廟社稷之靈"
45) 추명엽, 2002, 「고려전기 '번(蕃)'인식과 동·서번의 형성」『역사와현실』 43, 38·43·44쪽
  11세기 초 중엽 이후에는 고려와 북방 제종족 사이의 관계는 실질적으로 大邦과 諸蕃의 관계에 있었으며 군신관계의 성격을 가지고 있었다. 그러나 동번적의 출현, 완안부 세력의 흥기가 분명히 드러나면서 고려와 동서번의 관계가 동요하게 되자 변군 설치를 위한 강력한 변경지배를 위해 정벌을 단행한 것으로 보았다.
  고려의 경우, 중국 당나라의 영향을 받은 법률에 기초하여 변경 이민족을 다스렸으리라 짐작된다. 『唐律疏議』1, 名例 6, 十惡(한국법제연구원, 1994)에 의하면 다음과 같은 내용이 있다.
  "율문4 三曰 謀叛(나라를 배반하고 적국을 따르려고 꾀함을 말한다.
  疏議 6: 사람이 자기나라를 배반하고 장차 蕃國으로 투항하려고 꾀하거나 성을 넘겨주면서 적대정권에 항복하려고 하거나 관할지역을 넘겨주

족의 귀부가 이어졌는데46) 고려는 이들을 엄격한 법적 제제와 함께 다스렸음을 보여준다. 이것은 천리장성을 쌓은 이래로 변방에서 여러 민족이 공존하는 형태가 부정되고 고려민으로의 편입이냐 아니냐, 즉 나와 他者의 경계가 분명해졌음을 나타낸다.

현종 이후 고려는 서북방면의 진출을 포기하고 동북쪽으로 영토를 넓히기에 더욱 주의를 기울였다. 문종대 부터는 동북지방의 영토와 그곳의 주민을 고려의 영역으로 편입시키기 위해 위무책을 시행하는 등47) 더욱 세심한 노력을 기울여 그 성과가 가시적으로 드러나고 있었다. 그러나 고려의 시도는 肅宗대에 거란에 이어 북방의 새로운 강자로 完顏部 女眞이 등장함으로써 동북방의 영역과 주민을 두고 날카롭게 대립하게 되었다. 즉 完顏部와의 갈등이 肅宗·睿宗대의 여진정벌을 초래하게 되었던 것이다.

숙종 9년의 여진정벌은 무력으로 왕위에 오른 숙종에게 반대하는 세력을 억제하기 위한 정책이었다는 견해가 있다. 즉 대여진 강경책을 시행하여 나라 사람들의 관심을 밖으로 돌리게 하고, 여진과의 전쟁을 통하여 왕실의 권위를 확고히 하려는 왕과 측근세력의 의도였다고 파악하기도 한다.48) 이와 더불어 예종대 윤관의 여진 정벌49) 역

면서 외국으로 달아나려고 한 행위 등이다(주 59: 國은 정통의 현왕조. 정통의 현왕조에서 이탈하여 외국 또는 괴뢰정권측에 붙는 것이 叛이다. 反과 叛의 차이는 조정을 향해 정면으로 공격하느냐 조정에 등을 돌리고 이탈하는가의 차이이다. … 모반에 대한 형은 교수형이며 그것을 실행에 옮기면 참수형, 그 처자는 유형 2천리에 처하며 규모가 크면 부모도 연좌된다"

46) 金庠基, 1974,「女眞關係의 始末과 尹瓘의 北征」『東方史論叢』, 서울대출판부, 491~507쪽.
47)『高麗史』권9, 文宗 27年 5月.
48) 金南奎, 1996,「高麗中葉의 對女眞政策」『가라문화』13, 199쪽.
49) 윤관의 여진정벌에 대해서는 다음과 같은 논문이 있다.
　　津田左右吉, 1913,「尹瓘經略地域考」『朝鮮歷史地理』Ⅱ.
　　池內宏, 1921,「完顏氏の曷懶甸經略と尹瓘の九城の役」『滿鮮歷史地理報

시 왕실과 윤관 세력이 문벌귀족세력을 제압하기 위한 전시체제 유지가 중요 목표였다고 파악하기도 한다.50) 이같은 시각이 한편으론 타당하다고 생각되지만, 그러나 동북지방으로 뻗어가려는 고려의 의지와 새롭게 대두하는 완안부 여진과의 충돌이 일차적인 원인임은 의심할 수 없다.

숙종 7년에 완안부의 추장 烏古迺(우구나이)의 뒤를 이은 盈歌(후일의 穆宗)는 고려에 사절을 파견하여 친선을 도모하였지만51) 한편

告書』.
稻葉岩吉, 1931,「高麗尹瓘九城考」『史林』 16-1.
尹武炳, 1958,「吉州城과 公嶮鎭」『歷史學報』 10.
金庠基, 1959,「女眞關係의 始末과 尹瓘의 北征」『국사상의 제문제』 4.
金九鎭, 1976,「公嶮鎭과 先春嶺碑」『白山學報』 21.
方東仁, 1976,「尹瓘九城再考-九城設置範圍를 중심으로-」『白山學報』 21.
박영해, 1977,「11세기말~12세기초 녀진(금)의 침입을 막기 위한 고려의 대외활동」『력사과학』 1977-1.
金九鎭, 1977,「尹瓘九城의 範圍와 朝鮮六鎭의 開拓」『史叢』 21·22.
方東仁, 1980,「高麗의 東北地方境域에 관한 연구-특히 尹瓘의 九城設置範圍를 중심으로-」『嶺東文化』 創刊號.
羅滿洙, 1980,「高麗前期 對女眞政策과 尹瓘의 北征」『軍史』 7.
최희림, 1986,「천리장성의 축성상 특징과 그 군사적 거점인 진성에 대하여」1·2『력사과학』 1986~1·2.
鄭修芽, 1988,「尹瓘勢力의 形成」『震檀學報』 66.
崔圭成, 1995,「거란 및 여진과의 전쟁」『한국사』 15, 국사편찬위원회.
金南奎, 1995,「高麗前期의 女眞觀」『가라문화』 12.
金南奎, 1996,「高麗中葉의 對女眞政策」『가라문화』 13.
金南奎, 1997,「高麗 睿宗代의 對女眞政策」『慶大史論』 10.
이 중에서 여진정벌을 대내적인 권력다툼에 초점을 맞춘 정수아를 제외하고는 모두 대외적인 시각에서 다루고 있다.
50) 鄭修芽, 1988, 앞의 논문.
金光植, 1989,「高麗 肅宗代의 王權과 寺院勢力」『白山學報』 36, 142·143쪽.
51)『高麗史』 권12, 肅宗 7年 4月 甲辰.

으로는 주변의 여진 부족을 통일하고 지금의 간도지방을 차지하고 다시 남진하여 曷懶甸 지역까지 세력이 미치고 있었다. 갈라전 지역의 여진인들은 본래 고려에 來附하며 살고 있었는데 완안부가 강성해지면서 갈라전으로 세력을 뻗어오자 그들 중에 점차 완안부와 내통하여 내부하고자 하는 자들이 나타나게 되었다.[52] 이에 힘입어 烏雅束 때에는 그들에게 복종하지 않았던 동여진의 夫乃老 부락까지 점령하여 騎兵을 定州 관문 밖에 주둔시켰다.[53] 이를 막기 위해 고려는 여진과 정면으로 격돌할 수 밖에 없었다. 그러므로 숙종과 예종의 여진정벌은 당시 거란이 쇠퇴하여 힘의 공백이 생기자 이를 틈타 여진을 제압함으로서 고려를 동아시아의 중심국가로 만들려는 의도에서 나왔다고 볼 수 있다.[54] 따라서 이들의 정책은 대외정세의 변동을 미리 파악하고 기민하게 대응한 뛰어난 정책이었지만 결과적으로 9성을 환부함으로서 제대로 성과를 거두었다고 단정짓기는 어렵다.

예종 2년에 尹瓘은 別武班을 편성하여 완안부 여진을 소탕하였다. 이 틈을 타서 윤관은 거주하고 있던 동북지방 여진인들을 축출하고 완전히 고려의 영토로 만들기 위해, 9성을 축성하고 남도의 주민을 이주시켜 농사짓게 하였다.[55] 이로써 한때 고려는 동북지방을 차지함으로써 대내적으로 문벌귀족에 대한 견제와 아울러 국왕을 중심으로 한 강력한 통치질서의 수립이라는 정치적인 효과 뿐 아니라 영토확장을 통한 농경지의 획득이라는 경제적인 효과를 얻을 수 있었다.[56] 그러나 이에 반대하는 사람들도 많았다. 다음 기록을 보자.

---

52) 崔圭成, 1995, 앞의 논문, 329쪽.
53) 『高麗史』 권12, 肅宗 9年 正月 辛巳.
54) 박종기, 1999, 「실리와 공존, 줄타기 외교전술」 『5백년 고려사』, 푸른역사, 268쪽.
55) 『高麗史節要』 권7, 睿宗 3年 3月.
 이것을 金光洙씨는 고려사회의 농지개척 욕구를 반영한다고 하였다. 이것은 좀더 검토해야 할 문제라고 생각된다(金光洙, 1977, 「高麗前期 對女眞交涉과 北方開拓問題」 『東洋學』 7, 단국대학교).

E-1) 김인존이 진언하기를 "토지란 원래 백성을 기르기 위한 것인데 지금 성을 다투면서 인명을 상실하는 것은 그 땅을 여진에게 돌려주어 백성을 편안하게 하는 것만 같지 못합니다. 만일 이번에 돌려주지 않으면 반드시 거란과 분쟁이 일어날 것입니다"라고 하였다.57)

2) 윤관이 九城을 설치한다는 말을 듣고 편지를 보내기를 "전투에서 이미 승리를 거두었고 국가의 위력도 떨쳤으니 이제는 그만 전쟁을 종결하는 것이 안전한 계책이라고 생각합니다. 만약 다시 적지로 깊이 들어가서 성을 축조하면 지금은 비록 완성되었다고 하더라도 후일에 그 성들을 지키기 어려울까 염려됩니다"라고 하였다.58)

3) (예종 3년에) 尹瓘 등이 모든 군에 명령하여 성 안의 재목과 기와를 거두어서 9성을 쌓고 남쪽 지방 백성들을 옮겨다가 이 곳에 채웠다. 咸州를 鎭東軍이라 하여 1만 3천 호를 살게 하고 英州를 安嶺軍이라 하고 雄州를 寧海軍이라 하여 각각 1만 호를 살게 하고 福州, 吉州, 宜州에 각각 7천 호를 살게 하고 公險鎭, 通泰鎭, 平戎鎭의 3진에 각각 5천 호를 살게 하였다.59)

윤관이 9성을 쌓고 남도 주민들을 이주시켜 고려의 영토로 확보하려는 시도에 많은 관리들이 부정적인 견해를 나타내었다. 그들은 여진의 거주지를 빼앗으면 거란이 가만있지 않을 것이라고 우려할 뿐 그 땅이 옛 고구려의 영토이므로 고려가 반드시 회복해야 한다는 인식을 가지고 있지 않았다. 특히 E-1)의 김인존의 경우, 여진을 적대시하기보다는 그들을 변방의 농경민 정도로 인식하고 있는 것으로 보인다. 물론 9성의 반환여부에 대한 논의과정에서 나왔지만 신라 왕

---

56) 박종기, 1994,『한국사』6, 한길사, 235쪽.
57)『高麗史』권96, 列傳9 金仁存. "土地本以養民 今爭城殺人 莫如還其地以息民 今不與 必與契丹生釁"
58)『高麗史』권95, 列傳8 朴寅亮 附 景仁. "聞瓘將築九城 寄書曰 武功已成 國威已振 宜戢師旅 以圖萬全 更深入賊地 列置城池 今雖已成 後恐難守"
59)『高麗史』권82, 兵2 城堡. "三年 尹瓘等令諸軍 撤內城材瓦 以築九城 徙南界民實之 號咸州曰鎭東軍 置戶一萬三千號 英州曰安嶺軍 雄州曰寧海軍 各置戶一萬 福吉宜三州 各置戶七千 公險通泰平戎三鎭 各置戶五千"

손 김주원의 후손으로 숙종·예종·인종대의 관리로서 대표적인 보수세력인 김인존 조차도 여진에 대한 융통성 있는 자세를 나타내고 있는 점을 볼 때 상당수의 관리들도 같은 입장이었을 것이다.

이에 비해 윤관은 위의 E-3)에서 거주하고 있던 여진족을 내쫓고 남도 주민을 이주시킴으로써 여진족과 고려민을 엄격하게 구분하고 있음을 보여준다. 이때 이주민 규모는 위의 6만 9천호를 초과하여 무려 7만 5천여호에 달했다고 하는데,60) 이 숫자는 남도의 고려민이 여진이 살던 지역에 가서 그들과 평화 공존하는 것이 아니라 그들을 전부 내쫓아야 거주가 가능한 숫자라고 판단된다. 이같이 기존에 농사를 지으며 살고있던 여진인들을 고려민이 아니라는 이유로 모조리 축출하는 윤관의 정책은 오랫동안 정착하여 농사를 짓던 여진인들에게는 삶의 터전을 빼앗겨야 하는 위기였다. 이 정책은 고려에 우호적이었던 여진인조차 그들의 생존권, 거주권을 확보하기 위해 고려를 적으로 삼고 완안부를 중심으로 단결하게 만드는 결과를 초래하였다. 이에 여진인들은 강·온 양면작전으로 치열하게 저항하여 결국 고려로 하여금 반환하지 않을 수 없게 만들었던 것이다.61)

이때 조정의 공론이 9성 반환을 찬성하고, 쓸데없이 전쟁을 일으킨 윤관에 대해 죄를 물어야한다는 여론이 높았다고 한다. 윤관이 9성 수축 과정에서 기존의 살고있던 여진인을 축출하고 남쪽의 고려민들을 사민시킨 사건은 고려에 우호적이던 토착 여진인들을 분노하게 하여 민심이 돌아서는 결과를 초래하였다. 즉 윤관은 그들과 고려민이 다르다는 국가나 종족의 성격을 분명히 구별함으로써 여진인들과 거리감을 두어 분쟁을 가속화시키는 원인을 낳게 되었다. 이것은 당시 고려와 여진, 한족 등 각기 자신의 종족을 내세워 국가를 형성하는 동북아시아 나라들의 추세에서 보아야 할 것이다.

---

60) 金九鎭, 1977, 앞의 논문, 『史叢』 21·22, 225~226쪽 도표 참조.
61) 金九鎭, 1977, 앞의 논문, 『史叢』 21·22합, 212~213쪽.

고려 내부에서도 戰勢의 악화와 전쟁수행 과정에서 물자조달이 어렵다는 비판이 9성을 반환해야했던 또 하나의 원인이었다. 그러나 여진과의 전쟁을 수행하기 위해 별무반이라는 특수군대를 편성했던 점은 고려의 정규 군사력의 기능 약화를 의미하는 것으로써 사실은 국력의 쇠퇴가 9성 반환의 더 중요한 원인이었다고 생각한다.62) 결국 이를 돌려줌으로써 고려는 동북지방에 거주하는 여진지역에 대한 영향력을 잃어버리게 되었을 뿐 아니라 건국이래 적극적으로 추진해 온 고구려 고토회복이란 과업수행을 통한 북진정책도 좌절되고 말았다.63) 물론 이것은 대내적인 요인이고 대외적으로는 완안부 세력의 발흥에 있었음은 부인하기 어렵다. 아골타가 금을 세운 것은 고려에서 9성을 철수한 지 불과 6년만에 일어난 일이었기 때문이다.

9성 반환의 조건으로 여진이 다시는 고려를 침입하지 않고 고려를 부모의 나라로 섬기겠다고 맹세하였지만 금의 대두에서 보는 바와 같이 이것은 믿을 수 없는 맹세였다. 예종이 대내적으로는 문벌귀족의 정권장악을 막고 왕권의 독립을 유지하기 위해 정벌을 시도했다고 하더라도64) 대외정책 면에서는 9성을 지키지 못함으로써 엄청난 인명의 손실과 국가위신의 추락, 고려에 귀부했던 동북지방의 여진지역조차 잃어버리는 결과를 초래하였다.65)

---

62) 박영해, 1977, 앞의 논문, 21쪽.
박영해씨는 고려 조정의 관원들이 여러 이유를 내세워 9성 반환을 주장하였지만 그 근본요인은 고려봉건통치제도 자체의 사회 계급적 모순에 의하여 초래된 국력과 병력의 현저한 쇠퇴에 있었다고 파악하였다. 고려 전기에 비해 군사력이 약화되었다는 사실은 필자도 동의하고 싶다.
63) 崔圭成, 1995, 앞의 논문, 329쪽 참조.
64) 정수아, 앞의 논문.
65) 方東仁, 1985,「高麗前期 北進政策의 推移」『領土問題硏究』2, 105쪽.
그러나 완안부 여진의 남하를 견제하는 효과는 있었다고 보기도 한다(김구진, 1977, 앞의 논문, 215쪽).
추명엽은 고려가 國恥해소 명분을 얻고 9성을 환부했다고 하였다(추명엽, 2001,「11세기 후반~12세기 초 여진정벌 문제와 정국동향」『한국사

필요 없는 전쟁을 일으켰다 하여 윤관은 관직을 삭탈당하고 고향에 돌아갔다가 1111년(예종 6)에 죽었다. 그가 9성을 반납한지 2년 만에 죽었다는 사실은 9성 반환에 대한 분노와 울화를 참지 못해 병이 생긴 것이 아닌가 판단된다. 비록 반대여론도 있었지만 9성 반환 사건은 당시 정권을 장악하고 있던 관리들이 고구려 옛 땅을 수복하는 것이 고려의 목표라는 인식이 흐려졌음을 나타낸다. 이것은 이미 이전 성종대에 압록강 유역으로 국경선을 그어버림으로써 영토인식을 한정시켜 그같은 결과를 초래한 면도 있다고 생각된다. 거란이 침입해 왔을 때 성종이나 서희를 위시한 당대의 관리들은 전쟁 차단에 지나치게 주력한 나머지 스스로 압록강 유역으로 한정시켰다. 이점은 이후 고려가 동북방으로 진출하고자 했을 때 북진의 의지를 약화시키는 문제점을 일으키지 않았나 생각한다. 또한 애써서 획득한 9성의 설치와 환부도 완안부 여진세력의 발흥과 더불어 동북지방의 여진에 대한 고려의 영향력을 축소시키는 결과를 초래하였다.

Ⅵ. 맺음말

고려는 국가 건립 초부터 북진정책을 국시로 삼아 옛 고구려 영토를 회복하는 것을 중요한 목표로 삼았다. 태조의 유훈을 본받아 광종대에 이르면 상당히 적극적으로 북방개척이 이루어지고 있었다. 발해를 멸망시킨 거란이 점점 강성해져서 고구려 영역을 장악하면서, 동북 아시아의 패권을 노리는 거란과 고려의 북진책은 성종대에 압록강 유역에서 부딪히게 되었다.

이제 993년(성종 12)에 거란이 고려를 침입함으로써 고려는 왕조수립이래 최초로 이민족과 전쟁을 치루어야 하는 위기에 직면했다.『高론』45).

麗史』에 의하면 이때 고려조정은 항복하고 화친을 구걸하자는 측과 서경 이북의 땅을 할양하고 岊嶺으로 경계를 삼자는 측의 주장으로 나뉘었다. 대외적인 확장보다 국내의 체제정비를 중시한 성종은 항복을 하더라도 거란과의 전쟁을 가능한 빨리 끝맺으려 하였다. 성종은 割地論을 좇기로 하고 서경창고의 곡식을 주민에게 나누어주고 나머지 잉여양곡을 적이 이용하지 못하도록 대동강에 버리기로 하였다. 이때 中軍使 徐熙는 양곡의 처분을 중지시키도록 한 후 땅을 내어줄 바에야 한번 결전을 시도한 후에 할양해도 늦지 않다고 하며 강경하게 반대하였다.

고려는 건국 초부터 북진정책의 실현을 국시로 내걸었지만 이제 성종대에 이르면 중요성이 많이 약화된 것 같다. 고려의 고구려 계승이나 북진정책의 목표가 국가확립, 고려만들기가 최우선이었던 만큼 성종은 태조에서 경종대에 이르는 기간동안 어느정도 완성되었다고 판단한 것으로 생각된다. 따라서 국가체제가 안정된 성종대에 이르면 이제 고려사회의 성격을 규정짓는 단계에 들어가게 되어 고려적인 것을 모색하는 첫 단계로 최승로를 등용하여 유학적 성격을 강화시키고 지방관을 파견하여 중앙집권을 시도하였다.

거란의 출병동기는 ㉠고려측의 영토할양과 ㉡송과의 관계를 끊고 여·단 양국간의 교빙관계 수립을 목표로 했다고 하는데 여기에 거란이 압록강 유역의 발해유민과 고려와의 연결을 끊고자 하는 의도도 들어 있었다. 사태를 파악한 서희의 능란한 외교술에 의해 고려는 여진을 축출하고 장흥(태천)·귀화의 2진과 구주·곽주에 성을 쌓고 이듬해에는 다시 안의(안주)·흥화(의주 동)에, 다시 그 이듬해에는 선주(선천)·맹주에 축성하였다.

이에 대한 평가를 기존 견해에서는 고려 측은 280리의 고토를 점거함으로써 강토의 확장, 서여진의 복속, 麗·丹간의 완충지대 설정이라는 실익을 얻음에 반하여 거란측에서는 단순한 경역의 양보에 그치지 않고 제2차 거란의 침입에서도 드러난 바와 같이 거란의 동여진 경략에는 불가결한 요충지를 포기한 것으로 판단하여 고려 외교술의 일방적 우세를 강조하였다. 그러나 외교란 국력에 따라 결정되는 것이 상례이며, 나라를 세운지(927) 이미 60 여년이 지나 어느 정도 안정된 체제를 유지하던 거란이 특별히 외교적인 실책을 저질렀다고 보기는 어렵다. 그들이 양보했다면 그 이면에는 그럴만한 사유가 있었을 것이라고 생각한다.

고려는 태조이래로 북진정책을 표방하여 광종대에 압록강 유역까지 鎭을 설치하며 영토를 넓히게 되었다. 이에 거란은 현실적으로 고려의 영토로 볼 수 있는 강동 6주를 고려의 영토로 추인하여 일면 양보하는 듯 하면서 압록강 이북으로는 진출하지 못하도록 경계를 분명히 했다. 고려는 여진인을 북방으로 내쫓음으로써 옛 발해민이던 여진과 유대감을 끊어지게 된 반면에 거란으로서는 인구추쇄의 효과도 가져오게 되었다.

태조가 거란과 외교를 맺지 않은 것은 발해를 멸망시킨 나라라는 명분을 내걸었지만 그 이면에는 고려민을 하나로 통합하려는 의지와 더불어 만일 고려가 고구려 옛 땅을 수복하지 않은 상태에서 수교하여 국경선이 정해진다면 후일 고구려 옛 땅을 회복하려 할 때 제동이 가해져서 고려로서는 불리하게 되리라고 판단했을 것이다. 그러므로 성종대의 거란과의 강화는 항시적인 전쟁상태를 벗어난다는 장점이 있지만 북진정책의 의지를 접어야 되는 심각한 문제였다. 그러나 여진인들의 발해부흥의 움직임은 고구려를 계승한 국가임을 표방한 고려의 입장에서 볼 때에도 달갑지 않은 일이었다. 이에 이해관계가 맞아 강화가 이루어졌고 이후 고려의 영토는 압록강 이남으로 고착되게 되었다.

거란은 강화를 맺은 이후에도 고려가 송과의 교류를 끊지 않고 국왕이 고려에 조회하지 않은 데 대한 문책과 강동 6주의 반납을 내세우며 다시 침략하였다. 고려는 강감찬 등의 활약에 힘입어 승리하고 다시 거란과 강화를 맺고 천리장성을 쌓았다. 이후 고려는 서북방면의 진출을 포기하고 동북쪽으로 영토를 넓히기에 주력하였다. 이같은 고려의 방침이 점점 강성해지는 완안부 여진과의 갈등을 야기시켜 1107년(예종 2)에 윤관의 여진정벌을 초래하게 되었던 것이다. 윤관은 여진을 몰아내고 9성을 설치했지만 여진의 계속적인 공격과 반환해 달라는 애원에 못 이겨 9성을 돌려주었다. 이때 조정에서는 9성 반환을 찬성하고, 쓸데없이 전쟁을 일으킨 윤관에 대해 죄를 물어야 한다는 여론이 높았다고 한다. 이에 윤관은 관직을 삭탈당하고 고향에 돌아갔다가 1111년(예종 6)에 죽었다. 그가 9성을 반납한지 2년 만에 죽었다는 사실은 9성 반환에 대한 분노와 울화를 참지 못해 병이 생긴 것이 아닌가 판단된다.

 이 사건은 당시 권력을 장악하고 있던 상당수의 관리들이 고구려 옛 땅을 수복하는 것이 고려의 목표라는 인식이 흐려졌음을 나타낸다. 이것은 이미 이전 성종대에 압록강 유역으로 경계를 한정시키고 정종대의 천리장성으로 영토의식을 고정시켜 그같은 결과를 초래했다고 생각된다. 이같은 영토의식은 후일 예종대에 9성을 설치했지만 결과적으로 반환함으로써 서북방면에 이어 동북지방에서도 여진에 대한 고려의 영향력이 축소시킨 데까지 이어지고 있었다.

제 3 장

묘청의 난과 대금 관계

Ⅰ. 머리말
Ⅱ. 12세기의 국제정세
Ⅲ. 고려의 대금정책과 서경천도운동
Ⅳ. 묘청의 난
Ⅴ. 맺음말

I. 머리말

 고려 인종대 묘청의 난은 중앙의 문벌귀족 세력과 서경으로 대표되는 지방세력의 대립이 반란의 형태로 야기되었음은 주지하는 바이다. 인종 이전 숙종과 예종대 전반기는 숙종의 주전사업을 통해 짐작할 수 있듯이 국왕이 주도하여 기존의 문벌귀족을 억누르고 백성에 대한 국가의 직접지배를 통하여 창출된 사회적 부를 국가 질서속에 수렴시키는 방향으로 개혁을 추진하여 상당한 성과를 거두었다. 이와 더불어 예종대 윤관의 9성 정벌에서 볼 수 있듯이 대외관계에서의 일정한 승리 또한 왕권을 강화시키는 요인으로 작용했던 것이다. 그러나 뒤이은 9성 반환은 여진의 애원과 지속적인 공격으로 인한 것이지만, 이는 한편으로는 문벌귀족의 왕권에 대한 승리로 파악할 수 있다. 즉 윤관으로 대표되는 왕권과 결탁한 세력의[1] 약화기도의 성공은 결국 문벌귀족 세력의 대두를 가져왔고 이에 예종은 그의 치세 후반기에는 기존의 지배세력과 타협하면서 왕권을 유지시키려는 방향으로[2] 정치개혁을 추진하였다.
 그러므로 나이 어린 인종이 즉위했을 때 지배세력의 보수화 경향은 더욱 심화되어 결국 李資謙의 亂이라는 왕권에 도전하는 형태로 표면화되었다. 인종은 이자겸의 난이 진압된 후에도 여전히 왕권을 억압하는 문벌귀족의 세력에서 벗어나고자 하였는데, 이같은 상황에서 묘청이 등장하였던 것이다. 이 시기 요나라를 멸망시킨 금나라의 압력이 고려의 국내정세를 더욱 불안하게 하자 묘청은 칭제건원을 통한 왕권의 확립과 금나라 정벌을 통한 자주성의 회복을 표방하였다. 이

---
 1) 鄭修芽, 1988,「尹瓘勢力의 形成」『震檀學報』66.
 2) 박종기, 1993,「예종대 정치개혁과 정치세력의 변동」『역사와 현실』9.

를 구체적으로 실현시키기 위해 부패하고 보수적인 귀족들이 횡행하는 개경을 떠나 서경으로의 천도가 필요했던 것이다. 그러나 이것이 문벌귀족들의 반대로 좌절되자 묘청은 난을 일으키게 되었다.

묘청의 난에 대한 역대 학자들의 시각을 정리해 보면, 이병도는 풍수도참사상에 입각하여 묘청의 난을 이해하였는데, 그는 묘청이 주장한 칭제건원, 금국정벌은 서경천도를 이행하기 위한 수단에 불과하다고 보고, 인종 12년대에 가서 묘청 반대파의 세력이 강해져서 서경천도가 불가능하게 되자 반란을 일으켜서라도 서경천도를 강행하려 했다고 파악하였다.[3] 金庠基는 묘청일파가 大爲國을 선포하고 연호를 세운 것은 중앙에 대한 독립을 선언한 것으로써, 고구려의 舊都인 평양을 중심으로 고구려 부흥을 꿈꾼 것으로 추정하여 높이 평가하였다.[4] 河炫綱은 인종이 횡포해진 개경세력의 포위망 속에서 탈출하기 위해 서경세력을 이용하였으며, 결국 서경천도는 개경세력의 강력한 반대에 부딪쳐 실현되지 못하였다고 하였다.[5]

金潤坤은 묘청의 난이 묘청·조광 등을 중심으로 한 서경인들이 중앙문벌귀족을 타도하기 위한 거사에 불과하였지만 한편으로는 서경천도를 민중의 운동으로 전환시키기 위해 음양도참설과 금국의 항복을 극적으로 결부시킨 것으로 파악하였고[6], 金南奎는 인종대의 서경천도운동은 풍수지리도참설의 신봉자에 의해 추진되어, 그 사상적

---

3) 李丙燾, 1980,「仁宗朝의 妙淸의 西京遷都運動과 그 叛亂」『高麗時代의 硏究』, 亞細亞文化社. 李丙燾씨는 묘청이 천도하려 했던 서경의 林原驛地는 斧山面 新宮洞으로서, 이곳은 임시 巡御의 離宮地로는 적당하나 그 위치가 북에 편재하고 국면은 협소하며 지금 평양처럼 웅대한 기상과 수륙교통의 편리함이 보이지 않으므로 한 나라의 수도지로는 부적합하다고 보았다.
4) 金庠基, 1960,「묘청의 천도운동과 칭제건원론에 대하여」『국사상의 제문제』6 ; 1974,「妙淸의 遷都運動과 稱帝建元論」『東方史論叢』, 서울대출판부.
5) 河炫綱, 1977,「高麗時代의 西京」『高麗地方制度의 硏究』, 韓國硏究院.
6) 金潤坤, 1981,「고려 귀족사회의 諸矛盾」『한국사』7, 국사편찬위원회.

인 기반자체는 결코 합리적이고 진보적으로 볼 수 없다고 하여 묘청의 칭제건원과 금국정벌론을 부정적으로 인식하였다. 그러나 주도세력의 하층부를 이루는 鄕吏·吏屬層과 일반 서민층이 이미 수탈자로서의 성격을 露呈하고 있던 개경귀족중심의 권력체제에 도전한데 이 운동의 의의가 있다고 하였다.[7]

朴性鳳은 묘청의 서경천도는 연기사상에 입각하여 고려왕실의 부흥을 표방하면서 칭제건원, 금국정벌 등의 대외의식을 내세웠으므로 폭넓은 공감을 받을 수 있었으나 김부식 등 관료세력을 이길 수 없었고, 그 이후 관료 귀족적 문벌사회의 모순이 심화되면서 더 큰 변란을 초래하였다고 보았다.[8] 마지막으로 姜聲媛은 묘청을 반역인이나 혁명가가 아니라 인종을 보좌하여 개경세력을 제거하고 서경천도로 정권을 장악하여, 고려의 지배체제를 유지하면서 가장 효율적인 방법으로 제도상의 개혁을 단행하고자 한 개혁인으로 보았다.[9]

묘청의 난은 위의 서술에서 보는 바와 같이 많은 학자들이 다양한 견해를 표출하였으나 개경세력과 서경세력의 갈등, 즉 지배층내의 변동으로만 인식하여 대금관계는 묘청이 정권을 장악하기 위한 선언적 의미만 있다고 인식하고 있다. 대외관계만을 다룬 논문으로는 金庠基의「高麗와 宋·金과의 관계」[10] 외 다수가 있다.[11] 金庠基 씨는

---

7) 金南奎, 1989,「仁宗代의 西京遷都運動과 西京叛亂」『高麗兩界地方史研究』, 새문사.
8) 朴性鳳, 1986,「高麗 仁宗期의 兩亂과 貴族社會의 推移」『高麗史의 諸問題』, 三英社.
9) 姜聲媛, 1989,「妙淸의 再檢討」『國史館論叢』13.
10) 金庠基, 1959,『국사상의 제문제』5, 국사편찬위원회 ; 1974,『東方史論叢』, 서울대출판부.
11) 全海宗, 1977,「高麗와 宋과의 關係」『東洋學』7 ; 1970,『韓中關係史研究』, 一潮閣.
 鄭起燉 金容完, 1985,「麗宋關係史研究」『論文集』12-1, 忠南大 人文科學研究所.
 朴漢男, 1993,『高麗의 對金外交政策研究』, 成均館大學校 大學院 博士學

고려·송이 주로 문화적·경제적 관계가 중심임을 피력하였고 全海宗·朴龍雲씨는 초기에는 요·금을 견제하기 위한 군사적·정치적 이유였지만 문종 대부터 점차 경제·문화적 관계로 바뀌어 갔다고 설명하였다. 이에 비해 鄭起燉·金容完씨는 고려·송의 외교가 북방민족을 견제하기 위한 정치적인 데에 있다고 보았다.

필자는 묘청의 난을 고려 국내의 정세와 더불어 특히 대외관계에 초점을 맞추어 논지를 전개시키고자 한다. 12세기 고려의 대송관계는 정치적·군사적인 면에 더욱 치중하였음을 규명하며, 묘청 등 서경세력의 대금입장은 어떤 것이었으며 과연 그 당시 고려가 금을 공략한다는 것이 가능한 일이었는지도 살펴보려고 한다. 또한 인종이 묘청을 옹호하여 서경천도에 귀를 기울였던 까닭을 고려의 국제정세의 추이와 연관시켜 규명하고자 한다. 그리고 마지막으로 고려의 대송·대금 외교정책을 왕권과 연계시켜, 묘청난 발생이 주는 의미도 다시 한번 생각해 보려고 한다.

Ⅱ. 12세기의 국제정세

1. 금과의 관계

묘청은 만약 서경으로 천도하면 금나라와 이웃 36개국이 신하가 되어 조공을 바칠 것이라고 하여 수도를 옮길 것을 적극적으로 주장하였다. 이는 당시 시시각각으로 고려에 압박을 가해오는 금나라에서 벗어나고자 하는 시도의 일환으로, 천도만 하면 일이 쉽게 풀릴

位論文.
朴龍雲, 1995·1996,「高麗 宋 交聘의 목적과 使節에 대한 考察」『韓國學報』 81·82 외 다수가 있다.

것이라는 묘청의 주장은 다소 허황된 것으로 보이지만 고려의 자주성 회복이라는 긍정적 관점에서 파악한다면 일면 수긍되는 면이 없는 것도 아니다. 우선 당시 국제정세를 살펴보기로 하자.

1107년(예종 2) 여진과의 전쟁으로 승리를 거둔 고려는 윤관으로 하여금 9성을 설치하게 하여 이를 영원히 고려의 영토로 삼으려 했으나 여진의 계속적인 공격과 애원의 강온작전과 국내의 여론에 밀려 결국 고려는 9성을 돌려주었다. 이후 여진은 이를 근거로 강력한 세력으로 부상하여 1115년(예종 10)에는 금제국을 건설하기에 이르렀다. 이어 금은 1122년(예종 17)에는 거란의 수도 燕京을 함락시켰으며 1125년(인종 3)에는 요를 멸망시켰다. 이후 仁宗 연간은 금나라의 침략을 방어하지 못한 송이 양자강 남쪽으로 쫓겨가는 과정이었다. 금은 1127년(인종 5)에는 송나라 수도 汴京을 공략하여 송황제 徽宗·欽宗과 종실·귀족 등 3천명을 붙잡아 갔으며, 河北·山東·山西지방을 차지하였다. 이에 송은 양자강 남쪽으로 쫓겨가 고종에 의해 南宋이 건립되었다.

북송을 멸망시킨 여세를 몰아 금나라는 1128년(인종 6)에 여러 장수들을 남으로 파견하여 山東·河南·陝西지방을 유린하여 송 고종은 항주로 달아났다. 태종은 이를 금나라의 영토로 하지않고 송나라의 재상인 張邦昌에게 위임하여 楚國을 세웠으며 1130년(인종 8)에는 劉予에게 齊國을 수립하게 했다. 즉 금은 제를 송·금간의 완충국가로 만든 동시에 송나라에 대한 전진기지로 하여 송나라의 반격을 막았던 것이다. 이때 금의 중국민에 대한 수탈통치는 하북민의 무장항쟁을 격발시켰다. 그런데도 남송 정부군은 전세를 만회할 수 있는 적절한 시기임에도 중요한 전투임무를 담당하지 않았을 뿐 아니라 심지어 각지에서 봉기한 忠義民兵을 적극적으로 도와주지 않아, 조직·지휘·무기에서 열세인 그들이 금군에 치명적인 타격을 줄 수는 없었다.

금의 공격에 대해 송도 일정한 반격을 개시하였다. 1130년(인종 8)

에 韓世忠과 岳飛가 각각 江中과 靜安에서 금군을 격파하였고, 1131년에는 吳玠·吳璘이 和尙原에서 금군을 대파하였으며, 1132년에 악비는 江州(지금의 九江)에 주둔하면서 河北지방의 忠義民兵과 연합하여 금을 공격하였다. 이듬해 남송 정부는 江州에서 강릉에 이르는 연안의 방비를 악비에게 맡기고 강주 이하와 淮南 東西路는 劉光世·韓世忠·張俊에게 분담시켜 방비하였다. 악비는 1134년(인종12)에는 僞齊와 여진 연합군의 수중에서 襄陽·郢·唐·隨·鄧·信陽의 6개 州郡을 수복하였으며, 1136년은 위제가 새로 만든 鎭汝軍을 공격했다. 그리고 1140년에는 금나라 兀術의 주력군에 승리함으로써 선봉부대는 북상하여 鄭州·洛陽까지 수복하였다.12)

그러나 악비군만이 위제와 금국에 대해 수차례 적극적인 공세를 취했을 뿐, 나머지 군대는 방어위주의 소극책으로만 일관하여 전세를 역전시킬 수는 없었으므로 남송은 1141년(인종 19)에 굴욕적인 투항조약을 맺었다.13) 그 내용은 송은 금에 稱臣하며, 국경선은 동으로 淮水 중류, 서로는 大散關(섬서지방)을 경계로 삼되 중간의 唐, 鄧 2주는 금에 속한다. 송은 금에 매년 은 25만냥, 비단 25만필을 바친다는 것이었다.

송에 대한 공격과 병행하여 금나라는 고려에도 끊임없이 압력을 가하였다. 금제국을 건립한 지 불과 2년 후인 1117년(예종 12) 3월, 금 태조 阿骨打는 阿只 등 5명을 보내어 "형인 대여진 금국황제가 아우인 고려 국왕에게 글월을 보낸다"라는 서한을 보낸 바 있으며, 1125년(인종 3), 요를 멸망시키고 송의 수도 변경을 압박하던 금은 고려에게 '형제관계' 요구에서 한걸음 더 나아가 '군신관계'로 事大할 것을 요구하였다. 불과 10여년 전만 하더라도 부모의 나라로 고려를 섬기던 금의 태도 변화에 고려는 분개하였으나 거란을 멸망시키고 송을

---

12) 『宋史』 권365, 列傳124 岳飛.
13) 『宋史』 권473, 列傳232 姦臣3 秦檜.

위협하는 현실적인 힘에 어쩔 수 없이 굴복하였다. 그러나 이를 마음속까지는 절대 승복할 수 없는 일이었다. 이 시기는 실질적인 정치권력을 이자겸이 장악하고 있었던 때였으므로 이자겸의 주장이 그대로 수용되었지만 이듬해 이자겸이 제거되자 왕권강화의 움직임과 함께 대외관계에도 새로운 반성의 움직임이 일기 시작하였다.

이와 때맞추어 고려와 금은 보주문제를 둘러싸고 불화가 일어났다. 保州(義州)는 압록강 동쪽에 위치한 교통의 요지이다. 이 지역은 고려 성종때 거란이 강동 6주를 넘겨줄 때 고려의 영역이 되었다가 거란의 2차 침입때 다시 거란의 영역으로 되었다. 거란과의 강화 이후에도 고려는 보주의 반환을 주장하였으나 관철시키지 못하였다. 그런데 예종 12년에 금의 공격을 받은 거란군이 보주성을 비우고 도망하자 고려는 즉각 元帥 金仁存과 判西北面兵馬使 崔弘宰의 지휘하에 군을 투입시켰다. 그리하여 보주를 탈환하고는 이곳을 義州防禦使로 고치어 남방의 주민을 이주시켜 北界 방어의 관방으로 삼아왔다.14)

그런데 앞서 금나라가 요를 공략할 때에 고려가 사신을 금에 보내어 보주는 본래 우리땅이니 돌려달라고 요구하자, 금은 '너희들 스스로 그 성을 탈환하라'고 하고는 금이 거란을 함락시켜 국력이 강화되자 宣諭使 同僉書樞密院使 高伯淑, 鴻臚卿, 烏至忠 등을 보내어 고려를 압박하여 다시 보주문제를 거론하였다.

> A. 대저 고려에 대하여 사절을 파견하여 왕래하는 의식은 모두 요에게 대하던 옛 제도에 따라 하게 하고, 아울러 보주로와 변방에 사는 사람들로서 저쪽 경내에 거주하는 자를 있는대로 모두 데려오라. 만일 우리의 요구를 모두 다 받아들인다면 보주지방을 고려에게 주도록 하라.15)

---

14) 『高麗史』 권125, 列傳38 崔弘宰.
15) 『高麗史節要』 권9, 仁宗 4年 9月. "高麗凡遣使往來 當盡循遼舊 仍取保州路 及邊城人口 在彼界者 須盡數發還 若一一聽從 卽以保州地賜之"

이는 금황제가 금나라 사신에게 고려에 가서 행해야 할 자세를 언급한 것이다. 이미 보주가 고려의 영역임에도 불구하고 금은 옛 거란의 소유였다는 이유를 들어 그들의 요구를 수렴하지 않는다면 언제든지 빼앗을 수 있다고 위협한 것으로 이같은 금 사신의 말을 들은 고려는 분노하지 않을 수 없었다. 그러나 당시 송이 금에 밀리고 있는 국제정세에서 현실적으로 금의 군사력을 제압할 수 없으리라는 우려에서 고려정부는 후일을 기약하더라도 현재로서는 금에 굽히지 않을 수 없었다. 고려는 사신을 보내어 완곡한 표현을 써서 고구려의 영역이 遼山부터임을 밝히고, 요가 멸망할 무렵에 금황제가 '보주는 본래 고려의 영토이니 고려에서 회수함이 옳다'고 하여 고려가 탈환했음을 상기시켰다. 그리고 고려는 금의 본래 목적이 보주를 빼앗는데 있는 것이 아니라 이를 빙자하여 고려를 굴복시키는데 있음을 인식하고, 고려가 금에 조공을 바쳐 군신의 예를 취할 것을 맹세하여 실리를 취하는데 주력하였다. 이에 대해서 금은 인구소환의 불이행을 비난하며 이를 잘 이행하지 않는다면 보주를 다시 빼앗을 수 있다고 위협을 가하였던 것이다. 다음 내용을 보자.

 B-1) (그대 나라가) 대국을 섬기는 뜻을 가상히 여겨 恩典으로 영토를 주었는데 얼마 전에 공물을 바치면서 다만 사례하는 글월 만을 올렸다. 이 글월을 읽고 감탄하는 마음은 비록 간절하였으나 아직도 戶口를 돌려보내라고 한다는 것을 빙자하여 誓封에 대해서는 따로 아뢰지 아니 하였다. 단지 매사에 업적을 나타내고 대대로 충성하여 믿을 수는 있지만, 나의 확실한 말이 없다면 얻었던 영토를 장차 어떻게 보장하겠는가.16)

 2) 보주땅은 처음에 황제의 말씀이 있어서 다시는 수복하지 않기로 한 것이다. 귀국에서 당연히 옛 법을 공경하고 왕실을 받들 것으로 생

---

16) 『高麗史節要』 권9, 仁宗 5年 3月. "因嘉志在於畏天 嘗卽恩綏而賜地 頃陳貢篚 止上謝章 領閱之餘 獎嘆雖切 尙託言於戶口 未別奏於誓封 但其事事以訖成 忠于世世而可信 所諭之言 其或不定 所得之地 將何以憑"

각했기 때문에 조정에서 그 땅을 아끼지 않고 특별히 나누어 주었던 것이다. 그 뒤 몇 해가 지나도록 귀국에서는 아직 誓表를 바치지 아니하며 위의 州城을 점거하여 지키기만 하니 어찌 도리에 맞다고 하겠는가. 또 위협에 못이겨 복종하거나 도피하여 이주한 호구가 상당히 많을 것인데 모두 사망하였다고만 하니 자못 믿을 수 없다. 귀국이 과연 정성을 다하여 금을 섬긴다면 곧 誓表를 올리도록 하시오. 그러면 조정에서도 회답하여 誓詔를 내릴 것이다.17)

3) 이번에 받은 귀국의 표문 내용을 보니 맹약한 의사가 비록 더욱 신중해지기는 하였으나 우리의 원근 지역에서 여러 차례에 걸쳐 위협해서 강제로 데려간 호구에 대한 말은 기록하지 않았다. 이왕 성의껏 맹약을 할 바에는 응당 사절을 보내어 표문을 올리는 것이 예의에 합당할 것인데 돌아가는 우리 사절편으로 표문을 보냈으니 예절상 옳지 않다. 표문 내용에 대해서는 사리가 정당하기에 모든 것을 양해한다. 돌아가는 使臣과 副使는 국왕께 자세한 것을 말씀드리고 다음에는 우리의 원근 지역에서 옛날부터 지금까지 위협해서 강제로 끌려간 호수를 모두 기록하여 표문과 함께 보내도록 하시오18)

B-1)은 금나라가 호구소환보다 군신관계를 맹세하는 誓封을 보내지 않았음을 비난하고 있고, B-2)도 역시 호구조사를 거론하기는 하였으나 B-1)과 마찬가지로 誓表를 바치지 않았다는데 중점을 두고 있다. B-3)도 호구조사에 대한 기록 누락과 더불어 고려의 사신이 금에 직접 와서 誓封을 바치지 않고 금나라 사신이 돌아갈 때 가지고 가게 한 점은 금에 대해 예의가 없는 것이라고 지적하였다. 요컨대

---

17) 『高麗史節要』 권9, 仁宗 6年 12月. "保州之地 初有詔諭 更不收復 意謂貴國 必能祗率舊章 遵奉王室 故朝廷不愛其地 特行割賜 爾後數歲 貴國尙未 進納誓表 而據守上項州城 於理豈爲穩便 且其脅從 及逃移戶口 厥數頗多 皆稱物故 殆未可亮 貴國果能推誠享上 卽納誓表 朝廷亦當回賜誓詔"
18) 『高麗史』 권16, 仁宗 8年 3月, "卽日准到 雖表內誓意尤重 不錄遠近累次 脅從投入戶口之語 旣推誠立誓 禮合專使上表 却付附帶 於禮不可 至如表內 事理了當也 合恕容 回次使副 申覆國王 後次具錄 遠近新舊脅從投入戶數 隨表進來"

금에서 고려에 요구하는 것은 군신의 예를 다하여 직접 사신이 와서 표문과 공물을 바치며 보주 부근에서 살고있던 여진인을 조사하여 금나라로 돌려보내 줄 것 정도였다. 그러나 이를 지키지 않을 경우 보주를 빼앗거나 아니면 보주성은 이미 고려에 약속한 것이니, 보주성을 제외한 주위 영역은 모두 여진의 영역으로 만들겠다고 위협하였다. 이에 대해 고려는 금을 섬기는 것은 수용하더라도 여진인은 모두 죽어버려서 소환할 사람이 없다고 거부하였다. 이와같은 공방전은 인종 5년부터 4년 동안 지리하게 계속되었다.

결국 금은 고려의 요구를 수용하여, 고려는 인종 8년 12월에 금나라로부터 인구문제는 문제삼지 않겠다는 약속을 받아내기에 이르렀다.[19] 이로 보아 금은 영토보다 인구를 훨씬 더 중요시하고 있음을 알 수 있다. 원래 초원에서 유목생활을 했던 거란과는 달리 강에서 사금을 캐고 수렵과 어로와 약용·인삼의 채취를 생업으로 삼았던 여진족으로서는 토지보다는 인간이 창출할 수 있는 생산력을 중시했으므로 인구소환을 끈질기게 주장했던 것이다. 그러나 금은 송과의 전쟁이 쉽게 끝나지 않는데다 화북지방에는 금의 수탈체제에 반대하여 농민기의가 일어나는데 이어, 고려까지 금과 적대관계가 되어 송과 연합한다면 전세가 바뀌거나 장기화될 것을 우려하여 결국 고려의 요청을 받아들이지 않을 수 없었다.

이는 고려 후기, 몽고와의 전쟁의 결과 몽고가 고려에 요구한 사항에 비해서는 그렇게 무리한 요구는 아니었다고 보여진다. 몽고는 고려에 대해 볼모제공, 호구조사 실시, 驛站설치, 達魯花赤 주재, 일본을 공격하는데 필요한 병력과 양곡제공 등을 요구하였다.[20] 물론 이 모두를 고려가 받아들인 것은 아니었고, 또 치열한 격전을 치뤘던 원에 비해 금의 고려에 대한 대응은 보다 우호적이었다. 그러나 여진의

---

19) 『高麗史』 권16, 仁宗 8年 12月 乙酉.
20) 高柄翊, 1981, 「元과의 關係의 變遷」 『한국사』 7, 국사편찬위원회.

금은 불과 20여년 전만 하더라도 고려를 부모의 나라로 섬겼던 종족이었던 만큼 고려의 자존심은 크게 상처를 입어 이에 민감하게 대응했던 것이었다.

금과의 분쟁은 8년 말을 고비로 점차 약화되어 갔는데 이는 국내 정치세력의 변동에서 보면, 금과의 대결관계가 점차 소멸되어 감에 따라 반금세력인 묘청파의 위치가 약화되고 현실체제에 안주하는 보수세력의 득세를 가져오게 되었다.

2. 송과의 관계

윤관의 여진정벌 이후 9성을 돌려 받은 여진은 추장 우야소를 중심으로 세력을 뭉쳐 점점 강성해지더니 급기야는 요나라를 공격하기에 이르렀다. 이에 요는 고려에 원병을 요청하였으나 일찍이 세차례나 요의 공격을 받았던 전력이 있으며 또한 북방 민족의 세력다툼에 관여할 의사가 없는 고려로서는 요나라를 도울 의사가 전혀 없었다. 결국 금과 송이 연합하여 요를 공격하여 1125년(인종 3)에 요는 멸망했다.

송과의 연합과정에서 송의 약한 전력을 눈치챈 금은 약속불이행을 구실로 이번에는 송을 공격했고, 송은 고려에게 금을 칠 군대를 요청하였다.[21] 이에 고려는 '우리의 군사를 훈련시키고 器機를 정비하였다가 귀국군사가 적들의 경내로 쳐들어와서 제압한다면 그때는 힘을 다하겠다' 라고 답변하여 송의 요청을 완곡하게 거절하였다.

이 시기는 금의 군신관계 요구를 수락한 이자겸이 몰락하기는 했으나 같은 입장에 서있던 척준경이 득세하던 때였으므로 대외정책에 있어서는 이자겸이 실권을 장악하던 때와 조금도 변동이 없었다. 척

---

21) 『高麗史』 권15, 仁宗 4年 7月 丁未.

준경은 윤관의 9성 정벌에서 혁혁한 전공을 세웠음에도 금과의 교전을 반대한 것으로 보아 실전 경험에서 여진족 등 유목민의 전력을 잘 알고 있었기 때문이라고 생각된다.

송이 원병을 요청한 지 불과 2달 후에 금이 보주문제를 거론하고 있다. 이는 금이 송의 원병요청을 알고 고려를 견제하는 의미에서 보주 경내에 살고있던 여진인을 돌려보내라고 문제를 일으켰을 가능성도 있어 보인다.

1128년(인종 6) 6월에 송에서 공문이 왔다. 송은 그들의 황제인 휘종·흠종이 금나라에 끌려갔음을 전하고, 그들의 황제를 본국으로 돌아오게 하는데 고려의 길을 빌리기를 요청하였다. 이는 금나라가 송나라를 제치고 명실상부한 동북방의 최강국임을 나타내는 사건이었다. 불안해진 고려는 만일 송에게 길을 빌려준다면 금 또한 그와 같은 요구를 할 것이고 그렇게 된다면 고려는 금의 요청을 거절할 명분이 없어져 오히려 남송의 중심지인 兩浙지방이 금의 침략을 받을 것이라는 이유로 거절하였다.22)

송나라가 登州(山東) 지방에서 해로로 금나라로 가는 길을 두고 빠르다는 구실로 굳이 고려를 경유하려 한 것은 어떻게 해서든 고려를 금과의 전쟁에 끌어들이려고 했기 때문이었다. 이에 대해 고려는 송의 전력을 불신하고 고려는 금과 전쟁을 할 의사가 없음을 분명히 했다. 고려의 대외정책은 아직까지는 큰 변화가 보이지 않는다. 당시 금의 세력은 너무 강했고 고려는 이자겸의 난이 끝난 이후로 제대로 전력조차 회복되지 못하였던 시기였기 때문이었다. 이에 송은 당분간 국교를 중단하기를 요청하여23) 고려에 대한 섭섭한 감정을 드러내었다. 그러다가 고려는 宋의 都綱 卓榮에 의해 兩浙부터 河北까지 안정되었다는 소식을 전해 듣고 송에 표문을 보내어 예전처럼 교류

---

22) 『高麗史』 권15, 仁宗 6年 6月 己巳.
23) 『高麗史』 권16, 仁宗 8年 4月 甲戌.

하기를 요청했다.24) 이에 송은 다음과 같은 회답조서를 보냈다.

> C. 내가 남방으로 도읍을 옮겨온 뒤에 귀국과의 통로가 열렸다. 공물을 진헌하는 것만 하여도 가상하게 여기고 있는데 우리의 문물을 배우려는 청까지 있었다. 나에게 와서 당신의 성의를 보이는 것은 좋으나 나에게 제후를 불러모을 만한 덕이 없어 부끄럽다. 나의 있는 곳에 사절을 보내야 하지만 가을철에는 일이 바빠서 국경지대의 경비도 지킬 여유가 없을 것 같으니 물결이 잠잠한 봄날에 뱃길이 편안할 때에 건너오는 것이 좋을 것 같다.25)

　인종 10년 당시의 송은 금과 교전중이었다. 송은 고려가 군사적으로는 연합할 의사가 없는 것을 알고는 내년에 봐서 교류하자고 하여 고려의 교역제의에 적극적으로 응하지 않았다. 아마 송의 기밀이 고려를 경유하여 금에게 알려질 것을 두려워했던 것 같다. 이 시기 고려와 금은 고려가 군신의 예를 취하고 금은 보주의 인구소환을 포기하여 적대적인 관계가 많이 약화된 상태였다. 고려가 굳이 송과 교류를 원했던 이유가 경제적, 문화적 욕구를 충족시키기 위해서라는 것은 주지하는 바이다. 그러나 이 이외에도 송과 교류하여 송과 금의 대립관계에서 중립을 취함으로써 고려의 대외적인 위상을 높이려는 정치적 의도도 내재되어 있었다고 생각된다. 예컨대 송은 인종 4년부터 3년 동안 계속해서 사신을 보내어 고려와의 군사적 제휴를 통해 금을 칠 의사를 타진하였다. 이에 대해 고려가 거부하자 송은 드디어 인종 8년에 교류중지를 통고하였던 것이다. 고려는 송이 외교관계를 중단할 것을 통고하였음에도 불구하고 인종 10, 11년에 계속 사신을

---

24) 『高麗史』 권16, 仁宗 10年 2月 辛巳.
25) 『高麗史』 권16, 仁宗 10年 5月 癸未. "朕省方南國 通道東藩 載嘉享上之恭 重有觀光之請 歸視事於宰旅 將效勤誠 會諸侯於塗山 更慚寡德 爰卽乘輿 之所幸 以須信使之來庭 顧秋塞馬肥 或戒嚴之未暇 而春潮舟穩 庶利涉以無虞"

보내어 교류할 것을 요청하고 있다. 이는 금을 견제하기 위해서이지 고려상과 송상들에 의해 민간무역이 그대로 진행되고 있는 상태에서 새삼스럽게 문화적, 경제적 욕구가 현안이 될 정도로 고려사회에 큰 변동이 있었다고는 보여지지 않는다. 이같은 고려의 태도를 송의 일부 강경 세력들은 승산이 있다면 고려도 송과 더불어 금을 공격하는데 가담할 의사가 있는 것으로 오인하여 드디어 송은 夏나라도 끌어들여 연합전선을 계획하였다고 보여진다. 인종은 금과의 갈등이 소멸된 이후에도 금국정벌을 위한 국내 개혁작업의 일환으로 서경천도를 해야한다는 묘청 등을 여전히 중용하였다. 인종은 궁극적으로는 금을 공격할 의사가 없으면서도 금의 압력이 가중된다면 송과 제휴하여 금을 공격할 수도 있다는 점을 서경세력을 이용하여 나타냄으로써 금의 압력을 배제시키고자 하였다. 그리하여 고려는 비록 군신관계를 맺었다고는 하나 그 후의 대금관계에서 보는 바와 같이 거의 압력이나 간섭 없이 대등하게 외교할 수 있는 위치를 확보하였다고 생각된다. 다음 기록을 보자.

  D-1) 東北 兩界에 使臣을 나누어 보내어서 성의 官吏를 宣諭하고 백성의 고통을 조사하고 무기를 점검하였다.[26]
  D-2) 呵吒波拘神道場을 弘慶院에, 般若道場을 選軍廳에 두기를 명하여 14일간 베풀었으니 묘청의 말을 따른 것이었다.[27]
  D-3) 選軍廳에 無能勝道場을 21일간 베풀었는데 묘청의 말을 좇아서였다.[28]

무기를 점검하고 국토를 수호하고 중생의 안녕을 보살피는 呵吒波拘神 도량을 열고 전쟁에서의 승리를 기원하는 無能勝道場을 개설했

---

26)『高麗史節要』권9, 仁宗 7年 11月.
27)『高麗史節要』권9, 仁宗 8年 9月.
28)『高麗史節要』권9, 仁宗 8年 10月.

다는 사실은 고려가 금과 맞서 싸울 의지가 있는 것처럼 보인다. 금과의 전쟁은 고려 단독으로 보다는 송과 연합하는 것이 훨씬 현실적이라고 보여지는데, 송은 이전에 고려와의 제휴를 요청했으나 거절당한 적이 있었다.29) 그러므로 위의 시도는 다분히 금에게 보이기 위한 행동이었다고 생각된다. 물론 몽고와 같이 전세계를 위협할 정도로 군사력이 강하다면 이런 행위는 오히려 불행을 자초할 수도 있겠지만 당시의 국제정세는 전력상으로 금이 우위를 점하고 있으나 송을 멸망시킬 수 있을 정도는 아니었다. 그러므로 인종은 금의 태도 여하에 따라 고려도 강경하게 나갈 수도 있다는 점을 반금세력인 묘청을 이용하여 나타낸 것이었다. 그러나 고려는 금에 대한 강경한 입장을 피력한 것이지 결코 적극적인 전투의사를 나타낸 것은 아니었다. 특히 송의 원병요청에 대해서는 송과 연계해서 금을 공격하지 않겠다는 뜻을 분명하게 나타내었다.

송과의 관계는 묘청의 난이 진행 중이던 인종 13년에 다시 나타난다. 앞서 고려의 사신파견에 냉담하던 송에서 먼저 使臣 迪功郎 吳敦禮를 파견하여, 고려정부가 서경 반란을 평정하기 어려우면 군사 10만을 보내어 협조해 줄 용의가 있다고 하였다.30) 그 해 9월 을해일에 송의 사신이 돌아갈때 "귀국에서 우리나라를 도와주려는 호의는 감사하나 다만 사리상으로 불편함이 있어 이 제의를 접수하기 어렵다. 더구나 바닷길이 만리나 되어 험난함을 예측하지 못하는데, 귀국군사가 온다는 것은 적합하지 않을까 우려되니 당신이 내린 지시를 철회하기 바란다"고31) 하여 거절하였다. 이 글에서 사리상으로 불편함이란 만일 송의 군대가 고려에 들어온다면 금이 간과하지 않으리라는 것을 완곡하게 표현한 것이라 판단된다. 송의 출병제의 의도를 김상기씨는 고려의 내란에 참여함으로써 대금 협공전선을 펼 수 있

---

29) 『高麗史』 권15, 仁宗 4年 7月.
30) 『高麗史』 권16, 仁宗 13年 6月 己未.
31) 『高麗史』 권16, 仁宗 13年 9月 乙亥.

는 계기로 삼으려는 것이거나 아니면 관군원조를 핑계로 고려를 병력으로 위협하여 금의 배후에서 제2전선을 펼치려는 의도라고 파악하였다.32) 어느 것이든 고려로서는 내우외환을 함께 당할 수 있는 위기상황이었으므로 단호하게 거절하였던 것이다. 그리고 인종 14년 9월 을해, 고려가 송에 보낸 공문과 송의 공문에서 다음과 같은 내용이 보인다.

    고려측: 근일에 귀국의 商客인 陳舒가 가져온 공문을 보면 '지금 夏國에서 사신을 보내왔는데 우리 사신과 함께 먼저 고려에 가서 일을 의논하겠다고 하기에 陳舒를 고려에 파견하는 한편 우리나라의 해당 사무관청에 이 뜻을 은밀히 알리고 이내 회답을 받아왔다'고 하였다. …… 그런데 금과 국경을 맞대고 있어 부득이 화평을 청하였는데, 금나라에서 만일 귀국사신이 하국 사람과 같이 와서 일을 의논하였다는 말을 듣는다면 반드시 우리와 더불어 어떤 음모를 꾸민다고 생각할 것이요, 이로 인하여 시기하고 노여워하며 또한 출병에 명분이 생겨 군사행동을 취할 것이니 이렇게 되면 우리나라의 승패를 예측할 수 없을 것이다. 만일 우리가 울타리가 되어주지 않으면 당신의 淮水・浙江 유역이 금과 이웃이 될 것이니 진실로 그대 나라의 이익이 될 수 없을 것이다. 그대 나라가 이로 인하여 군사를 일으켜 우리의 길을 빌린다면 저들도 역시 이 길로 칠 것이니 그러면 沿海의 모든 縣이 경비하기에 겨를이 없을 것이다.33)

    송 측: 추밀원에서 나라에 보고한 箚字를 받들어 일전에 吳敦禮에게 조서를 보내면서 商人 陳舒를 귀국에 함께 가게 하였던 것이다. 그것은 우리 정부에서 祖宗이래로 여러 나라를 우대하여 은의를 베푼 것이

---

32) 金庠基, 앞 논문.
33) 『高麗史』권16, 仁宗 14年 9月 乙亥. "伏審 近商客陳舒 賚到公憑 今來夏國差到使人 欲同使臣 前去高麗議事 差遣陳舒 往高麗 於本國掌管事務官處 密諭此意 仍取回報前來 … 而與金國 疆域相接 不得已請和 設聞遣使與夏人 偕來議事 必爲陰與爲謀 因此猜怒 兵出有名 則小國成敗 未可得知 若微我爲之藩屛 則淮浙之濱 與金爲隣 固非上國之利也 又上國因興師 取道於我 則彼亦由此以行 然則沿海諸縣 必警備之不暇矣"

매우 두터웠는데 靖康 연간의 변란을 겪은 후부터 사절 내왕이 점점 어렵게 되었으므로 최근에 夏國 밀사가 都督行府에 도착하였다. 이 기회에 오돈례를 귀국에 파견한 것은 종래의 우호관계를 재천명하기 위함이요, 한편으로는 귀국이 금과 인접되어 있다고 하기에 사절들이 내왕하는 편을 이용하여 금나라에 가 있는 두 황제의 안부를 물을 수 있으리라 생각했기 때문이었다. 군사를 출동시켜 응원을 한다거나 길을 빌려 금나라를 치러 간다는 말 등은 모두 돈례가 독단적으로 대답한 말이요, 조정의 지시가 아니니 깊이 양해하여 스스로 의심을 일으킴이 없도록 할 것이다.[34]

앞서 본 바와 같이 송은 고려의 교류요청을 금을 견제하려는 의사를 나타낸 것으로 파악하고 금과 서북쪽으로 국경을 접하고 있는 夏나라, 그리고 송과 고려가 연합한다면 금을 제압할 수 있으며, 승산이 보인다면 고려도 거부하지 않으리라 판단했던 것 같다. 당시 송은 지방 군벌들의 분투에 힘입어 금을 각지에서 격파하고 있었지만 한편으로는 악비 등 주전파에 대응해서 진회 등 강화파의 목소리가 커지고 있던 시기이기도 했다.

그리고 하나라의 경우, 이미 1124년(인종 2)에 금에 稱藩을 맹세하여 금의 복속국이 되어 송을 공격하여 영역을 넓히고 있었는데 당시 승승장구하던 금을 배반하여 전력이 약하고 내분이 심한 송과 연합하여 금을 공격하려 했다는 사실도 의문이다. 그리고 그렇게 중대한 일을 송이 종9품직에 불과한 적공랑 오돈례와 상인 진서를 파견하여 논의하게 한 사실에서도 이것이 송 정부의 공식 견해였을까 하는 의심이 든다. 위의 공문이 왕래했던 1136년은 송 내부에서 강화파와 주전파의 대립이 표면화되고 있을 시기이므로 추정컨대 오돈례는 주전

---

34) 同上. "奉行在樞密院劄字 奏勘會昨遣吳敦禮賫詔書 兼令商人陳舒前去 盖緣朝廷 自祖宗以來 眷待諸國 恩義甚厚 至靖康兵火之後 使命稍艱 近者夏國密使 到都督行府 因遣敦禮 講明舊好 且聞彼與金切隣 因臣使往來 當得兩宮安問耳 至興兵應援 假途徂征 皆敦禮等 專對之辭 非朝廷指授 宜深見諒 無致自疑"

파의 요구로 고려에 왔던 것은 아닐까 짐작될 따름이다.35)

고려내부 또한 서경세력이 반란을 일으켰다가 진압됨으로써 대금 강경세력은 조정에서 더 이상 존재하지 않게 되었다. 인종도 묘청의 난을 겪음으로써 왕권을 강화하고 국력을 회복하겠다는 의지가 꺾여, 고려사회는 김부식 등 개경 문벌귀족들의 의향대로 정치가 진행되었다. 충분히 승산이 있다고 생각됨에도 불구하고 고려가 강경하게 거부하자 이 사실이 금에게 알려질 것을 우려한 송은 사신 오돈례의 개인적인 견해이지 결코 송 정부의 공식 견해가 아니라고 하여 송의 夏, 고려와의 연합전선은 흐지부지 끝나버리고 말았다. 이후 송과의 공식 통교는 보이지 않는다. 연합전선의 결별로 인해 고려와 송은 정치적으로는 소원한 관계가 계속되었다.

Ⅲ. 고려의 대금정책과 서경천도운동

금의 강압적인 위협에 예전에는 고려를 부모의 나라로 섬기던 여진이 이제는 돌변하여 고려에 협박을 가해오는데 대해 고려민은 분개하였다. 이에 따라 고려 조정에는 예종 때 9성을 포기한데 대한 반성의 기운과 여기에 찬성했던 관리에 대한 비판의 움직임이 일기 시작했다. 이같은 상황이 묘청이 등장할 수 있었던 원인이었다. 다음 기록은 『高麗史節要』에 최초로 나타난 묘청에 대한 글이다.

> 서경의 요망한 중 묘청과 日者 白壽翰이 왕에게 이야기하여 常安殿에서 灌頂道場을 베푸니 그 술법이 허황하여 알 수가 없었다.36)

---

35) 吳敦禮가 어떤 인물인지는 『25史大辭典』 『25史普通』 第6, 宋大臣年表(臺灣 開明書店 民國 48年(1958)) 그리고 『25史紀傳人名索引』 어디에도 나타나지 않는다.
36) 『高麗史節要』 권9, 仁宗 5年 3月. "西京妖僧妙淸 日者白壽翰 說王 設灌頂

관정도량은 관정경과 그 다라니를 외며 재난을 없애려고 기원하는 의식이다. 숙종 6년(1101) 4월에는 송충이의 害를 없애려고 首押山에서 열었으며, 이어 강종 1년(1212) 1월과 원종 10년(1269) 12월에도 연일이 있었다. 열린 이유는 벌레들이 수압산의 나무를 침해하기 때문이었는데 이것을 그들은 외적이 침입해올 징조로 여겨 관정 외에도 文豆婁, 寶星 등의 도량을 열었던 것이다.37) 인종대의 관정도량 역시 금이 고려에 압력을 행사하던 당시의 분위기로 볼 때 외세침입 방지의 열망이 깃들여 있음을 짐작할 수 있다.

마침 이 때에 변방에서 금이 송에게 패배하여 후퇴하고 있다는 보고가 들어왔다. 이에 정지상·김안 등은 속히 군대를 파견하여 송과 연합하여 금나라를 제압할 것을 주장하였다.38) 결국 헛된 소문으로 밝혀졌지만 당시 고려조정의 분위기를 짐작할 수 있으며, 이 시기를 기점으로 외세배격을 내세우는 강경세력이 새롭게 태동하고 있음을 짐작할 수 있다. 대외적으로는 불안한 위치에 있었지만 인종은 이자겸이 제거된 후 왕권을 강화할 수 있는 절호의 기회로 판단하여 앞으로 그가 시행할 정책을 인종 5년 3월에 서경에서 발표하였다.

① 方澤에서 토지신에게 제사지낼 것
② 사신을 지방에 보내어 刺史·縣令의 잘잘못을 조사하여 포상하거나 좌천시킬 것
③ 수레나 의복제도를 검소하게 할 것
④ 쓸데없는 관원과 급하지 않은 사무를 제거할 것
⑤ 농사일을 권장하여 백성의 식량을 풍족하게 할 것
⑥ 시종관이 각기 한사람씩 천거할 것이며 천거한 사람이 형편없으면 그를 벌할 것

道場于常安殿 其術詭誕 不可知"
37) 『高麗史』 권54, 志8 五行2 肅宗 6年 4月.
38) 『高麗史節要』 권9, 仁宗 5年 4月.

⑦ 국고의 식량저축에 힘써서 백성 구제에 대비할 것

⑧ 수취는 알맞게 할 것이며 租·調 이외에는 함부로 걷지 못 하게 할 것

⑨ 군사들을 보살펴 일정한 시기에 훈련을 실시하는 외에는 복무하지 못하게 할 것

⑩ 백성을 토지에 안착시켜 도망하여 흩어지지 말게 할 것

⑪ 濟危鋪와 大悲院에는 저축을 풍족하게 하여 질병에 걸린 자를 구제할 것

⑫ 관청의 묵은 식량을 강제로 빈민에게 나누어주고 그 이자를 받지 못하게 하며, 또 묵고 썩은 곡식을 백성에게 찧으라고 강요하지 말 것

⑬ 선비를 선발하는데 詩·賦·論을 쓰게 할 것

⑭ 모든 고을에 학교를 세워 교육을 확충할 것

⑮ 산림이나 못에서 생산되는 이익을 백성들과 함께 공유하며 침해하지 말 것

　위의 인종 조서에서 지방관의 탐학여부를 조사하고 쓸데없는 관원이나 급하지 않은 사무를 제거하며, 시종관으로 하여금 인재를 천거케하여 그를 책임지라는 것은 당시 지배층의 문제점을 지적한 것으로 보인다.(②, ④, ⑥) 이미 문종대 이래로 발생한 유랑민은 흉년 등 자연재해보다는 지방관의 탐학으로 백성들이 토지에 안착하여 살지 못하게 된 것이 더 큰 문제점이었다. 그리하여 인종은 인재를 천거하되 그가 행정을 원할 하게 수행하지 않는다면 그를 천거한 사람에게도 책임을 묻겠다는 말을 한 것이었다.

　인종의 농민을 위한 시책을 살펴보면, 농민에게 租稅·貢賦 이외에는 함부로 걷지 못하게 하고 묵은 식량을 빈민에게 나누어주고 강제로 이자를 걷지 못하게 하였는데, 이것은 역설적으로 백성들이 잡세와 묵은 곡식의 강제대부로 인해 고통을 당하고 있었다는 것을 반

증하고 있다. 그 외에 농민을 토지에 안착시켜 농업을 권장하고 질병을 구제하며 지역 공동체 사회 내에서의 산림이나 못에서 생산되는 이익을 공유하게 하여 농민의 생활안정에 촛점을 맞추고 있다. 이같은 정책이 서경에서 반포되었다는 것은 묘청·정지상·백수한 등 소위 서경세력의 개혁의지라고 보여진다. 그러나 여기에서 대외관계를 전망할 수 있는 내용은 보이지 않는다. 다만 훈련기간 외에는 군사를 쉬게 하라는 내용이 보인다. 이로서 미루어 볼 때 묘청 등은 반금의식은 강하였으나, 지금 금을 공략하겠다는 의지를 나타내는 것은 시기상조로 보고 우선 농민의 생활안정에 주력하여 국력을 보강시켜 미래에 대비하고자 하는 의도로 생각된다.

인종은 묘청 등의 개혁파와 손을 잡은 후 국정에 자신감을 갖고 적극적인 정책을 수립하려고 노력하였다. 그러나 인종 5년 6월의 인사내용은 국정이 왕의 생각대로 진행되기보다는 문벌귀족들과 타협하는 모습을 보여주어 아직도 문벌귀족 세력이 건재함을 나타낸다. 즉 金仁存을 判吏部事로, 李公壽를 判兵部事로, 金富佾을 戶部尙書 判禮部事로, 金向을 檢校太尉守司空으로, 金富軾을 知樞密院事로, 崔滋盛을 同知樞密院事로, 崔思全을 吏部尙書 知都省事로 임명하였다.

李公壽는 인주이씨 집안이지만 이자겸과 정치적 입장을 같이하지 않고 국왕의 편에 섬으로써 이자겸의 몰락 이후에도 여전히 건재할 수 있었다. 金向은 이자겸이 세력을 가지고 있을 때에도 아부하지 않았다고는 하나 그의 딸이 이자겸의 아들 李之甫에게 출가함으로써 이자겸과 인척관계를 맺고 있었다. 그리고 崔滋盛은 이자겸 일파였으며 최사전도 이자겸과 밀접한 연관을 맺고 있던 인물이었다.

인종은 이자겸의 난을 진압한 후 이 일에 공로가 큰 척준경을 인종 5년 3월에 정지상 등 서경세력의 도움으로 귀양보냄으로써 비로소 무장세력으로부터 자유로울 수 있었다. 그러나 왕은 이자겸이 귀양간 이후에도 그들 세력을 완전히 제거할 만한 힘을 갖고 있지 못하여, 귀양간 지 무려 1년 6개월이 지난 5년 10월이 되어서야 겨우 이자겸의 친족이 빼앗은 토지와 노비를 모두 본주인에게 돌려줄 수 있었다. 그리하여 그 해 12월 인종의 인사정책에서 서경파인 文公美가 동지추밀원사로 임명된 것이 눈에 띈다.

이어서 인종 7년 12월에는 崔滋盛을 尙書左僕射 叅知政事, 文公仁은 吏部尙書 知門下省事, 林景淸을 刑部尙書 同知樞密院事, 李俊陽을 殿中監 樞密院副使로 임명하여 서경세력으로 분류될 수 있는 문공인·임경청 둘이 고위관료로 임명되었다. 이제 서경세력이 서서히 중앙에 등장하고 있음을 보여준다.

고려 조정으로서는 날로 강대해지는 금의 세력이 불안하지 않을 수 없었다. 이에 인종은 금에 적극 대응하고자 하는 서경세력을 중용하였고 서경파는 국내의 개혁과 금에 대처하기 위한 방법의 첫단계로서 풍수도참설을 이용하여 서경천도를 계획하였다.

E-1) 정지상 역시 서경사람이다. 그 말을 깊이 믿고 말하기를, "上京은 지세가 쇠하여 궁궐이 다 타서 남은 것이 없고 서경에는 王氣가 있으니 마땅히 임금이 옮겨 앉아 上京으로 삼아야 한다" 하였다.39)

2) 묘청 등이 아뢰기를, "臣들이 서경의 林原驛 지세를 관찰하니 이것이 곧 풍수에서 말하는 大花勢입니다. 만약 궁궐을 지어서 거처하면 천하를 병합할 수 있으며 금나라가 폐백을 가지고 스스로 항복을 청할 것이며, 36개국이 모두 신하가 될 것입니다" 하므로 서경에 행차하였다.40)

위의 기록은 풍수도참설에 의거하여 서경으로 천도한다면 금과 이웃나라들이 모두 고려에 臣服할 것이라고 말하고 있다. 다소 허황된

---

39) 『高麗史節要』 권9, 仁宗 6年 8月. "鄭知常亦西京人 深信其說以謂 王京基業已衰 宮闕燒盡無餘 西京有王氣 宜移御爲上京"
40) 同上, "於是 妙淸等上言 臣等觀 西京林原驛地 是陰陽家所謂大花勢 若立宮闕御之 則可幷天下 金國執贄自降 三十六國 皆爲臣妾 故有是行"

내용이나 풍수도참설이 유행하던 당시로서는 상당히 설득력 있게 받아들여졌던 것 같다. 이미 숙종[41]과 예종[42]대에 서경, 남경에 궁궐을 지어 왕조를 연장하려고 시도했던 점으로 미루어 볼 때 개경의 지세가 쇠하여 왕씨왕조가 무너질 것이라는 예언은 이미 인종 이전부터 널리 알려져 있었다고 보여진다. 이전부터 서경·남경에 궁궐을 건립했던 사실을 알고 있었던 인종으로서는 서경으로 천도하면 내정개혁을 통해 문벌귀족을 약화시키고 왕권을 강화할 수 있으며 더구나 고려에 위협을 가해오던 금을 제압할 수 있다는 묘청 등 서경세력의 말에 귀를 기울이지 않을 수 없었고 드디어 서경에 궁궐을 세우기 시작했다.

정부는 농한기에 들어가는 11월에 궁궐조성에 착수하였다. 모처럼의 휴식을 즐길 겨를도 없이 토목공사에 끌려나온 농민들은 불만에 쌓이지 않을 수 없었고 더욱이 11월의 혹한기에 감행하는 토목사업은 날씨가 춥고 땅이 얼어 공사를 감행하기에 무척 힘들었다고 한다. 그러나 궁궐을 세워 천도하면 외세를 제압할 수 있고 왕권을 확립시킬 수 있으리라는 믿음으로 서경파는 농민들을 독려하여 이듬해 정월에 궁궐을 낙성시킬 수 있었다.

여기에서 한가지 의문점은 서경궁을 완성하는데 불과 2달이 걸렸다는 점이다. 보통 하나의 사찰을 건립하는데도 몇년이 소요되는데 불과 2달만에 완성했다는 것은 아무리 많은 인부들을 징발했다고 하더라도 의문을 가지게 한다. 『高麗史節要』에 의하면 인종 7년 1월에 새 궁궐이 완성되었으며, 2월에는 국왕이 서경에 행차하여 새 궁궐에 들어갔으며, 3월에는 새 궁궐의 乾龍殿에 나와 군신의 하례를 받았다고 한다.

그러나 이미 예종대에 서경 용언의 옛 터에 새궁궐을 지었다는 기

---

41) 『高麗史』 권122, 列傳35 金謂磾.
42) 『高麗史』 권96, 列傳9 吳延寵 ;『高麗史節要』 권7, 睿宗 2年 9月.

록이 보인다. 이것으로 추측하건대 서경파는 새궁궐의 상징으로 몇 몇 건물을 지었을 뿐 그렇게 큰 토목공사는 일으키지 않았던 것으로 보인다.43) 후일 묘청의 난이 일어났을 때 상당수의 서경민이 반란세력을 적극 지지하고 나서는 것에서도 토목공사로 인한 원성이 민심의 이반으로 이어질 정도로 크지는 않았다고 생각된다.

묘청 등 서경파는 금을 제압하기 위해서는 우선 천도를 단행하여 서경세력이 정치적 주도권을 장악하는 것이 급선무임을 파악하고, 왕에게 상서로움이 풍부한 서경의 新宮으로 옮기도록 건의하였다.44) 그리고 이와 병행하여 그 해 10월에 使者를 東北 兩界로 보내어 여러 성의 관리들을 선유하고 백성들의 疾苦를 보살피며 兵仗器를 점검하였으며, 12월에는 東郊에서 군대를 사열하는 등 군사적 움직임도 나타내고 있다.

또한 이듬해 8년 9월에는 呵吒波拘神道場, 無能勝道場, 般若道場을 열어 부처님의 가호를 빌었는데 이같은 일련의 시도는 서경파의 입장으로서는 서경천도후 정치적 주도권을 장악한 후 송과 제휴하여 금을 치는 일 등을 실현시키기 위한 준비작업의 일환이었으리라 여겨진다. 따라서 만일 정치적 주도권이 서경파가 가지고 있어서 천도작업이 원활하게 진행되어 개혁이 이루어졌다면 송과 대치하고 있는 금을 공격하는 일이 그렇게 불가능한 일은 아니었으리라 판단된다. 그러나 묘청의 시도는 서경천도조차 제대로 이루어지지 않음으로써 앞날의 계획에 차질을 빚기 시작했다. 즉 인종 9년대에 이르러 금과의 분쟁이 점차 소멸됨에 따라 묘청의 입지가 약화되기 시작했던 것이다.

---

43) 金南奎씨는 토목공사로 서경의 民庶와 鄕吏・吏屬층이 많은 고통을 당하여 이들은 개경 귀족 지배층에 대해 적대의식을 가졌다고 보았다. 그러나 토목공사는 서경세력이 주도한 만큼 만일 적대감이 생겼다면 오히려 묘청 등 서경세력에 대해 가져야 하지않나 생각한다(김남규, 앞의 논문, 104~105쪽).
44) 『高麗史節要』 권9, 仁宗 7年 3月.

제3장 묘청의 난과 대금관계 113

묘청은 서경이 瑞氣가 서려있어 수도를 삼기에 적합한 장소라고 선전하였는데 서경에는 불길한 일들이 잇달아 일어났다. 즉 重興寺의 탑이 화재를 당하고[45] 궁궐에 새의 발자국이 나타나는[46] 등 불길한 조짐이 보이기 시작했던 것이다. 이것이 반대세력의 술책에 의한 고의성이 있었는지 여부는 알 수 없지만 서경파의 입장에서는 이를 만회할 새로운 책략이 필요했다. 이에 묘청 등은 빠른 시일내에 천도작업을 이루기 위해 팔성당을 설치하고 기름 담은 떡을 대동강에 넣어 민심을 그들의 편에 끌어들이려 했다.

F-1) 內侍 李仲孚를 보내어 서경 임원궁에 성을 쌓고 八聖堂을 궁중에 설치하였는데 첫째는 護國白頭嶽 太白仙人 實德文殊師利菩薩 둘째는 龍圍嶽六通尊者 實德釋迦佛이며 셋째는 月城嶽天仙 實德大辨天神 넷째는 駒麗平壤仙人 實德燃燈佛 다섯째는 駒麗木覓仙人 實德毗婆尸佛 여섯째는 松嶽震主居士 實德金剛索菩薩 일곱째는 甑城嶽神人 實德勒叉天王 여덟째는 頭嶽天女 實德不動優婆夷이다. 모두 화상을 그렸으니 묘청의 요사한 말을 따른 것이었다. 金安·李仲孚·鄭知常 등은 이것이 성인의 법이며 나라를 이롭게 하고 기반을 연장하는 수법이라고 하였다.[47]

2) 서경으로 행차할 때에 묘청과 백수한이 아뢰기를, "상경은 地勢가 쇠했기 때문에 하늘이 재앙을 내리어 궁궐이 불타버린 것이오니 자주 서경에 移御하셔서 무궁한 왕업을 누리소서" 하였다. 왕이 여러 일관에게 물으니 모두 옳지 않다고 하였다. 정지상·김안 및 대신들이 아뢰기를, "묘청의 말은 곧 성인의 법으로 어길 수 없는 것

---

45) 『高麗史節要』 권9, 仁宗 7年 3月.
46) 『高麗史節要』 권9, 仁宗 8年 8月.
47) 『高麗史節要』 권9, 仁宗 9年 8月. "遣內侍李仲孚 築西京林原宮城 置八聖堂于宮中 一曰護國白頭嶽太白仙人實德文殊師利菩薩 二曰龍圍嶽六通尊者實德釋迦佛 三曰月城嶽天仙實德大辨天神 四曰駒麗平壤仙人實德燃燈佛 五曰駒麗木覓仙人實德毗婆尸佛 六曰松嶽震主居士實德金剛索菩薩 七曰甑城嶽神人實德勒叉天王 八曰頭嶽天女實德不動優婆夷 皆繪像 從妙淸妖說也 金安仲孚知常等 以爲聖人之法 利國延基之術"

입니다" 하니 왕이 이에 묘청을 隨駕福田으로 삼고 백수한은 내시로 발탁하였다.[48]

3) 서경의 父老 檢校太師 致仕 李齊挺 등 50명이 표를 올려 尊號와 年號를 세울 것을 청하니 묘청과 정지상의 뜻을 받든 것이다. 정지상 등이 이어서 왕에게 말하기를, "대동강에 瑞氣가 있으니 이것은 神龍이 침을 토하는 것으로서 천년에 한번 만나기도 드문 것입니다. 청컨대 위로 하늘의 뜻에 응하고 아래로 人望에 부응하여 금나라를 누르도록 하소서" 하였다.[49]

4) 묘청 백수한 등이 몰래 큰 떡을 만들어 그 속을 비게 하고는 구멍을 뚫어 熟油를 담아 대동강에 빠뜨리니 기름이 물 위에 떠 올라와 멀리서 바라보면 마치 오색과 같았다.[50]

묘청은 풍수지리·도교·불교가 가미된 팔성당을 만들어 왕의 마음을 사로잡기에 노력하였다. 또한 국왕이 서경에 왔을때 서경천도를 결정짓도록 재촉하였고 국왕이 머뭇거리자 서경이 서기가 서린 지역임을 증명하기 위해 대동강에 몰래 기름 넣은 떡을 집어넣어 상서로움을 조작하여 천도하라는 왕의 재가를 받아내려 하였다.

이자겸의 난이 진압된 후 서경세력이 등장할 때 묘청 등은 금을 제압하는 일을 목표로 삼고 이를 이루기 위한 구체적인 방안으로써 서경천도 등 일련의 개혁을 주장했던 것이다. 그런데 국제정세의 변화로 금과 고려가 대립상태를 벗어남에 따라 서경파의 존재의의가 많이 약화되었으므로 이에 그들은 서경천도를 통한 정권의 장악에

---

48) 『高麗史節要』 권9, 仁宗 10年 2月. "幸西京時 妙淸白壽翰奏曰 上京地勢衰故 天降災孼 宮闕焚蕩 數御西京 以享無窮之業 王問諸日官 皆曰不可 鄭知常金安及大臣等曰 妙淸所言 卽聖人之法 不可違也 王乃以妙淸 爲隨駕福田 壽翰入內侍"
49) 『高麗史節要』 권9, 仁宗 10年 3月. "西京父老 檢校太師致仕李齊挺等五十人上表 請稱尊號建元 承妙淸鄭知常之意也 知常等因說王曰 大同江有瑞氣 此神龍吐涎 千載罕逢 請上應天心 下順人望 以壓金國"
50) 『高麗史節要』 권9, 仁宗 10年 閏4月. "妙淸白壽翰等 密作大餠 空其中 穿一孔 盛熟油 沈于大同江 油浮出水面 望若五色"

점차 주력하게 되었다.

　인종 또한 천도를 꿈꾸었지만 이는 서경세력을 이용해서 개경의 문벌귀족을 견제하여 왕권을 강화시키고 금의 압력을 배제시키는 것이 주목적이었다. 이제 금의 압력이 느슨해진 상태에서 詐術을 써서라도 천도를 강행하려는 서경파의 행위는 인종의 입장에서는 왕권을 억압하는 또 하나의 세력일 수 밖에 없었다. 인종은 서경파의 세력이 개경파와의 조화를 이루면서 왕권을 침해하지 않는 범위 내에서 이루어지길 기대했던 것이지 일방적으로 서경파가 주도권을 장악하는 것을 바랐던 것은 아니었다. 또한 천도도 왕이 주도하여 이루어져 왕권의 강화를 희망했던 것인데 사태는 엉뚱하게 변질되어 천도를 한다면 이번에는 문벌귀족 대신 서경파가 득세하여 왕권강화가 이루어질 가능성은 없어 보였다.

　송과 금의 대립상태에서 고려를 온전하게 유지시키려는 인종의 계획은 대외적으로는 무리 없이 진행되었던 것이지만 국내에서는 서경파의 반발이 강하게 대두되었던 것이다. 이에 인종은 두 세력중 하나와 손잡지 않을 수 없었다. 당시는 고려사회의 최대 현안인 금과의 대립관계가 소멸됨에 따라 천도의 정당성은 많이 퇴색된 상태였다. 인종의 입장에서는 왕권강화에 도움을 줄 수 없다면 굳이 천도를 강행해야할 이유가 없었다. 국왕의 갈등을 눈치챈 서경 반대세력은 이 때를 호기로 판단하고 반격을 시작하였다. 특히 대동강의 서기를 조작하기 위해 일부러 떡을 집어넣은 사실이 발각됨으로써 서경파의 정당성은 크게 타격을 받아 위축된 상태였다. 문벌귀족의 대표주자는 김부식이었다. 그러나 이자겸이 쫓겨남으로써 외척세력이 되어 새롭게 등장한 임씨집안도 점차 세력이 커져가고 있었다. 개경세력으로써 최초로 묘청 등을 공격한 임원애의 상서문부터 보기로 하자.

　　G-1) 同知樞密院使 任元敱가 상서하기를, "묘청·백수한 등이 방자하게
　　　　간특한 꾀를 내어 허황한 말로써 여러 사람을 속여 현혹시켰는데,

한 두명의 대신과 近侍들이 그 말을 깊이 믿어 위로 주상의 귀를 혹하게 하니 신은 장차 불측한 환란이 있을까 두렵습니다. 청컨대 묘청 등을 저자에 내다 목을 베어 화의 싹을 근절하소서" 하니 답하지 않았다.[51]

2) 直門下省 李仲, 侍御史 文公裕 등이 상소하기를, "묘청과 백수한은 모두 요망한 사람으로 그 말이 괴이하고 허망하여 믿을 수 없는데도 近臣 金安·鄭知常·李仲孚와 宦官 庾開가 그의 심복이 되어 여러 차례 서로 천거하고 그를 가리켜 성인이라 부릅니다. 또 대신 중에도 따라서 같이 믿는 자가 있어서 이로 인해 주상께서는 의심하지 않지만 정직한 인사들은 모두 미워하기를 원수같이 하니 원컨대 속히 배척하여 멀리하소서" 하였다. 말이 매우 간절하고 곧았으나 답이 없으니, 李仲 등이 물러가 待罪하였다.[52]

3) 국자사업 임완이 상소하기를 … 폐하께서 묘청을 총애하고 신임하시어 가까이 두고 친근하게 대하시니 대신까지도 서로 천거하고 찬양하기를 성인이라 하기에 이르렀습니다. 이는 뿌리가 깊고 꼭지가 굳어서 쉽사리 뽑아낼 수 없습니다. 그러나 대화궁의 役事를 일으킨 후부터 이미 7, 8년이 지났는데도 재변이 계속해서 일어나는 것은 하늘이 이로써 폐하께 경고하여 깨닫게 하기 위함입니다. 폐하, 어찌 한 간신을 소중히 여기시어 하늘의 뜻을 어기십니까. 원컨대 묘청을 베어 하늘의 경계에 응답하시고 민심을 위로하소서[53]

임원애와 이중, 문공유의 상서문에는 대금관계 내용이나 묘청 등

---

51) 『高麗史節要』 권10, 仁宗 10年 8月. "同知樞密院使 任元敳上書曰 妙淸白壽翰等 肆其姦謀 以怪誕之說 誑惑衆心 一二大臣 及近侍之人 深信其言 上惑天聽 臣恐將有不測之患 請將妙淸等 戮之於市 以絶禍萌 不報"
52) 『高麗史節要』 권10, 仁宗 11年 11月. "直門下省李仲 侍御史文公裕等上疏 言 妙淸白壽翰 皆妖人也 其言怪誕 不可信 近臣金安鄭知常李仲孚 宦者庾開 結爲腹心 屢相論薦指爲聖人 又有大臣從而信之 是以主上 不以爲疑 正人直士 皆嫉之如讎 願速斥遠 言甚切直 不報 仲等退而待罪"
53) 『高麗史節要』 권10, 仁宗 12年 5月. "國子司業林完上疏略曰 … 陛下寵信妙淸 左右近習 以至大臣 交相薦譽 以爲聖人 根深蒂固 牢不可拔 自起大華之役 今已七八年 而灾變疊至 天必以此 警悟陛下耳 陛下豈可惜一姦臣 而違天意乎 願斬之 以答天戒 以慰民心"

이 추구하려한 개혁 그리고 천도문제는 거론하지 않고 오직 풍수도참사상으로 왕과 관리들을 현혹시킨데 대한 비난만을 담고 있다. 그해 2월 국왕이 서경으로 출발할 때 비바람이 몰아치는 천재지변이 있었고 대동강에 기름 넣은 떡을 집어넣는 사건이 있었지만, 아직까지 개혁이나 서경천도에 대해서는 광범위한 지지가 있어 함부로 거론할 수 없었던 까닭이 아닐까 생각된다.

그러나 G-3)의 임완 상서문은 인종이 의구심을 가졌던 생각의 정곡을 찌른 것이었다. 즉 풍수도참설에 의존하여 대화궁을 설치했는데도 아무런 상서로운 기운은 보이지 않고 재변만 거듭 일어나는 것은 묘청의 서경천도가 불길함을 나타내는 것으로 볼 수 밖에 없다는 것인데 이를 인종도 내심 수긍하고 있었던 것이다. 그러나 개경파의 누구도 대금문제는 거론하지 않았다. 금에 대한 자주성의 요구는 그 정당성을 부인하기 어려우므로 거론할 수 없었던 것이 아닐까 생각한다. 이에 대금관계가 안정됨에 따라 서경세력을 견제할 필요성을 느끼게 된 인종은 묘청의 西京 移御를 거부하기에 이르렀고, 국왕의 신임을 잃음으로써 묘청은 서경천도 뿐 아니라 자신의 목숨조차 부지하기 어려운 상황에 다다르게 되었다.

Ⅳ. 묘청의 난

다음은 묘청의 난이 일어날 때의 구체적 상황을 기록한 글이다.

H. 妙淸은 分司侍郞 趙匡, 兵部尙書 柳旵, 司宰少卿 趙昌言·安仲榮 등과 함께 서경을 거점으로 하여 반란을 일으켰다. 왕명을 칭탁하여 西京 副留守 崔梓, 監軍事 李籠林, 御史 安至宗 등을 잡아 가두고 또 가짜 承宣 金信을 파견하여 西北面兵馬使 李仲과 그의 막료들, 그리고 각 성을 지키는 관리들을 잡아다가 모두 서경에 있는 소금창고에 가두었

다. 그리고 上京人으로서 서경에 와 있는 사람이면 귀천과 僧俗을 가리지 않고 모두 구금하고 군사를 파견하여 절령의 통로를 차단하였다. 또 사람을 파견하여 각 성의 병력을 강제로 동원시키고 인근 도로의 馬匹을 약탈하여 모두 성내로 끌어들였다. 국호를 大爲라 하고 연호는 天開로 제정하였으며 그 군대를 天遣忠義軍이라 하였다. 그리고 관속을 배치하였는데 兩府로부터 각 주군의 수령에 이르기까지 모두 서경 사람으로 임명하였다.[54]

묘청의 난은 인종 12년 초부터 그 조짐이 보이기 시작했다. 그 해 2월에 국왕이 서경에 거동하였을 때 대동강에 북풍이 일어 날씨가 갑자기 추워졌으며, 3월에 대화궁에 갈 때에도 폭풍이 불었고 이어서 이튿날에는 눈까지 내려 인종은 점차 불신과 의혹이 생겨났다고 한다. 그리하여 그 해 9월에는 묘청 등의 요청에도 국왕은 서경에 가지 않았으며, 12월에는 右正言 黃周瞻이 칭제건원을 주청하였을 때 왕이 대답하지 않았는데, 이를 묘청파 입장에서는 최후의 통첩을 의미한다고 판단하였다.

사실 일기는 큰 문제가 아니었다. 우리나라의 경우 전통적으로 음력 2월과 3월의 봄날씨는 항상 변덕이 심하였는데 새삼스럽게 날씨를 거론하는 것은 핑계에 불과하였고, 이를 묘청파도 눈치채고 있었다. 이즈음 國子事業 林完이 상소를 올려 묘청을 참수할 것을 요청하였던 것이다. 왕이 불응하기는 했으나 인종이 이전과 다름을 감지한 서경세력으로서는 이제 천도가 이루어지지 않는다면 그들은 정치적 생명뿐 아니라 목숨까지 위태로운 상황이 되었음을 느끼게 되었다.

---

54) 『高麗史』 권127, 列傳40 妙淸. "妙淸與分司侍郎趙匡 兵部尙書柳旵 司宰少卿趙昌言 安仲榮等 據西京反 矯制執副留守崔梓 監軍事李龍林 御史安至宗等囚之 又遣僞承宣金信 執西北面兵馬使李仲 幷諸僚佐 及列城守臣 皆囚西京塩庫 凡上京人在西都者 無貴賤僧俗 皆拘之 遣兵斷岊嶺道 又遣人 劫發諸城兵 掠近道牧馬 皆入城 國號大爲 建元天開 號其軍曰天遣忠義 署官屬 自兩府至州郡守 並以西人爲之"

이제 그들은 무력을 통해서라도 정치적 주도권을 장악하기 위해 西京吏民의 지지를 기반으로 반란을 일으켰다.

妙淸·趙匡·柳旵·趙昌言·安仲榮 등은 서경에서 반란을 일으켜, 우선 왕의 조서를 날조하여 서경에 있던 西京副留守 崔梓, 監軍事 李籠林, 御史 安至宗 등을 가두었다. 또 僞承宣 金信을 파견하여 안북도호부로 가서 그 곳에 있던 西北面兵馬使 李仲과 여러 관료들, 각 성의 守將을 끌고와 모두 서경의 소금창고에 가두었다. 묘청의 난은 발발 초기부터 서북지방까지 어느 정도 세력이 미쳤던 것으로 추정된다. 그리하여 그들은 신속하게 절령을 차단하여 반역 사실이 중앙에 알려지는 것을 막고 서북지방의 군대를 정비한 후에 바로 서울로 침공하려고 하였다.

그러므로 『高麗史』 妙淸傳에 실린 것처럼 묘청 등이 개경에 있는 白壽翰·鄭知常·金安 등의 서경파와 미리 모의했다고 생각되지는 않지만 그가 비밀리에 난을 일으켜 급속하게 서울을 함락시키려 할 때 그들의 내응을 기대했을 것이다. 즉 그들이 서경에 진입하려고 할 때 국왕 가까이 있으면서 왕을 설득하여 서경파에 유리한 분위기를 조성하여 속히 그들이 바라는 일들을 달성하려 한 것 같다. 묘청 등이 반란을 일으켰을 때 백수한은 그의 친구가 속히 서경으로 오라는 편지를 보냈음에도 개경을 벗어나려는 시도를 하지 않았을 뿐 아니라 오히려 그 편지를 왕에게 보여 국왕의 반응을 살폈다. 편지를 보고도 모르는 척 하기로 한 것으로 보아 인종은 초기에는 서경파와 개경파의 세력을 저울질하여 강한 편에 서려고 한 것 같다. 인종의 모호한 태도에 힘을 얻은 백수한·정지상 등은 적어도 자신들의 신변은 안전하리라고 추정하고 서경세력이 빨리 개경을 공략하기를 기대했으리라 보여진다.

그러나 한발 앞서 김부식 등의 개경파는 묘청 난의 확산을 막는다는 명분으로 출병하기 전에 鄭知常·白壽翰을 왕명도 받지않고 죽여

버리고 같은 서경파인 蔭仲寅·李純茂·吳元帥·崔逢深 등을 귀양보내어 서경 반란군과 단절시켰다. 이로써 서경파의 의도는 실패로 돌아갔으며 반란을 일으킨 이상 인종도 이상 더 서경파와 연결할 명분이 없었다.

또한 묘청 등 서경파는 지나치게 서경출신 중심으로 관원을 배치하여 서경민의 이익을 중심으로 정책을 시행하고, 서북지역 토호와 농민들의 이익과도 부합될 수 있는 반란의 정당성을 표명하지 못함으로써 반란 초기부터 흔들리기 시작했다. 다음 기록을 보자.

I-1) 西人이 成州로 와서 왕명을 칭탁하여 防禦官僚를 체포하고 人家로 흩어져 들어가서 음식을 토색하였는데 고을 사람들이 그들의 거짓을 알아차려 5~6명을 때려죽이고 20명은 가두어 둔 후 조정에 급보하였으므로 왕이 詔를 내려 奬諭하고 관료들에게 藥을 각각 한 銀合씩 주었으며 장수와 아전에게도 폐백을 차등 있게 주었다.[55]

2) 漣州아전 康安世, 중랑장 金仁鑑이 가짜 병마부사 李子奇와 가짜장군 李英 및 그 부하 600여명을 포로로 하였으므로 왕이 또 장려하는 교지와 비단 2필, 채단 8필을 주었다. 여러 성에서 이 소식을 듣고 서적 1,200명을 살상하거나 포로로 했다.[56]

成州와 漣州는 후일 명종대 서북민의 항쟁에서는 조위총에 적극 호응하여 반란이 일어난 지역이었다. 그런데도 묘청에 대해서는 호의를 보이지 않는 것은 그가 왕명을 칭탁하고 강제로 서북민을 군인으로 징발한 데 있는 것 같다. 주지하다시피 양계는 고려의 군사적인 특수지대로서 병마사, 감창사 등 중앙에서 파견된 군사조직과 더불

---

55) 『高麗史』 권127, 列傳40 妙淸. "西人至成州 矯制執防禦官僚 散入人家飮食 州人知其僞 擊殺五六人 囚二十餘人馳聞 王奬諭 賜官僚藥各一銀合 將吏幣帛 有差"

56) 『高麗史』 권127, 列傳40 妙淸. "漣州吏康安世 中郎將金仁鑑 捕僞兵馬副使李子奇 將軍李英 及卒六百餘人 王又奬諭 賜錦二段 綵帛八匹 諸城聞之 擒殺西賊 一千二百餘人"

어 도령이라는 토착세력도 존재하였다. 그가 서북민의 적극적인 지지를 끌어내려면 왕명을 사칭하기 보다는 그들의 불만이나 애향심을 자극하는 편이 더욱 효과적이었을 것이다. 그들이 반란을 일으키면서 국왕을 옹립하지 않은 점에서 보듯이 고려왕조를 부정한 것도, 옛 고구려를 회복시키겠다는 의지를 드러낸 것도 아니었다. 더욱이 국호를 정하면서 정부 소속의 모든 관리를 서경인으로 함으로써 서경과 서북지방의 괴리감만을 강조하는 결과를 낳게 되었다. 묘청 등은 서북지방의 군대를 징발하여 속전속결로 개경을 공격하여 함락시킨다면 정권을 장악할 수 있으리라는 안일하고 타성적인 지배층의 자세에서 조금도 벗어나지 않았으므로 서북민의 전폭적인 지지를 유발시킬 수 없었을 뿐 아니라 오히려 개경정부와 마찬가지로 백성을 수탈함으로써 반감을 사게 되었다. 그는 지방 농민들의 불만이 상존함에도 이를 수렴하는 능력이 부족했을 뿐 아니라 주민들을 그의 편으로 끌어들이기 위해서라도 그들의 요구를 받아들여야 한다는 당위성조차도 인식하지 못했던 것 같다. 농민의 역할에 대한 인식이 부족한 점이 묘청 등 서경파의 한계성이었다. 그러면 이제 김부식의 진압책을 살펴보기로 하자.

   J-1) 또 듣건대 賊徒가 制書를 위조하여 양계에서 징병하였으므로 여러 성에서는 의심하여 진위를 분별하지 못하고 있는데 만일 姦人이 賊徒에 호응하여 안팎이 서로 연결되어 도로가 막힌다면 이보다 더 큰 화가 없게 된다. 지금의 정세로는 군사를 이끌고 사잇길을 따라 적의 배후로 돌아나가서 여러 성의 군량을 빼앗아 대군을 먹이고, 順逆으로 잘 타일러서 서적과 절교하게 해야 한다. 그런 후에 군대를 증가시키고 군사를 휴식시켜 국위를 선양하여 적중에 격문을 보내고는 서서히 대군을 몰아 위압하는 것이 만전의 계책이다.[57]

---

57) 『高麗史節要』 권10, 仁宗 13年 正月. "又聞賊徒矯制 徵兵兩界 列城狐疑 莫辨眞僞 萬一有姦人應之 表裏相結 道路梗塞 禍無大於此矣 今不若引軍 從間道 繞出賊背 取諸城軍資 以餉大軍 告諭順逆 使與西賊絶交 然後 益

2) 錄事 金子浩 등을 보내어 칙서를 품고 샛길로 양계의 城鎭을 돌면서 서경적도의 모반한 정상을 고하고 효유하였으나 지방의 인심이 오히려 관망하는 태도이더니 대군이 도착하기 시작하자 비로소 모든 성이 떨고 두려워하며 관군을 맞아들였다.[58]

김부식은 이미 서북지방의 민심이 서경파에 기울어졌다고 파악하고 있었다. 그리하여 그는 서경에 가서 바로 토벌을 감행하지 않고 서북지방이 반란에 가담하지 않도록 적절히 회유한 뒤에 서경을 고립시키는 작전을 시행하려고 하였다. 김부식이 양계 주민에 의해 도로가 막힐 것을 걱정하고, 개경관리가 국왕의 칙서를 가지고 서경반란을 알리고 설득하니 지방인심이 관망하였다는 기사는 서북지방에서는 成州・漣州 등 일부지역을 제외하고는 정부군에 유리하기만 한 여건이 아니었음을 알 수 있다. 이로 보아 서북지방 주민의 상당수는 동요하고 있었으므로 묘청이 조금이라도 주민들을 의식하고 그들이 바라는 일들을 수렴하여 시행하려는 자세를 가졌더라면 쉽게 무너지지 않았으리라 여겨진다.

속전속결로 개경을 공략하려던 서경 반란세력의 작전이 주위 서북민의 미온적인 태도와 김부식의 서경고립작전과 서북민 회유작전에 의해 실패로 돌아가자 반란세력 내부에는 강경하게 밀고 나가자는 묘청파와 강화를 주장하는 조광 등의 온건파 사이에 분열이 일어났다. 결국은 조광이 묘청과 유감, 그리고 유감의 아들 호의 머리를 베어 정부군에 항복함으로써 사태는 일단락되는 듯 하였다. 그러나 개경정부 내에서도 항복을 받아들이자는 견해와 이를 기회로 삼아 강경진압하여 서경세력을 철저히 타도하자는 견해로 나뉘었다. 이는 강경파에 의해 묘청 등 반란군 수뇌의 목을 가져온 分司大府卿 尹瞻, 少監 趙昌

兵休士 宣揚國威 飛檄賊中 徐以大兵臨之 此萬全之計也"
58) 위의 책. "先遣錄事金子浩等 懷勅間行 歷兩界城鎭 告諭西賊反狀 人心猶懷顧望 及大兵始至 列城震懼 以迎官軍"

言, 大將軍 郭應素, 郎將 徐挺 등을 가둠으로써 서경민으로 하여금 재봉기하게 하는 계기를 가져오게 되었다. 다음 기록을 보자.

> K. 趙匡 등은 尹瞻 등이 갇혔다는 소식을 듣고 결코 면치못할 것이라 짐작하고는 다시 반역하였다. 殿中侍御史 金阜, 內侍 黃文裳과 윤첨 등을 보내어 서경에 조서를 반포하였는데, 김부 등이 은혜로 위무하지 않고 위엄으로 억압하니 西賊들이 원망하고 분노하였다.59)

이로부터 묘청의 난은 묘청 등이 서경에 천도하게 하여 주도권을 장악하기 위한 반란이 아니라 서경민이 중심이 되어 구체제에 대결하기 위한 농민항쟁의 성격이 표면화되기 시작했다. 우선 여기에서 김부식 등 수구파의 성격을 살펴보기로 하자.

> L. 왕이 김부식, 崔溱 등을 불러 술을 마시고, 부식에게 명하여 송나라 司馬光의 遺表와 訓儉文을 읽게 하고는 한동안 칭찬하고 이르기를, "사마광의 忠義가 이와 같은데 사람들이 姦党이라 부르는 것은 무슨 까닭이냐" 하니 부식이 아뢰기를, "왕안석의 무리들과 서로 친하지 않았기 때문이요 실상은 죄가 없습니다" 하였다. 왕이 이르기를, "송나라가 망한 것이 반드시 이에 말미암은 것이라고 아니할 수 없다" 하였다.60)

宋 仁宗 慶曆연간(1014~1048)에 대토지 겸병으로 인한 토지소유관계의 모순으로 수차례의 農民起義가 일어났으나 송 정부는 국내외의 모순을 개혁하지 못하였다. 신종대에 이르러 王安石을 참지정사에 임명하고 변법을 세워 부국강병과 농민층의 누적된 모순을 해결

---

59) 『高麗史節要』 권10, 仁宗 13年 正月. "趙匡等聞 瞻等被囚 謂必不免復叛 遣殿中侍御史金阜 內侍黃文裳與尹瞻 頒詔書西京 阜等不以惠撫慰 劫之以威 西賊怨怒"
60) 『高麗史節要』 권10, 仁宗 17年 3月. "召金富軾崔溱等置酒 命富軾 讀司馬光遺表 及訓儉文 王嘆美久之曰 光之忠義如是 而是人謂之姦黨 何也 富軾對曰 以與王安石輩 不相能耳 其實無罪 王曰 宋之亡 未必不由此也"

하도록 하였다. 均輸法, 靑苗法, 募役法 등으로 불리우는 신법의 요지는 농업생산 발전을 위해 농민으로 하여금 생산에 종사할 조건을 갖게 하고 또 겸병을 통제하고 요역을 감면하며 경작·수확 할 시기에는 농민을 도와 노동력의 부족함을 보완하는 것이었다. 이를 위해 부호들의 토지겸병과 고리대 활동에 제약을 가하여 하층과 자영농으로 하여금 농업생산에 주력할 수 있게 하였다. 이같은 개량적 시책으로 빈곤한 농민이 신법에서 얻을 수 있었던 이익은 제한되어 있었으나 당시의 계급모순을 다소 완화시키고 북송의 통치체제를 안정시키는 효과는 있었다. 그런데 신종이 죽은 후 왕실과 부호세력에 밀려 왕안석이 쫓겨나고 수구파의 수뇌인 사마광이 재상에 기용되었다. 이로 인해 신법이 폐지되어 송의 국력은 더욱 쇠약해져갔다.

따라서 김부식이 사마광에게 호의적인 것은 구체제를 옹호하고 개혁을 거부하는 자신의 입장과 같기 때문이었다. 이와 같은 김부식 등의 수구세력에 대한 거부감이 서경민의 봉기가 1년이나 지속되게 한 원인이었다. 그러면 여기에서 반란에 가담한 인물들을 살펴보기로 하자.

M-1) 妙淸이 分司侍郞 趙匡, 兵部尙書 柳旵, 司宰少卿 趙昌言 安仲榮 등과 함께 서경에서 반란을 일으켰다.[61]

2) (서경성이 함락되자) 趙匡이 어찌할 바를 몰라 온 가족이 스스로 불을 질러 타죽고, 郞中 維偉侯, 彭淑, 金賢瑾은 목매어 죽고, 鄭璇, 維漢侯, 鄭克升, 崔公泌, 趙瑄, 金澤升은 목을 찔러 자결했다.[62]

3) 적의 괴수 崔永, 大將軍 黃麟, 將軍 德宣, 判官 尹周衡, 注薄 金智와 趙義夫, 長史 羅孫彦의 목을 베어 3일간 매달았다.[63]

4) 趙匡, 崔永 등 7명과 鄭璇, 金信과 그의 아우 金致, 鄭知常, 李子奇,

---

61) 『高麗史節要』 권10, 仁宗 13年 正月.
62) 앞의 책, 仁宗 14年 2月.
63) 위와 같음.

白壽翰, 趙簡, 妙淸, 柳旵과 旵의 아들 浩, 鄭德桓 등의 처자는 모두 東北 여러 城의 노비로 삼았다.64)

5) 醫學博士 金公鼎 이하 여러 사람과 尹瞻의 親屬과 늙은이와 어린이 및 廢疾者는 모두 용서하였으며, 그 나머지 兩班은 모두 잡아 서울로 압송하여 옥에 가두었다. 용감하고 사납게 항거한 자는 西京逆賊 네자를 刺字하여 海島로 귀양보내고 그 다음은 西京 두자를 刺字하여 鄕·部曲으로 나누어 유배하였으며 그 나머지는 여러 州·府·郡·縣에 分置하고서 그 처자는 편의대로 거주하도록 하여 良人이 되는 것을 허락하였다.65)

6) 성 밖에는 본래 민가가 매우 많았는데 병란이 생긴 이후 대부분 성중에 들어가 병정이 되었고 나머지는 산골짜기로 들어가 숨어 있었다.66)

묘청, 조광, 유감 등 반란 수뇌부의 몇몇 이름을 제외하고는 이들이 어떤 인물이었는지 그 행적은 알 수 없다. 그러나 大將軍, 將軍, 判官 뿐 아니라 注簿, 長史의 직책을 가진 인물까지 거론되고 있는 것으로 보아 서경유수와 몇몇 관료, 그리고 서북면 병마사 등 중앙에서 파견된 일부 관원을 제외하고는 전부 반란에 가담하였다고 추정된다. 뿐만 아니라 서경의 양반 등 지배층과 일반 백성들까지도 모두 합세하였다. 만약 서북계의 도령 등 지배층과 농민들이 가담했더라면 김부식이 서경성만을 포위한다고 진압될 성격의 단계를 넘어서는, 고려왕조가 뒤흔들릴 정도로 규모가 커졌으리라 보여진다. 이 사실은 명종대의 조위총이 주도하는 서북민의 항쟁에서 잘 보여주고 있다.67)

서경의 토호층이 적극 가담한 이유는 무엇일까. 그들은 서경을 발

---

64) 주 63)과 같음.
65) 『高麗史節要』 권10, 仁宗 14年 2月.
66) 『高麗史』 권98, 列傳11 金富軾.
67) 李貞信, 1991, 「西北地域의 農民抗爭」 『高麗 武臣政權期 農民·賤民 抗爭 硏究』, 高大民族文化硏究所.

판으로 중앙에 진출하고자 하는 욕망은 컸으나 현실적으로 개경세력에 의해 봉쇄되었기 때문이라고 생각한다.

문종대 이후로 개경은 수도로서의 지덕이 쇠하여 서경으로 천도해야 한다는 논의는 끊임없이 있었고 예종대에는 이곳에 궁궐을 건립하기까지 했다. 고려왕조 수립이래 태조 때부터 서경은 북진정책의 표상으로 중시되었으며, 定宗·穆宗대에는 실지로 서경세력이 정권을 장악하기도 했다. 그러나 현종이래로 개경을 중심으로 정치권력이 편성됨에 따라 지방출신이 중앙에 진출하기는 점차 어려워져 갔고, 이는 제2의 수도라 볼 수 있는 서경도 예외는 아니었다. 이에 서경세력의 불만을 달래기 위하여 만든 기구가 分司制度였다고 보여진다.68) 이같은 개경 문벌귀족들의 강대한 세력은 이제 왕권을 억압하였고, 그 결과 이자겸의 난이 발생하였던 것이다.

서경천도운동시 鄭知常이 "우리가 만일 주상을 받들어 西都로 가서 이곳을 上京으로 삼는다면 당연히 中興功臣이 될 것이니 이는 다만 현재 나 한 몸이 부귀할 뿐 아니라 자손에게도 무궁한 복이 될 것이다"69) 라고 한 말은 당시 서경 지배층의 심정을 그대로 피력했다고 보여진다. 서경 토호들의 입장에서는 대금정벌이라는 대외관계가 큰 문제가 아니었으니, 반란이 일어난 이후에 금나라 정벌과 관계된 언급이 전혀 보이지 않는 데서 추정할 수 있다. 더구나 毅宗 元年에는 西京人인 李淑·柳赫·崇晃 등이 금나라 군사를 끌어들여 반란을 모의한 사실70)에서도 그 편린을 짐작할 수 있다.

---

68) 『高麗史』 권77, 百官2 西京留守官. "睿宗十一年 改諸學士院 爲分司國子監 判事一人 三品兼之 祭酒一人 少監以上兼之 司業一人 員外郎以上兼之 博士一人八品 助教一人九品 刻漏院 爲分司大史局 知事不限員數 常參兼之 參外三人 七八九品各一人 醫學院爲分司大醫監 判監知監 不限員數 以本職高下兼之 參外二人 八九品各一人 禮儀司爲典禮司 知司事二人 常參兼之 判官二人 本司兼主 祭享其間 閱樂不便 別立閱樂院 知院一人 常參兼之 判官二人權務 其兩班政事 與上京同"

69) 『高麗史節要』 권9, 仁宗 6年 8月.

그러면 농민들이 여기에 적극 가담하여 무려 1년 이상 항쟁한 이유는 무엇일까. 위의 기록에 의하면 서경의 농민층 뿐만 아니라 늙은이와 어린이, 부녀자, 심지어는 폐질자까지도 가담했다는 것으로 보아 적어도 서경민은 모두 한마음으로 반란에 가담했으리라 보여진다. 이에 대해 시사를 줄 수 있는 것으로써『高麗史』地理志[71]를 보자.

  西京留守官 平壤府: 文宗十六年 復稱西京留守官 置京畿四道 肅宗七年 設文武班及五部 仁宗十三年 西京僧妙淸及柳旵 分司侍郎趙匡等 叛 遣兵斷昷嶺道 於是命元帥金富軾等 將三軍討平之 除留守監軍分司御史外 悉汰官班 尋削京畿四道 置六縣
  江東縣: 仁宗十四年分京畿爲六縣 以 仍乙舍鄕 班石村 朴達串村 馬灘村 合爲本縣 置令 仍爲屬縣 後屬於成州
  江西縣: 仁宗十四年分京畿爲六縣 以 梨岳 大垢 甲岳 角墓 禿村 甑山 等鄕 合爲本縣 置令 仍爲屬縣
  中和縣: 仁宗十四年分京畿爲六縣 以 荒谷 唐岳 松串等九村 合爲本縣 置令 仍爲屬縣
  順和縣: 仁宗十四年分京畿爲六縣 以 楸子島 櫻遷村 龍坤村 禾山村 合爲本縣 置令 仍爲屬縣 後屬於祥原
  三和縣: 仁宗十四年分西京畿爲六縣 以 金堂 呼山 七井三部曲 合爲本縣 置令
  三登縣: 仁宗十四年分西京畿爲六縣 以 成州所屬 新城 蘿坪 拘牙等 三部曲 合爲本縣 置令

묘청의 난이 진압된 직후 인종은 서경의 留守·監軍·分司御史臺를 제외한 나머지 官班을 모두 없애버려[72] 지금까지 독립된 수도형태의 행정기구를 축소시켰으며, 서경에 소속된 영역을 6개의 현으로 나누

---

70)『高麗史節要』권11, 毅宗 元年 11月.
71)『高麗史』권58, 地理3.
72)『高麗史』권77, 百官2 西京留守官.

어 서경의 지배하에서 분리시켰다. 이는 물론 서경에 대한 응징의 성격을 지닌 것으로써, 정치적·경제적으로 서경세력의 약화를 기도한 것이었다. 그러나 한편으로는 백성들의 요구를 수렴한 것으로도 생각할 수 있다. 향·부곡 그리고 소규모의 촌락을 합하여 현으로 승격시켜 주고 이곳에 현령을 파견한 것은 西京畿 주변지역의 승격을 의미하는 것이었다. 이는 주·군·현 지방관의 수탈에 못이겨 속현을 중심으로 유망민이 발생하자 중앙에서 파견했던 예종대의 감무보다 한 단계 높은 현령을 파견함으로써 국가에서 서북지방의 농민들을 위무하기 위한 조처라고 보여진다. 그러므로 농민들이 묘청의 난에 가담한 것은 서경천도나 금국정벌보다는 오히려 그들의 현안인 수탈체제에 대한 반발임을 알 수 있다. 개경정부도 이 점을 파악하고 있었기 때문에 농민에 대해서는 응징보다 일정하게나마 그들의 요구를 수렴하려고 했던 것이다. 묘청의 난을 타도하고 정권을 잡은 김부식 등이 개혁에 눈을 돌리지 않는 문벌귀족의 이익을 위한 수구정권임에도 불구하고 이와 같이 인식하였다는 것은 농민들의 불만이 광범위하게 퍼져 있어서 고려정부도 위기의식을 느끼고 있었음을 보여준다. 따라서 이와 같은 농민들의 지지가 있었기에 묘청의 난이 1년 이상이나 지속될 수 있었던 것이다. 이 점에서 묘청의 난은 명종대 전국적으로 발생했던 농민항쟁의 전초적인 성격을 지니고 있다.

V. 맺음말

고려 인종대는 국내외적으로 다사다난한 시기였다. 대내적으로는 문벌귀족이 득세하여 이자겸의 난이 발생하였으며 대외적으로는 금이 건국하여 고려를 위협하고 있었다. 특히 대외관계에 있어서 금의 대두와 고려에의 압력은 예종대만 하더라도 부모의 나라로 섬기던 여진이 고려에 군신의 예를 강조했다는 점에서 견딜 수 없는 치욕이었다. 인종은 이자겸의 난을 겪은 후 자주성의 확보와 왕권을 강화하기 위한 방법으로 서경천도를 생각하게 되었다. 이 시기에 묘청이 등장하였다. 묘청 등 서경파는 구태연한 문벌귀족의 사회에서 백성의 생활을 안정시키며 국력을 강화시켜 금과 대적하기 위해서는 개혁이 필요함을 인식하였다. 그들은 우선 개혁을 위해서는 정치적 주도권을 잡는 것이 필요하고 이를 위해서는 그들의 세력근거지인 서경천도가 필수적이라고 판단하였다. 인종도 왕권강화를 꿈꾸고 있었으므로 쉽사리 서경파의 견해에 동조하였던 것이다.

　그러나 서경에 궁궐이 완성되어 본격적으로 천도를 거론할 즈음인 인종 8년 경이 되면서 국제정세에 변화가 있었다. 그동안 승승장구 송을 격파하던 금이 송의 반격으로 여러 지역에서 고전함으로써 고려에 대한 자세도 유연해지기 시작했다. 금의 입장에서는 송과 고려가 연합한다면 불리해질 수 밖에 없었기 때문이었다. 금의 입장을 눈치챈 고려는 송과 연합하여 전쟁을 유발할 의사가 없으면서도 금의 태도여하에 따라 전쟁을 일으킬 수도 있다는 태도를 묘청파를 내세워 적극 활용하였다. 묘청의 정금론은 고려정부에 대한 금의 압력을 완화시키는 결과를 가져왔다.

　그러나 인종 8년 12월에 금은 보주문제를 거론하지 않기로 하고 고려는 군신의 예를 취하는 것으로써 금과 외교적인 타결을 맺게 되었다. 이제 개혁정치와 정금론 그리고 서경천도를 주장하는 세력은 국왕이나 개경귀족 입장에서 볼 때 귀찮은 존재일 수 밖에 없었다. 묘청이 풍수도참을 내세우면서 서경천도를 주장하자 개경세력 또한 풍수도참을 이용해 불가함을 주장하였다. 즉 서경에 궁궐을 세웠는데도 재변이 거듭 일어났으므로 그들의 견해가 틀렸을 뿐 아니라 한 걸음 더 나아가 혹세무민의 죄로 묘청 등 서경세력을 처단해야 한다고 주장하였다. 이에 천도는 커녕 목숨조차도 부지하기 어려움을 간파하고 묘청 등은 반란을 일으켰던 것이다.

　이 과정에서 묘청 등 반란 지도부가 반란을 일으킨 지 한달 이내에 내부적인 분열로 살해되었음에도 난이 무려 1년 이상이나 지속된 것은 서경 지배층의 정치관여 욕구와 농민층의 개경정부의 수탈체제에 대한 반발이 있었기 때문이었다. 이를 인식한 개경정부는 반란이 끝난 직후에 서경의 留守·監軍·分司御史臺를 제외한 나머지 官班을 모두 없애버려 지금까지 독립된 수도형태의 행정기구를 축소시켰으며, 서경에 소속된 영역을 6개의 현으로 나누어 서경의 지배하에서 분리시켰다. 이같이 정부는 정치적·경제적으로는 서경세력을 위축시키면서 한편으로는 서경주위의 향·부곡·촌락 등을 현으로 승격시켜 주고 현령을 파견하여 농민들을 위무하기에 노력하였다. 이 점에서 묘청의 난은 중앙세력과 지방세력의 권력다툼에서 한 걸음 더 나아가 앞으로 일어날 민란의 전초전적인 성격도 내포하고 있다고 보여진다. 이같이 묘청 등 서경파의 대두와 반란으로 이어지기까지의 일련의 과정은 국내의 모순이 폭발된 정변이나 민란의 성격 뿐 아니라 금과의 갈등 또한 밀접한 연관이 있었음을 알 수 있다.

제 4 장

의주민의 항쟁과 동진과의 연합

Ⅰ. 머리말
Ⅱ. 의주의 연혁과 항쟁의 배경
Ⅲ. 의주민 항쟁의 발발
Ⅳ. 정부의 대응
Ⅴ. 의주민과 동진과의 결탁
Ⅵ. 동진과의 2차 연합항쟁
Ⅶ. 맺음말

I. 머리말

　고종 3년부터 시작된 북방 이민족의 고려 침입은 거란·여진에 이어 몽고의 대대적인 공격으로 인하여 전국이 혼란에 휩싸이게 되었다. 신종대 경주지역의 농민봉기 이래로 소강상태에 빠져있던 농민들은 거란의 침입으로 인해 고려사회가 동요하게 되자 고종 3년의 양수척의 거란투항을 시작으로 다시 일어나기 시작하였다. 최충헌은 이전에 발생했던 농민봉기에서 무자비한 탄압을 자행했을 뿐 농민의 요구를 거의 수렴하지 않았으므로 고려정부가 외적의 침입으로 허약한 틈을 타서 다시 봉기하게 된 것이다. 거란 침입기에 일어났던 농민 천민의 항쟁은 楊水尺, 개경 僧徒, 전주 군인, 振威縣民, 서경의 崔光秀 그리고 의주민의 항쟁을 들 수 있다. 이는 지방관이나 토호의 수탈, 권세가의 토지겸병, 그리고 최충헌 독재체제를 강화시키기 위한 새로운 권력기구의 창출 등으로 농민의 부담이 늘어난 고려사회 내부의 모순이 외적침입이라는 혼란기에 농민봉기로 폭발한 것이었다. 물론 이 중 고종 4년 정월에 李將大·李唐必이 주도하여 일으킨 진위현민의 봉기는 스스로 의병이라고 칭하여 외적방어의 목표를 드러낸 경우도 있었지만 그 밖의 봉기는 대부분 반정부 성격이 뚜렷이 나타나고 있다.

　양수척은 지배층의 침탈을 이기지 못하여 거란에 투항하였으며, 전주 군인들은 거란의 남침을 막기위해 출정하는 도중에 이를 거부하고 되돌아와 長吏를 살해하고 봉기하였다. 특히 서경의 최광수는 고려라는 국가를 부정하는 고구려 부흥을 계획하였고, 의주의 한순·다지는 강동성에서 거란이 함락되고 몽고가 물러간 이후에 봉기하여 외세타도가 목적이 아닌 반정부 항쟁임을 나타내고 있다.

본고에서는 고종 6년에 한순·다지를 중심으로 반란을 일으켜서 나중에는 금이나 동진과 연합하여 고려정부를 공격하려 했던 의주민의 항쟁을 중심으로 농민봉기의 성격과 그 지향하는 바를 살피며 아울러 외세와 결탁하여 고려정부와 대치하는 고려민의 국가의식도 규명해 보고자 한다.

의주민의 항쟁에 대한 기존의 연구성과는 고종 이후의 외세침입기 농민항쟁 전체를 설명하면서 소략하게 다루고 있는데,[1] 이는 사료의 부족으로 항쟁의 내용과 그 성격이 분명하게 드러나지 않는데 기인한다고 보여진다. 본고는 명종 4년 서북민의 항쟁이래로 가장 큰 규모이고 그 연장선상에서 파악할 수 있는 의주민의 항쟁을 중점적으로 규명하여 외세 침입기 농민항쟁의 한 유형을 살펴보고자 한다.

Ⅱ. 의주의 연혁과 항쟁의 배경

우선 의주의 연혁부터 살펴보기로 하자.

A-1) 의주는 원래 고구려의 용만현으로써 또 화의라고도 한다. 처음에 거란이 압록강 동쪽 해안에 성을 쌓고 보주라고 불렀고, 문종때에 거란은 또 궁구문을 설치하여 포주라고 불렀다. 예종 12년에 요나라 자사 상효손이 도통 야율영 등과 함께 금나라 군대의 공격을 피하여 해로로 도망쳐서는 내원성과 포주를 우리나라에 돌려주겠다는 편지를 영덕성에 보내왔으므로, 우리나라 군대가 그 성에 진주하여 무기와 물자 및 양곡 등을 거두어 들였다. 왕이 기뻐하며

---

1) 白南雲, 1937, 「農民一揆」『朝鮮封建社會經濟史』上, 改造社.
김석형, 1989, 『봉건지배계급에 반대한 농민들의 투쟁-고려편』, 열사람.
邊太燮, 1973, 「農民 賤民의 亂」『한국사』7, 국사편찬위원회.
劉璟娥, 1988, 「高麗 高宗·元宗時代의 民亂의 性格」『梨大史苑』22·23합.
李貞信, 1993, 「13세기 농민 천민 봉기」『宋甲鎬敎授 停年退任記念論文集』.

의주방어사로 고치고 남방 백성들을 추쇄하여 이곳에 이주시켰는데, 이로서 다시 압록강을 국경선으로 하고 관문을 설치하였다. 인종 4년에 금나라가 다시 이 주를 반환하였다. 고종 8년에 반란을 일으켰으므로 주를 낮추어 함신이라고 칭하다가 얼마 후에 다시 원래대로 고쳤다.2)

2) 김연이 급히 달려와 아뢰기를, "금나라 군사가 요나라의 개주[鳳凰城]를 쳐서 차지하고 내원성 아래의 大夫·乞打·柳白 세 영을 습격하여 전함을 모두 불태웠습니다. 그런데 거란의 統軍 耶律寧이 내원성의 刺史 常孝孫 등과 함께 그 무리를 인솔하여 140척에 싣고 강기슭에 나와 정박하면서, 우리나라 영덕성(평북 의주)에 통첩을 보내어 내원·포주 두 성을 돌려준다 하고는 드디어 해상으로 도망하였습니다"고 하였다.3)

의주는 고려의 최전방으로써 고구려 멸망 이후부터 예종 12년 (1117)에 고려가 이 지역을 회복할 때까지 북방 이민족이 주로 거주하고 있었다. 고구려 멸망 후 발해·신라의 남북국 시대에는 그 지리적 위치로 볼 때 발해의 영역이었으리라 생각되나 발해가 세워지면서 처음부터 이 지역을 장악했던 것 같지는 않고 후일 영역을 넓혀가는 과정에서 발해의 국토로 편입된 것 같다. 그러나 이 곳은 『고려사』·『세종실록지리지』 등 그 어느 곳에도 발해때 불린 명칭이 나타나지 않는다. 그러므로 남북국시대의 영역 문제에서 다소 의문이 남

---

2) 『高麗史』 권58, 地理3 義州. "義州 本高麗龍灣縣 又名和義 初契丹置城 于鴨綠江東岸 稱保州 文宗朝 契丹又設弓口門 稱抱州 睿宗十二年 遼刺史常孝孫 與都統耶律寧等 避金兵 泛海而遁 移文于我寧德城 以來遠城及抱州歸我 我兵入其城 收拾兵仗錢穀 王悅改爲義州防禦使 推刷南界人戶以實之 於是復以鴨綠江爲界 置關防 仁宗四年 金亦以州歸之 高宗八年 以叛逆降稱咸新 尋復古"

3) 『高麗史節要』 권8, 睿宗 12年3月. "金緣馳奏 金兵攻取遼開州 襲來遠城下 大夫乞打柳白三營 盡燒戰艦 統軍耶律寧 與來遠城刺史常孝孫等 率其衆載船一百四十修艘 出泊江頭 移牒我寧德城 以來遠抱州二城 歸于我 遂泛海而遁"

아 있으나4) 이곳이 고려 초기에 거란·여진 등 이민족이 자유롭게 거주하고 있었다는 것은 『고려사』 여러 기록에 나타나고 있다. 의주의 중요성이 인식되기 시작한 것은 이곳이 고려로 편입되어 이민족과 국경선이 맞닿는 변방의 군사요충지가 되면서부터였다.

고려는 태조 이래로 북진정책을 써서 북방영역을 꾸준히 넓혀나갔다. 신라때의 평양·원산 이남의 영역에서 태조때 평양을 확보했으며, 정종 대에는 서경성과 德昌鎭(지금의 博川), 鐵甕城, 博陵(博川), 三陟, 通德(順川)에 축성하여 오늘날 평안남도의 상당부분을 고려로 편입시켰다. 이같은 시책은 광종 대에도 계속되어 長靑鎭(寧邊에 있음), 安朔鎭(寧邊), 樂陵郡(寧邊), 威化鎭(雲山) 등을 확보하고 동북으로 나아가 高州(高原)에 축성하였다.

고려의 북진책을 막기 위해 거란은 먼저 의주부근의 威寇·振化·來遠에 성을 쌓았다. 거란은 이를 기반으로 발해유민이 세운 定安國을 멸망시켜5) 고려와 연합할 가능성이 있는 배후세력을 없앤 다음 고려에 침입하였다. 그러나 거란과 송과의 관계를 파악한 서희가 나서서 강화를 맺어 고려는 오히려 영토를 넓히게 되었다. 이후 서희는 압록강 부근에 거주하던 여진을 쫓아내고 이곳에 長興(泰川) 歸化鎭과 郭州(郭山), 龜州(龜城)에 축성하였으며6) 압록강 나루에 句當使를 파견하여 고려의 영역으로 확보하였다. 그러므로 의주지방에 성을 쌓고 고려의 영역으로 확보한 것은 서희에 의해서 비로소 시작되어 성종 14년(995)에는 이곳에 安義鎭(義州), 興化鎭(靈州, 의주부근)을 설치하였던 것이다. 그런데 현종대에 들어서서 거란이 다시 40만의 군사로

---

4) 중국에서 출간된 『中國歷史地圖集』(1982, 隋唐·五代十國時期, 潭其驤主編, 地圖出版社)에는 평양에서 의주까지의 서쪽 해안지방이 당의 영역으로 그려져 있다. 우리나라 고등학교 『사회과 부도』의 남북국 시대에는 당의 영역, 신라 말기에 가서 발해의 영역으로 그려져 있으며 『한국민족문화대백과사전』(정신문화연구원)에는 당의 영역으로 그려져 있다.
5) 韓圭哲, 1994, 「발해유민과 고려」 『발해의 대외관계사』, 신서원.
6) 『高麗史』 권94, 列傳7 徐熙.

고려를 침입하여 홍화진을 포위하여, 압록강에 다리를 놓고 고려의 영역인 압록강 동쪽 연안의 宣化·定遠 두 진을 빼앗아 성을 쌓았다.[7]

이후 고려는 현종 10년(1019)에 의주에 永平鎭을, 20년에 威遠鎭·定戎鎭을, 그리고 이듬해에는 寧德鎭을 설치하여 북방경계를 강화하였다. 그리고 거란에게는 앞서 그들이 축성했던 선화·정원 두 성의 반환을 끊임없이 요구하였는데, 거란은 금나라에게 멸망당하기 직전에 고려에 돌려주겠다고 통고하여 위의 기록에서 보는 바와 같이 예종 12년에 비로소 돌려 받을 수 있었다. 이로 보아 의주는 북방민족과 대립하는 요충지로서 군사적으로 중요한 의미가 있음을 알 수 있다.

고려의 영토로 편입하면서 정부는 사민책을 써서 남도지방의 주민을 이주시켜 살게 했지만, 원래 살고있던 거란·여진 등 이민족도 상당수 존재하였다. 『고려사』 권94, 서희전에 의하면 <거란 동경으로부터 우리나라 안북부에 이르는 수백리의 땅에 모두 生女眞이 거주하고 있다>고 하여 여진족이 주로 많이 살았음을 나타내 준다. 예종대에 완전하게 고려의 영토로 편입되었음에도 불구하고 요를 멸망시키고 새로 금나라가 들어서자 금 황제는 고려의 기득권을 부인하고 "만일 고려가 保州路 및 그 변방의 사람들 중에서 고려 땅에 들어와서 사는 여진인을 돌려 보낸다면 보주를 주겠다"[8]고 하여 의주를 담보로 여진인을 소환시켜 줄 것을 요청하였다. 이에 인종은 "도망하여 이주한 사람들은 고려가 금에 복속하지 않았던 先王 대의 일이므로 지금 왕은 그 일에 대해 아는 바가 없어 대답할 처지가 못된다. 그리고 지난번 선유사 高伯淑을 통해서는 우리나라로 하여금 원하는 데로 하게 해놓고는 지금 다시 인구를 쇄환하려 하니 그 저의를 모르겠다"[9]고 하여 여진인을 돌려보낼 뜻이 없음을 분명히 하였다. 고려는 이들을 민호에 편입시켜 농지개발에 투입하거나 州鎭軍의 일원으

---

7) 『高麗史節要』 권3, 顯宗 6년 11月.
8) 『金史』 권135, 列傳73 外國 下 高麗傳.
9) 『高麗史』 권15, 仁宗 6年 12月.

로 편성하는 등, 고려의 변방을 지키는데 이들에게 중요한 역할을 담당시켰으므로10) 금의 제의를 받아들이지 않았다.

이같이 의주가 고려의 영토로 편입되기까지는 외세와의 많은 갈등이 있었으며, 이민족이 고려 영내에 들어와 사는 경우도 상당수에 달했음을 알 수 있다. 뿐만 아니라 고려 초부터 중기에 이르기까지 끊임없이 여진인의 내투기사가 나오고 있다. 이들은 대다수가 고려의 변방지대에 정착하였으므로 의주지방도 이민족의 수가 상당히 많았으리라 보여지며11) 그만큼 고려왕조에 대한 애착심이나 국가의식에 대해서는 큰 관심이 없었으리라 판단된다. 이점이 명종 4년에 발생한 서북민의 항쟁에서나 본고에서 규명하고자 하는 의주민의 항쟁에서 북방의 여진과 제휴하려는 시도가 가능했던 원인이기도 하였다.

의주는 군사적 요충지이었으므로 중앙에서 파견되는 병마사가 군사적 행정적 실권을 장악하였는데, 특히 무신정권이 성립한 이후에는 중앙에서 논공행상의 필요성에서 지방관을 남발하여 그 과잉으로 인한 병폐도 많았다. 다음 기록을 보자.

> B. 옛날부터 의주에는 두 나라 사이의 관문이 있어서 모든 사신의 내왕과 문서의 출입이 다 그곳을 경유하므로 반드시 문신을 가려 뽑아서 맡아 보게 하고 그 분도 관원도 또한 상참관으로써 명망이 있는 자를 파견하였던 것이다. 그런데 무신이 정권을 잡은 이후부터는 변방을 지키는 장군에게 모두 병마의 임무를 띠게하고 분도로 삼았다. 그런 까닭에 창주·삭주 두 성도 모두 장군에게 맡겼으며, 의주는 문첩의 왕래로 인

---

10) 『高麗史』 권93, 列傳6 崔承老.
11) 安秉佑, 1984, 「高麗의 屯田에 관한 一考察」 『韓國史論』 10, 32쪽.
  안병우씨는 양계에 거주하고 있던 대다수가 여진인이었는데, 그들은 영토의 상실과 더불어 그 지역을 떠나는 것이 보통이었으므로 고려가 새로 확보한 지역에 여진인이 거의 거주하지 않았다고 보고 있다. 그러나 위의 주6)이나 여진인의 來投記事에서 판단하건데 상당수가 조상들이 살던 그대로 생업을 영위하면서 거주했으리라 생각된다. 그리고 이들 상당수가 발해유민이었을 것이다.

하여 모름지기 문관이 있어야 하므로 문관·무관 2명을 함께 배치하였다. 그런 까닭에 고을 사람들이 경비를 부담하는데 곤란을 겪고 있었다. 송저가 서북면 병마사가 되니 州民들이 호소하기를, "우리 고을은 본래 북쪽 변방의 쇠잔한 고을인데, 문관인 분도와 무관인 분도가 함께 한 성에 머무르고 있읍니다. 그 경비를 조달할 능력이 부족하여 몇 년 지나지 않아 폐허가 될 것이니, 청컨데 조정에 급히 아뢰어 여러 성에 적당히 나누어 관장하도록 하여 주십시오."라고 하였다.12)

위의 글은 송저가 서북면병마사로 파견되자, 의주 주민들이 그들의 과중한 폐해를 호소하며 그 부담을 덜어주기를 요청하는 내용이다. 고려시대는 서북면과 동북면, 즉 양계의 도호부에 병마사가 파견되었을 뿐 아니라 군사상 중요한 지역인 분도에는 방수장군을 파견하여 병마사의 지휘하에 군사적인 임무를 담당하게 했다. 일반적으로 방수장군은 문신이 파견되었는데 무신정권이 성립된 이후에는 무신을 파견하고 이들에게 병마판관까지 겸하게 하였다. 그런데 행정적인 사무가 많은 의주는 무신이 처리하기에 곤란한 일들이 많았으므로 이곳만 특별히 문관·무관 2명을 파견하였던 것이다. 이들이 머무르는데 소요되는 경비가 과중하므로 의주민은 병마사에게 시정을 요구하였고, 이에 송저는 중앙에 폐해를 고쳐줄 것을 건의하여, 문관을 義州分道로 삼아 靈州·威遠鎭을 예속시키고 무관을 靜州分道로 삼아 麟州·龍州를 예속시키도록 청하였다. 그러나 이 건의는 무신의 반발로 무위로 돌아가고 이로 인해 송저는 정4품 右諫議에서 정7품의 거제현령으로 수직 강등되었다. 당시 무신 집정자는 무신의 난에

---

12) 『高麗史』권101, 列傳14 宋詝 ; 『高麗史節要』권12, 明宗 11年 閏3月. "舊制 以義州 爲兩國關門 使价往來 文牒出入 皆由之 必擇文臣調之 其分道官 亦以常參官 有名望者遣之 自武臣用事 戌邊將軍 皆帶兵馬之任 爲分道 故昌朔二城 皆以將軍委之 義州則以文牒交通 須有儒士 兼置文武二人 由是州人 困於供費 及許爲西北兵馬使 州人訴曰 吾邑本北鄙殘鄕 今文武分道 竝住一城 供費不給 不數年 邑其丘墟矣 請馳奏 以便宜 分管數城"

가담했던 무인이나 군인에게 그 노고에 대한 댓가로 관직을 주어 지방관으로 파견하였으므로, 송저의 견해는 무신의 권한을 빼앗으려 한다고 인식하여 그를 처형하도록 국왕에게 요청하였던 것이다.

정부는 서북민의 항쟁이 끝나지 않았던 明宗 8年 正月에는 찰방사를 각도에 보내어 백성의 질병과 고통을 위문하고 지방관의 상벌을 실시하게 하여 민심을 회유하더니, 동왕 9년 4월 牛方田의 난을 끝으로 항쟁이 종식되자 불과 2년이 지나지 않아서 다시 농민에 대한 수탈과 그들의 권익확보에만 주의를 기울이고 피지배층의 정당한 요구조차 전혀 받아들이지 않았다. 이와 같은 권력의 유지와 향유에 급급한 정부의 태도는 어떤 계기만 주어진다면 피지배층이 언제든지 다시 봉기할 수 있음을 시사한다. 서북지방은 쓸데없이 국록만 낭비하는 지방관의 수가 지나치게 많았을 뿐 아니라 그들의 수탈 또한 민의 고통이 되고 있었다.

> C-1) (문한경) 고종 2년에 서북면 병마사로 나아갔는데 병사들의 位階와 상급을 평점할 때에 많은 뇌물을 받았으며 또 주·군에서 재물을 한없이 긁어들여 인심을 잃었다. 이듬해에 금산왕자 군대가 침입하니 한경이 더불어 싸워 8명을 사로잡았다 … 중군병마사로 고쳐 제수 되었을 때 적이 동계에 난입하니 문한경이 군대를 인솔하고 宜州에 체류하면서 전투는 하지않고 여러 匠人들을 모아 營中에서 자신의 개인소용 물품을 만들게 하여 이익을 탐하는 것이 송곳·칼에까지 이르렀다. 그러다가 적이 쳐들어와서 포위하자 성을 버리고 몰래 도망쳐서 우리 군사가 크게 패하였다.13)
>
> 2) 삭주분도장군 황용필이 탐욕스럽고 사나우며 형벌을 참혹하게 하니 고을 사람들이 용필의 뜻이 재물을 구하는데 있음을 알고 관아에서 소장하고 있는 은그릇을 뇌물로 주었다. 용필이 순시하여 안

---

13) 『高麗史』 권101, 列傳14 文漢卿. "高宗二年 出爲西北面兵馬使 論軍卒爵賞 多受賂金 又徵求州郡無厭 因失人心 明年金山王子兵入寇 漢卿與戰擒八人 … 改中軍兵馬使 賊闌入東界 漢卿擁兵 宜州逗遛不戰 聚百工 營中造私物 利盡錐刀 及賊來圍 弃城潛逃 我軍大敗"

북도호부에 이르렀는데, 한순·다지의 무리가 안북도호부를 공격하며 일제히 소리를 지르며 말하기를, "영주·삭주의 은그릇을 마땅히 빨리 반환하라" 하였다.14)

3) 의주선유사 조염경 등이 돌아와 아뢰기를, 의주 반민 50여명이 가주에 와서 말하는데 "병마사 조충·김군수·정공수 등은 청렴하고 결백하며 백성을 소중히 여기나 나머지는 모두 탐욕스럽고 잔폭하여 백성에게서 재물을 거두는 것이 살을 벗기며 뼈를 긁는 것과 같아서 그 괴로움을 견딜 수 없으므로 이러한 반란이 일어났다"고 하였습니다.15)

의주민 항쟁의 직접적인 도화선이 된 것은 역시 지방관의 탐학이었다. 고종 3년 외세의 침입이라는 국가의 존망이 걸린 위기상황에서도 병마사나 분도장군이 권력을 이용하여 수탈을 자행하는 것으로 보아, 최충헌 집권기에도 그 이전의 무신집정기 못지않게 지방관의 부패가 심각했음을 알 수 있다. 문한경은 평소 재물을 탐하여 인심을 잃었으며, 거란의 잔당인 금산왕자가 동계에 침입하였을 때에도 자신의 이익추구에만 급급하다가 적이 宜州城을 포위하자 몰래 도주하였다. 이 죄로 그는 유배당했지만 곧 소환되어 상장군과 병부·공부상서를 역임하였다. 삭주의 경우, 황용필 이전에 이곳을 지키던 장수는 盧仁綏였다. 그는 고종 3년에 삭주분도장군으로 있으면서 거란 수만이 침입하자 말하기를, "거란군도 사람인데 어찌 차마 죽이겠는가" 하면서 불공만 드리다가 적이 고을에 들어오자 성을 버리고 도망쳤다고 한다.16)

---

14) 『高麗史』 권130, 列傳43 韓恂 ; 『高麗史節要』 권15, 명종 6년 10월. "朔州 分道將軍黃龍弼 性貪暴用刑慘酷 州人知龍弼意在求貨 賂以官藏銀器 龍弼巡至安北都護府 恂智黨來攻其府 齊聲曰 寧朔銀器 宜速還之"
15) 『高麗史節要』 권15, 高宗 6年10月. "義州宣諭使 趙廉卿還言 義州叛民 五十餘人 至嘉州曰 兵馬使趙冲 金君綏 鄭公壽等 淸白愛民 餘皆貪殘 厚斂於民 剝膚鎚髓 不堪其苦 由此叛也"
16) 『高麗史』 권101, 列傳14 盧仁綏.

이같이 무능한 장수가 쫓겨 난 후 이번에는 탐학하기 그지없는 황용필이 임용되었으므로 삭주민은 분노하지 않을 수 없었던 것이다. 2)에서 의주의 반민이 '영삭의 은기[寧朔銀器]'라고 한 것으로 보아 황용필은 삭주 뿐 아니라 영주에서도 물자를 수뢰한 것 같다. 앞서 최광수의 반란도 평소에는 수탈을 일삼던 서경병마사 崔愈恭과 예부낭중 판관 金成이 전쟁이 일어났을 때는 군졸들은 전쟁터에 내보내면서 자신들은 전투에 참여하지 않고, 환락만을 추구하면서 안일한 생활을 계속하다가 이에 분노한 군인들이 일어나게 된 것이다. 최광수가 반란을 일으켜 개경으로 돌아오니 유공은 놀라 어쩔 줄을 모르고, 김성은 그때까지도 술에 취해 일어나지도 못했다고 한다.[17]

C-2)와 3)은 의주민 항쟁이 발생한 직접적 계기가 되었던 사건들로서 지방관의 상당수가 탐학한 관리였음을 보여준다. 1196년(명종 26)에 이의민을 제거하고 정권을 장악하면서 최충헌은 국왕에게 封事10條를 올려 토지소유관계에 있어서 세가들의 토지침탈을 막고 탐학한 관리를 제거할 것을 공언하였지만 그 자신이 토지겸병의 주체자이고 뇌물을 받고 관직을 팔아먹는 상황에서[18] 제대로 시행될 리가 없었다. 이같은 병폐는 그가 죽은 후 중앙집권력의 이완을 틈타 의주민이 봉기하게 된 또 하나의 계기가 된 것이다.

한편 고려정부는 북방지역을 영원히 고려의 영토로 만들기 위해 남도의 농민을 이주시키는 사민책을 썼음은 주지하는 바이다.

> D-1) 도병마사가 아뢰기를, 서경기에 속해있는 하음부곡민 100여호를 가주 남쪽 둔전소로 옮겨 농사에 충당하게 하십시요.[19]
>
> 2) 정주: 덕종 2년에 성을 쌓고 백성 1천호를 이주시켜 충당하게 했다.

---

17) 『高麗史節要』 권15, 高宗 4年 5月.
18) 『高麗史』 권129, 列傳42 崔忠獻.
19) 『高麗史節要』 권3, 顯宗 15年 正月. "都兵馬使奏 發西京畿內 河陰部曲民 百餘戶 徙嘉州南 屯田所 以充佃作"

문종 32년에 정주 등 5성이 성은 큰데 인구가 적다고 하여 內地의 백성 1백호씩을 이주시켰다.20)

3) 인주: 현종 9년에 인주방어사로 불렀으며 21년에는 영평진의 백성을 이주시켰다. 21)

4) 의주: (예종 12년)에 왕이 기뻐하여 의주 방어사로 삼았고 남쪽 주민들을 추쇄하여 이곳에 이주시켰다.22)

5) 창주: 정종 원년에 재전에 성을 쌓아 백성을 이주시켜 창주방어사로 삼았다.23)

국가에서 사민책을 강행하는 가장 큰 목적은 군정확보와 둔전경작이었으므로 이들 이주민이 양계 주진군의 근간이 된 것이다. 국가에서는 신분이 낮거나 토지가 없는 남도의 전호나 유이민을 이주시킨 후, 토지를 주고 조세를 낮추어 수확량이 적은 농민의 불만을 잠재우기에 노력했으리라 보여진다. 그러나 12세기 이후 시작된 토지겸병은 남도에만 한정되지 않고 서북 방면에까지 영향을 미쳤다. 남도지방의 경우에는 토지의 대다수가 민전이어서 농민 개개인이 소유한 토지를 약탈하거나 겸병하는 것은 많은 민원을 야기시키는데 비해, 주로 국유지인 둔전이 광범위하게 널려있는 북방의 토지는 중앙집권체제가 약화됨에 따라 더욱 쉽게 권세가의 침탈대상이 되어24) 농민

---

20) 『高麗史』 권58, 地理3. "靜州 ; 德宗二年築城 徙民一千戶實之 文宗三十二年 以靜州等五城 城大民小 徙內地民 各百戶實之"
21) 위의 책. "麟州 ; 顯宗九年稱麟州防禦使 二十一年移永平鎭民實之"
22) 위의 책. "義州 ; 王(睿宗)悅改爲義州防禦使 推刷南界人戶 以實之"
23) 위의 책. "昌州 ; 靖宗元年城梓田 移民戶 爲昌州防禦使"
24) 鄭鍾瀚, 1983, 「高麗 兩界의 民田과 그 所有關係의 變化」『慶北史學』 6.
다음 사료는 양계지방의 토지사유화가 진행되었다고 볼 수 있는 예이다.
『高麗史』 권78, 食貨志1, 田制 租稅. "恭愍王五年六月下旨 西北面土田 未嘗收租 委之防戌 其來尙矣 近來權勢 多所兼倂 自今可官爲檢括 每一結賦一石 以支軍須"
『高麗史』 권82, 兵2 屯田 辛禑 元年 10月. "北界 舊無私田 官收租 以充軍粮

의 생활이 어려워지지 않을 수 없었다. 이것이 원인이 되어 명종 4년에 서북민의 항쟁이 일어났으며[25] 난이 종식된 후에도 정부의 획기적인 개혁조처가 없었으므로 의주민이 봉기하자 주변 농민들이 적극 가담하게 되었던 것이다.

다음 상업과 무역의 경우를 살펴보면, 의주 등 서북계는 북방사신의 왕래가 번다하여 이들에 대한 접대로 백성이 많은 고통을 당하였지만 한편으로는 이웃나라들과 가까운 지리적 이점으로 인해 무역이 활발했던 것도 사실이었다. 이들의 무역활동에 대해 살펴보자.

E-1) (邵台輔가 宣宗에게 진언하였다) 북로 국경지대 각 성에서 근무하는 장병들 대부분이 산의 남쪽 주현에서 충원한 사람들이므로 丁田이 먼 곳에 있고 살림살이가 가난하지만 만일 전쟁이 일어나면 모두 선봉이 됩니다. 청컨대 이제부터는 요나라에 파견되는 사신에게 명령을 내리시어 (그곳 병사들 중에서) 건장한 사람을 선택하여 수행원[傔從]으로 삼아 국경지대의 정세를 정찰하게 하며, 또 교역의 이익을 얻게 하면 그들이 다투어 힘쓸 것입니다.[26]

2) (의종 초) 금나라로 가는 사람은 관하 군인들로 부터 매 1인당 은 1근을 받는 것이 상례로 되어 있었다.[27]

3) (명종) 관례에 의하면 재상이 금나라에 사신으로 가게되면 그 수행자들은 일정한 인원 제한이 있었는데, 무역으로 이득을 얻고 싶은 자는 은 몇 근을 사신에게 뇌물을 주고서야 수행할 수 있었다.[28]

後勢家爭占爲私田 以故轉餉不繼 取粮於民 民甚苦之 安州以北 尤受其害"
25) 李貞信, 1991, 「西北地域의 農民抗爭」『高麗 武臣政權期 農民・賤民 抗爭研究』, 高大民族文化研究所.
26) 『高麗史』 권95, 列傳8 邵台輔. "北路邊城將士 多自山南州縣充入 故丁田在遠 資産貧乏 脫有兵事 竝爲先鋒 請自今令入遼使臣 揀壯健者爲傔從 因使偵察 疆域事勢 且有互市之利 人必競勸"
27) 『高麗史』 권99, 列傳12 李公升. "時使金者 例收管下軍 銀人一斤"
28) 『高麗史』 권128, 列傳41 鄭仲夫 附 宋有仁. "舊例宰相奉使如金 其傔從有定額 要市利者 賂使銀數斤 然後得行"

4) 서북면 병마사 이지명이 거란실 500묶음을 왕에게 바쳤다. 처음에 지명이 하직인사를 하니 왕이 내전으로 불러 친히 말하기를, "의주에서는 비록 상호 교역을 못하게 금지되어 있으나 경은 마땅히 용주 창고의 저포를 거란 실로 교역하여 바치라"고 하였으므로 이렇게 바쳤다.29)

5) 이보다 앞서 금나라에서 두번이나 첩을 보내어 우리나라에서 곡식을 매매할 것을 청하였으나 고려가 변방의 관원을 시켜 거절하고 받아들이지 않았다. 지난해부터 금나라가 전쟁으로 인하여 물자가 고갈되자 그 나라 사람들이 진귀한 보물을 다투어 가지고 와서 의주·정주의 국경지대에서 미곡을 교역하여, 심지어는 은 1정으로서 미곡 4·5석과 교환하기에 이르렀다. 그러므로 상인들이 다투어 많은 이익을 노려 비록 엄한 형벌로 다스리고 물자를 몰수했으나 오히려 탐욕에 한이 없어 몰래 교역하기를 그치지 않았다. 금나라 장수가 군사를 거느리고 관문에 와서 질책하기를, "어찌하여 옛 우호를 저버리고 매매를 허락하지 않느냐" 하였다.30)

위의 기록은 고려 전기부터 활발했던 북방민족과의 무역활동에 대한 내용이다. 이미 고려 전기부터 변방의 군인들은 정부의 허용아래 개별적인 무역활동이 활발했으며, 국경지대가 아닌 중국내륙으로 교역하러 가려면 사신에게 뇌물을 주어야만 사신행차에 따라 갈 수 있었다. 위의 내용을 보면 선종대에는 군인의 생계를 보장하기 위해서 국가에서 무상으로 무역을 하도록 독려하였는데, 의종 때는 은 1근, 명종대에는 은 수근을 바쳐야만 교역을 할 수가 있었다. 시일이 지날수록 뇌물의 액수가 늘어난 것은 관리들의 부패가 심해진 탓도 있지

---

29) 『高麗史』 권20, 明宗 15年 正月 辛丑. "西北面兵馬使李知命獻契丹絲五百束 知命之陛辭也 王召入內殿 親諭曰 義州雖禁兩國互市 卿宜取龍州庫紵布 市丹絲以進 故有是獻"
30) 『高麗史節要』 권14, 高宗 3年 閏7月. "先是 金再牒乞糴 國家令邊官 拒而不納 自去年金人因兵亂資竭 爭賚珎寶 欵義靜州關外 互市米穀 至以銀一錠 換米四五碩 故商賈爭射厚利 雖嚴刑籍貨 然猶貪瀆無厭 潛隱互市不絶 金將率兵 到關責云 何棄舊好 不通告糴乎"

만 그만큼 이윤이 보장되었기 때문일 것이다.

서북지방 중에서 특히 의주는 북방 이민족과 국경을 맞대고 있는 만큼 외적의 침입시에는 1차로 피해를 입기는 하지만 평화시에는 물자의 교역이 매우 활발한 지역이었다. 정부는 조공무역을 제외한 개인적인 사무역을 법으로 금하고 있었지만 이것은 국가에서 필요할 때만 발동될 뿐 사실은 공공연하게 사적인 거래가 이루어지고 있었고, 이는 국왕도 알고 있을 정도였다. 상인의 활발한 무역으로 의주민은 다른 지역에 비해 농업 보다는 상업과 무역에 의존하여 생활하는 비율이 높았는데, 특히 5)의 기록에서 보는 바와 같이 몽고가 북방의 거란·여진 등을 공격하면서 금나라가 양식 등 필요한 물자를 고려를 통해 구입하면서 전쟁특수가 일어나 상인들은 많은 이윤을 남겼다. 정부는 이민족의 싸움에 빌미를 제공하지 않기 위하여 외국과의 무역을 철저히 금지하였는데, 이 점은 비단 여진족에게만 불만이었던 것이 아니라 고려의 상인이나 특히 국경지대에서 상업에 종사하여 생계를 이어가는 의주 등 주변 주민에게도 큰 타격이었다.

더욱이 다음 달인 고종 3년 8월, 거란의 고려침입으로 인해 의주를 비롯한 북계 주민들의 생활기반은 완전히 무너졌다. 거란은 고려를 굴복시키거나 영토를 빼앗기 위해 침입했다기 보다는 오히려 몽고에 쫓겨 양식과 살 터전을 구하기 위해 들어왔다고 보여지는데, 다음은 북계 전역이 침탈을 당한 기록이다.

> F-1) (고종 3년 8월) 을축에 거란의 남은 무리 금산·금시 두 왕자가 그 장수 아아·걸노 2명을 보내어 군사 수만을 이끌고 압록강을 건너와서 영주·삭주·정주·음주의 국경지대를 공격하게 하였다.[31]
>
> 2) (거란이) 강을 건너 영주·삭주 등의 진을 공격하고 성밖에 있던 재물과 곡식, 그리고 가축을 빼앗아 갔다. 병인일에는 의주·정주·

---

31) 『高麗史』 권22, 高宗 3年 8月. "乙丑 契丹遺種金山金始二王子 遣其將鵝兒乞奴二人 引兵數萬 渡鴨綠江 侵寧朔定戎之境"

삭주·창주·운주·연주 등의 주와 선덕진(함경남도 定平)·정융진
·영삭진 등에 들어왔는데 모두 그들의 처자를 데리고 다녀 산과
들에 사람이 가득찼다. 곡식과 소와 말을 함부로 빼앗아 먹으며 한
달 이상 지내다가 먹을 것이 떨어지자 운중도로 옮겨갔다.32)

거란군 수만명이 그들의 처자를 거느리고 의주·정주·삭주 등 북
계 여러지역에 무려 1달 이상이나 머무르면서 물자를 침탈하고 소비
하여 주민들은 거란이 물러간 뒤에도 굶주림에 시달리게 되었는데,
이같은 상황은 고종 3년 8월부터, 고려에 쫓겨 강동성에 웅거한 거란
을 여·몽 연합군이 전멸시켰던 동왕 6년 4월까지 무려 3년 동안이
나 지속되었다. 거란이 전멸하자 이번에는 몽고가 침입할 것이라는
풍문으로 민심이 흉흉하였다. 몽고는 거란을 치기위해 동진과 함께
고려 영내로 들어왔다가 거란을 멸망시킨 후 고려와 화의를 맺고 돌
아갔다. 그러나 몽고군은 고려에서 물러나면서 동진군사 40여명에게
고려말을 익히면서 의주에 머무르고 있으면 그들이 다시 올 것이니
그때를 기다리라고 지시하여, 언젠가는 고려를 침략할 것이라는 의
지를 표명했기 때문에 이 풍문이 사실로 인식되었던 것이다.33)

G. 호부시랑 최정분 등 8명을 보내어 북계 흥화도의 모든 성을 나누어
순찰하여 병기, 군량미, 군수품을 검열하였다. 아울러 여러 작은 성의
주민들을 大城으로 입보하게 하였다. 이 무렵 몽고가 가을에 다시 온
다는 첩자의 말이 있었으므로 거기에 대비하게 한 것이다.34)

---

32) 『高麗史節要』 권14, 高宗 3年 8月. "渡江攻寧朔等鎭 掠城外財穀畜產而去
丙寅 闌入義靜朔昌雲燕等州 宣德定戎寧朔諸鎭 皆以妻子自隨 瀰漫山野
恣取禾稼牛馬而食之 居月餘食盡 移入雲中道"
33) 『高麗史節要』 권15, 高宗 6年 2月.
34) 『高麗史節要』 권15, 高宗 6年 7月. "遣戶部侍郎崔正芬等八人 分巡北界興
化道諸城 檢閱兵器 儲偫軍資 幷諸小城入保大城 時諜者有蒙古乘秋復來
之語 故備之"

그 시기 몽고가 전쟁준비를 한 것은 사실이었다. 몽고는 고려를 치기 위해서가 아니라 서하·인도 등 서쪽 지방의 여러 나라들을 정벌하기 위해 준비하는 것을 정부가 고려로의 침략준비로 오인한 것이었다. 그 해 9월 징기스칸은 서쪽지방을 정벌하기 위해 출발하였다. 그러나 고려의 입장에서는 새로운 강적인 몽고가 등장하여 군비확충에 주력해야 했으므로 전쟁상태가 지속되었을 뿐 아니라 이제는 몽고에 많은 물자를 바쳐야만 하는 상황이 되었다. 더욱 북방지역이 이민족의 각축장이 되면서 의주지방은 교역을 통한 이익을 잃게 되어 주민의 생활은 더욱 어려워져 갔다. 그러나 국가는 전쟁에 대처하기 위한 노력에 주의를 기울이느라고 주민을 위한 어떤 조처도 취할 여유도 가질 수가 없었다. 그러면서도 지방관의 수탈은 여전히 계속되었으니, 이와 같은 제 조건이 의주민의 항쟁을 야기시키게 된 것이다.

Ⅲ. 의주민 항쟁의 발발

의주민의 항쟁은 외세의 침략에 방어하기 위한 것이라기 보다는 고려정부의 수탈에 항거하는 농민층의 봉기였다. 최초의 봉기는 한순과 다지라는 군인이 주도하여 일어났는데, 이들의 목적은 새로운 국가체제의 구축이라는 정치적 성격을 가지고 있었다. 다음 내용을 보자.

> H. 한순·다지는 모두 의주를 지키는 군사로서 순은 별장이 되었고 지는 낭장이 되었다. 고종 6년에 두 사람이 반란을 일으켜 그곳의 방수장군 조선과 수령 이체를 죽이고 스스로 원수라 일컬으면서 감창사·대간 등의 관서를 두고 함부로 나라창고의 곡식을 풀어내니 여러 성이 호응하였다. 정부는 장군 조염경, 낭중 이공노를 보내어 달래게 했다.35)

---

35) 『高麗史』 권130, 列傳43 韓恂. "韓恂多智 皆義州戍卒 恂爲別將 智爲郎將 高宗六年二人反 殺其防守將軍趙宣 及其守李棣 自稱元帥 署置監倉使及

『高麗史』兵志에 의하면 의주에는 중랑장 3, 낭장 6, 별장 12, 교위 24, 대정 48, 행군 1,249명이 있었다고 한다. 별장인 한순, 낭장인 다지가 봉기의 주모자로 나오는 것으로 보아 도령 즉 토호인 중랑장은 이에 가담하지 않고 주로 낭장 이하의 북계 주진군이 주도하여 일으켰다고 보여진다. 특기할 사실은 직책이 한 등급 높은 다지보다 한순이 주모자로 나오고 있는 점이다. 이를 알기 위해 우선 다지에 대해 살펴보자. 『고려사』『세종실록지리지』 등을 살펴도 다씨 성을 가진 사람은 보이지 않는다. 그러나 「발해 지배층 성씨분포」[36]에는 다씨가 보인다. 또한 고려에 내투하거나 사신으로 파견된 거란, 여진, 몽고인에게서 비슷한 이름이 보이고 있다. 다음 <표 1>과 기록을 보자.

〈표 1〉 발해지배층 성씨분포

姓	宗臣	諸臣	士庶	遺裔	計	姓	宗臣	諸臣	士庶	遺裔	計
大	49			41	90	釋		1	1		2
高		32	1	23	56	郭				2	2
王		8		14	22	茹		1	1		2
李		13		5	18	馬		2			2
張		2		11	13	已		2			2
烏		6		5	11	薩			1	1	2
楊		8		1	9	正			2		2
慕		3			3	安		2			2
史		2		1	3	劉			1	1	2
賀		3			3	裴		2			2
多		2			2	기타1명씩		32	3	30	65
崔		2			2	計	49	123	8	137	317

* 金毓黻, 『渤海國志長編』 宗臣·諸臣·士庶·遺裔列傳에 의함.
* 위의 釋은 승려로서 俗姓은 모른다.

I-1) 거란인 買瑟·多乙·鄭新 등 14명이 來投하였다(『고려사』 권4, 현종 7년 2월 을유).

臺官 擅發國倉 諸城響應 遣將軍趙廉卿 郞中李公老 招撫之"
36) 한규철, 1994, 「발해유민과 고려」『발해의 대외관계사』, 신서원, 239쪽 참조.

2) 거란인 多于伊·男于陵 등 2명이 내투하였다(『고려사』 권8, 문종 13
   년 10월 갑신).
3) 서여진의 寧塞將軍 高反知와 동여진의 歸德將軍 多老 등 수십명이
   와서 좋은 말을 바쳤다(『고려사』 권7, 문종 6년 정월 갑술).
4) 동여진에서 歸順州都領 大常 古刀化, … 恭州都領 奉國將軍 多老,
   … 誠州都領 尼多弗 등이 무리를 끌고 귀순하여 고려의 군현으로
   편입되기를 청하였다. 왕이 고도화의 이름을 孫保塞로, … 다노의
   이름을 劉咸賓으로 명명하여 각기 奉國大將軍으로 임명하였다(『고
   려사』 권9, 문종 27년 2월 을미).
5) 왕이 宣政殿에 나아가 平虜鎭과 淸塞關 밖에서 온 변방의 장수 多
   老·居夫 등 45명과 史顯 등 7명에게 술과 음식 그리고 전례에 따
   른 물품을 하사하였다(『고려사』 권13, 예종 4년 11월 갑자).
6) 동여진의 正朝 多老開 등 58명이 와서 토산물을 바쳤다(『고려사』
   권5, 덕종 3년 정월 병술).
7) 동여진의 歸德將軍 摩離害와 綏遠將軍 多老大 등이 來朝하였다
   (『고려사』 권8, 문종 17년 11월 갑자).
8) 서여진의 추장 紉主 등 10명과 동여진의 추장 多盧昆·霜鯀 등 58
   명이 와서 토산물을 바쳤다(『고려사』 권8, 문종 25년 11월 임인).
9) (서북면 병마사가) 또 아뢰기를, "三山村의 도적이 사람과 물자를
   약탈하므로 來附한 蕃人인 都領 多於皆 등이 定州都領 文選과 함
   께 출격하여 功을 세웠으니 청컨데 恩賞을 내리시길 바랍니다"고
   하였다(『고려사절요』 권5, 문종 27년 5월).
10) 新安公 佺이 몽고인 多可·波下道·阿叱 등 17명과 함께 조서를 가
    지고 돌아왔는데 다시 入朝할 것을 요구하였다(『고려사』 권23, 고
    종 27년 9월).

<표 1>에서 발해 지배층에 多氏가 보인다. 그리고 多乙·多于伊
나 多可처럼 거란과 몽고인의 이름에도 多字가 많이 보이지만 多智
와 비슷한 성격의 이름이 가장 많이 나타나는 경우는 여진인이었
다.37) 고려시대는 거란이나 여진인의 많은 수가 고려에 투항하거나

말이나 토산물을 바치거나 교역을 이유로 내왕이 잦았는데 특히 3)·4)의 多老는『고려사』에서 여섯 차례나 나오고 있다. 그는 수차례 고려를 왕복한 후에 드디어 고려에 귀부하여 국왕으로부터 고려식 이름을 하사 받고 봉국대장군으로 임명되었다. 그러나 예종대의 기록에 의하면 고려로부터 성을 하사받았음에도 불구하고 그는 여전히 다노로 불리워지고 있다. 9)의 多於皆는 고려에 내부 했을 뿐 아니라 고려의 변방장수와 힘을 합쳐 같은 민족인 동북면 변방의 여진족 토벌에 앞장서기도 하였다.

이 모든 기록을 기준으로 판단하건데 다지는 발해인이거나 여진화된 발해인 혹은 고려에 귀부하여 낭장의 직책까지 오르게 된 발해인이라고 보아야 할 것이다.38) 즉 그는 여진화된 발해인일 가능성이 가

---

37) 여진인은 일반적으로 이름만 쓰며,『高麗史』에서 여진인의 성씨가 보이는 것은 금 건국이후 몇 몇 예만 있다고 했다(李東馥, 1986,「遼末 女眞民族의 形成과 그 社會」『東北亞細亞史硏究』, 一潮閣, 67~68쪽 참조). 그러나 발해유민들은 대다수 漢化된 성씨를 가지고 있었다.
여진의 고유한 성씨는『高麗史』권4, 顯宗 3年 2月條에 30개 部落의 성씨가 나오고 있다(현종 임자 3년(1012)). 봄 2월 갑진일에 여진의 추장 麻尸底가 30개 성씨가 사는 부락의 子弟들을 데리고 와서 토종 말(土馬)을 바쳤다. 30개 성씨는 阿干頓, 尼忽, 尼方固, 問質老, 弗遮利, 居質阿, 黏聞逸, 尼質阿, 耶邐多, 邀揭囉, 要悅逸, 鬱唔, 烏臨大, 蒙骨拽, 暈底憲, 徒怠, 耶兀逸, 挈乙信, 挈乙晏, 冬骨逸, 支闍逸, 魚瑟殷, 麽乙逸, 塗沒尼, 云突利, 押閒伊, 惱一伊, 排門異, 佛徐逸, 滿尹伊 등이었다.
38) 韓圭哲, 앞의 책, 272쪽.
한규철씨는 고려에 내투한 거란인의 상당수와 여진인의 대부분이 발해인이라고 주장한다. 다시 말해 景宗 4년 이후 37년간이나 끊어졌던 고려내투 발해인이 이제는 발해라는 국적으로서가 아니라 거란 내지 여진의 국적으로 고려에 왕래하였다고 한다. 그러므로 한규철씨는 금나라 조정에서 활약했던 상당수의 금나라 사람들도 발해인으로 보고 있으며, 거란의 요나라에서 발해 유민들이 여러차례 부흥운동을 일으킨데 비해 금나라에서 그런 움직임이 보이지 않는 것은 금과 발해가 일정한 계승 관계가 있는 '本同一家'에 그 원인이 있다고 보았다(한규철, 1994,「고려내투·내왕 여진인」『부산사학』25). 이것은 상당히 주목할 만한 견해이

장 높다고 보여지며, 고려에 귀화하여 주진군에 편입된 여진족 수졸을 많이 거느리고 있으면서 북방의 여진족과도 친밀한 관계를 맺고 있었으리라 여겨진다. 그렇다면 다지는 한순이 고려인이므로 직책이 그보다 낮았음에도 반란의 선두에 서게 했다고 생각되며, 그의 입장으로서는 정부군을 이길 수 없을 때 금이나 동진, 그리고 우가하 등 여진인과 결탁하려고 시도하는 것은 자연스러운 일이었을 것이다.

한순·다지의 반란은 철저한 계획하에 일으킨 것이었다. 그들은 난을 일으킨 즉시 감창사·대간 등의 관서를 두고 스스로 원수라 일컬었으며 창고를 관장하여 굶주린 백성에게 곡식을 분배하고 관리의 비리를 조사하여 많은 지지를 받았다. 그들은 봉기하면 서북계 전역이 호응하리라고 자신하였는데, 이는 앞서 발생했던 양수척이나 최광수의 난의 경우에서 나타난 바와 같이 서북계의 광범위한 불만세력을 이미 염두에 두었던 것 같다. 또한 동왕 6년 9월에는 최충헌이 죽었다. 한순 등은 강력한 권력자가 죽었으므로 중앙에서 권력다툼이 일어나게 될 것이고, 권력자가 없는 공백기에는 지방의 반란에 신경을 쓰지 못하리라는 것도 미리 염두에 두고 봉기한 것으로 판단된다. 이곳은 지휘계통이 다른 두개의 군사조직이 존재하였다. 그 하나는 토착세력인 都領 등 중랑장 이하 州鎭將相將校의 지휘를 받는 주진군이었고, 다른 하나는 防戍將軍 휘하의 京軍과 남도의 주현군으로 구성된 방수군이었다.[39] 한순·다지 등이 먼저 방수장군 조선과 수령 이체를 죽인 것으로 보아 방수군과 주진군의 갈등 즉 지방군과 중앙군 사이의 불화도 의주민 항쟁의 원인 중의 하나였으며 여기에 탐학을 일삼는 수령과 분도장군에 대한 반감으로 서북계의 농민과 상인 그리고 유민들도 함께 호응하게 된 것으로 판단된다.

지만 삼국, 남북국, 고려로 이어지는 민족문제의 맥락에서 좀 더 조심스럽고 철저하게 연구되어야 할 필요성이 있다고 여겨진다.
39) 趙仁成, 1981,「高麗 兩界 州鎭의 防戍軍과 州鎭軍」『高麗光宗研究』, 一潮閣.

한순 등이 창고의 곡식을 먼저 방출한 것으로 보아 당시 서북계가 굶주림이 심하여 떠돌아다니는 유민의 수가 많이 있었음을 알 수 있으며, 그는 곡식창고의 방출을 통해 더 많은 지지를 얻어낼 수 있었다. 관아 창고를 방출하는 것은 고종 4년의 진위현민의 난이나 후일 고려정부의 강화천도에 반발하여 개경의 노비가 주축이 되어 일어나는 이통의 난, 그리고 고종 20년 4월의 용문창의 난에서도 보이고 있다. 이는 당시 피지배층이 만성적인 빈곤에 시달렸음을 보여주는데, 만성적인 빈곤은 전쟁이나 흉년이라는 특수한 상황에서만 일어나는 것이 아니라 수취체제의 모순이나 토지소유관계의 불평등에서 야기된 고려사회에서 내재하고 있는 구조적인 모순에 연유한 것이 더 심각한 문제임은 주지하는 바이다.

고려시대에서 양계는 군사적인 특수지대로서 중앙에서 병마사와 감창사가 파견되었다. 병마사는 군대를 통솔하는 군사상의 기능과 지방을 감찰하는 지방장관과 같은 일반 외관의 기능을 담당하였고,[40] 감창사는 조세·창름의 관리 감독과 더불어 양계 병마사의 지나친 군사권을 견제하기 위해 이 지역을 세분하여 다스리는 통치 일반에도 관여하였다.[41] 한순 등이 설치한 기관 중 감창사가 의주지방의 창고를 관장하기 위한 것이었다면 대간을 특별히 두게 된 이유는 관리의 비리를 조사하기 위해서였다고 판단된다. 그는 감창사를 두어 주민들에게 곡식을 나누어주고 대간을 두어 평소 백성을 수탈하던 관리들의 죄상을 고발하여 처단함으로써 민심을 끌어들였던 것이다. 그러나 그는 감창사와 대간만을 설치했을 뿐 그 이상의 정치기구를 만들어 새로운 국가를 세우려 한 것 같지는 않다. 아마 주민의 호응도를 파악하여 어느 정도 강해지면 고려정부에 대응할 수 있는 독

---

40) 金南奎, 1989,「兩界의 兵馬使와 그 機能」『高麗 兩界 地方史 硏究』, 새문사.
41) 金南奎,「兩界의 監倉使와 그 機能」, 앞의 책.

립된 국가를 구상하지 않았을까 짐작된다.

그리하여 북계의 모든 성이 의주민에 의해 함락되었는데 오직 安北都護府・龜州・延州・成州만이 성을 굳게 지켰다고 한다. 의주민의 항쟁은 반정부 입장을 분명히 하여 그 나름대로 관청까지 설치하여 서북민의 호응을 받았으나, 전력에 있어서는 앞서 조위총이 일으킨 서북지역의 농민항쟁보다 강하지 못했음을 파악할 수 있다. 우선 반란에 가담하지 않았던 지역을 살펴보자.

안북도호부 寧州는 일찍이 태조 때 고려로 편입되어 성종대에 대도호부가 설치된 서북계의 군사방어상 가장 중요한 지역으로써 병마사가 거주하는 병마사 군영이 있던 곳이었다.[42] 이곳은 중앙과 직접 연락이 가능하고 또한 군사적인 방비도 철저하였으므로 도호부 주민이 가담하거나 의주반민이 함락시키기에는 어려운 지역이었다. 따라서 이곳은 반란에 가담하기가 쉽지 않았으리라 생각된다.

龜州는 성종 13년에 평장사 서희가 여진을 내쫓고 그곳에 성을 쌓아 비로소 龜州라 일컬었으며, 현종대에는 강감찬의 龜州大捷이 있던 곳이었다. 고종 3년에 거란이 침입했을때 주민이 합심하여 거란을 물리쳤으며, 그 후 동왕 18년 몽고가 침입했을 때도 병마사 朴犀와 더불어 굳게 성을 지켜 몽고군을 놀라게 했던 곳이기도 하였다. 이곳은 외세가 침입했을 때 한번도 함락된 적이 없는 견고한 성과 龜州 주민의 철저한 방어자세가 놀라울 정도였으므로 국가의 신뢰도 각별하였다고 보여진다.

延州는 명종 4년 서북민의 항쟁때도 끝까지 반란민과 행동을 같이 하지 않아 연주도령이었던 현덕수는 그 공로로 서북민으로서는 특수하게 중앙에 발탁되어 병부상서의 직위에까지 올랐다.[43] 현씨 집안

---

42) 邊太燮, 1974, 「高麗兩界의 支配組織」『高麗政治制度史研究』, 一潮閣, 214쪽.
43) 『高麗史』 권99, 列傳12 玄德秀.

에서 여전히 연주를 장악하고 있었던 만큼 연주가 의주반민에 가담하지 않으리라는 것은 충분히 예측가능한 일이었다.

成州의 경우는 명종 2년에 최초의 민란이 일어났던 지역으로서 상당히 반정부적인 성향이 강한 곳이었으며, 고종 4년 6월에 서경에서 고구려 부흥을 내세우며 반란을 일으켰던 최광수의 고향이기도 하였다.44) 그리고 최광수의 난을 진압한 인물은 같은 고향 사람인 鄭顗(初名 俊儒)라고 하나, 그는 성주인이 아니고 청주사람이었던 것 같다.45) 최광수는 봉기한 즉시 관원을 두고 정예병을 모았다고 하는데 아마 여기에 상당수의 성주인이 가담했을 것이므로 반정부 성향 주민의 대다수는 최광수의 몰락과 더불어 처단되었을 것이다. 또한 그가 반란을 일으킨지 불과 2년여 밖에 되지 않아 성주는 다른 지역보다 더욱 피폐하고 중앙의 감시 대상 지역이었으므로 함부로 난에 가담하기는 어려웠으리라 여겨진다.

따라서 의주민의 항쟁은 서북민의 항쟁 때보다 전력이 약할 수 밖에 없었다. 명종 4년의 서북지방 농민 항쟁이 자비령을 경계로 서경·양계 전역이 반란에 가담한데 비해 한순·다지 등의 반란은 청천강 이북인 오늘날의 평안북도 지방만이 가담했을 뿐이었다. 그 원인은 우선 서경의 최광수의 반란, 양수척의 난 등 수년전부터 곳곳에서 일어났던 반란들을 국가가 효과적으로 진압하였으므로 의주민이 서북지역을 통합된 하나의 세력으로 다시 만들어 봉기하기가 어려웠다는 점, 무엇보다도 외세의 침입이 끝난 지 불과 4개월이 지났을 뿐이어서 특히 피해가 심했던 서북지역으로서는 전쟁의 후유증으로 주민들이 저항할 여력조차 상실할 정도로 피폐해졌기 때문일 것이

---

44) 『東文選』 권100, 「傳」 鄭氏家傳, 李穡.
45) 『高麗史』 권121, 列傳34 鄭顗.
　　『高麗史』에서 鄭顗가 淸州人이면서 成州人인 崔光秀와 <同里閈相善>이라는 것으로 보아 그들은 각기 다른 고향에서 태어났으나 아마 어릴 때부터 서경에 이주하여 한 동네에 살았다고 보여진다.

다. 그리고 곧 몽고가 침입할 것이라는 소문으로 외세로 인한 고려의 존립자체가 의문시되는 상황의 위기의식은 주민들로 하여금 적극적으로 반란에 가담하게 하는 것을 망설이게 했을 것이다. 그러면 이번에는 적극적으로 가담한 지역을 살펴보자.

  J-1) 麟州: 현종 9년에 인주방어사로 불렀다. … 고종 8년에 반역을 일으켰으므로 舍仁으로 강등시켰다가 후에 知郡事로 고쳤다(『高麗史』권58, 地理 3)

  義州: 예종 12년에 의주방어사로 삼았다. … 고종 8년에 반역을 일으켜 咸新으로 강등되었다가 후에 복구되었다(同上).

  嘉州: 광종 11年에 濕忽에 성을 쌓고 가주로 삼았다. 성종 14년에 防禦使로 칭하였다가 고종 8년에 반역을 일으켰으므로 강등시켜 撫寧이라 불렀다(同上).

  郭州: 성종 13년에 평장사 서희에게 명하여 군사를 이끌고 여진을 공격하여 쫓아내고 곽주에 성을 쌓았다. 현종 9년에 방어사라 불렀고 고종 8년에 반역을 일으켰다하여 강등하여 定襄으로 불렀다(同上).

  2) 인주사람 강부, 녹승, 정신 등이 방수장군 채윤화를 죽이니 왕이 내시지후 최존을 보내어 달래게 하였다. 얼마 후에 강부 등이 또 의주분도장군 윤광보, 방어판관 이언승을 죽이고 조위총에 내응하였다. 조위총이 사람을 보내어 여러 성의 우두머리에게 벼슬을 주었다. 인주도령 중랑장 홍덕이 조위총이 보낸 사람을 잡아 위총에 항거하려고 획책하므로, 강부 등이 소매 속에 칼을 넣고 홍덕의 집에 이르러 그를 해치려고 하니 홍덕이 문간에 복병을 설치하여 그를 살해하였다.46)

  3) 의주, 정주가 반란을 일으키니 직문하 사정유, 예부낭중 임정식을

---

46) 『高麗史』권100, 列傳13 趙位寵. "麟州人康夫祿升鄭臣等 殺防守將軍蔡允和 王遣內侍祇候崔存 往諭之 未幾 夫等又殺義州分道將軍尹光輔防禦判官李彦升 以應位寵 位寵遣人 署諸城酋豪官 麟州都領中郎將洪德 謀執位寵所遣人以拒 夫等袖刃至德家 欲害之 德伏兵於門 斬之"

보내어 타이르게 했다.[47]

4) (농민군이) 가주, 위주, 태주, 漣州, 순주 등의 산곡에 흩어져 살면서 약탈하매 크게 백성들의 근심이 되었다. 그들은 자주·숙주의 2주를 불태우고 묘덕사, 향산사 등 여러 사찰을 도륙하였다 … 그러나 떠돌아다니며 약탈하는 기간이 오래됨에 따라 촌락은 작은 제방이나 벽도 성한 곳이 없고 약탈하여 다 없어졌으며 큰 성은 모두 굳게 지키고 있었으므로 쉽게 함락시킬 수가 없었다. 이로 인해 점차 굶주리고 군색해졌으므로 정부에 투항하고자 하였다.[48]

앞서 안북도호부, 구주, 延州, 성주를 제외하고 대다수의 서북계 지역이 가담하였는데 위의 인주, 의주, 가주, 곽주는 주도적으로 참여했다고 하여 의주민 항쟁이 종식된 후 국가로부터 처벌을 받아 강등되었다. 특히 가주의 경우, 덕종 즉위년에는 국가가 투항한 여진인 340호를 가주, 철주에 거주케 했으며, 명종 9년에는 정부에서 양식을 준다는 감언이설에 속은 농민군 100여명이 가주 창고에서 곡식 10萬斛과 함께 타죽은 일도 있었다.[49]

위의 사료 2)-4)는 명종 4년에서 무려 5년 가까이 지속되었던 서북지방 농민항쟁의 기록 중 일부이다. 2)는 조위총이 주도한 서북민의 항쟁에서 서경성이 관군에 의해 포위되고 금나라의 원조도 바랄 수 없게 된 상황에서 인주 농민이 적극적으로 나선 내용이다. 인주민은 인주와 의주의 반란에 가담하지 않는 지배세력을 제거하여 서경성을 구원하려 했으나 실패하였다. 3)은 서북민의 1차항쟁이 끝난 뒤 정부가 한 일이라고는 항쟁진압에 가담한 장수에게 공을 치하하고 관직을 높여 주었을 뿐 봉기의 원인을 규명하여 농민에게 핍박을 가

---

47) 『高麗史』 권19, 明宗 7年 4月. "義靜二州叛 遣直門下史正儒 禮部郎中林正植諭之"
48) 『高麗史』 권100, 列傳13 朴齊儉. "散居嘉渭泰漣順等州山谷 首尾行劫 大爲民患 焚慈肅二州 屠妙德香山諸寺 … 然其遊寇日久 閭閻無塢壁者 劫掠旣盡 大成皆堅守 未易猝拔 由是漸就飢窘 謀欲降"
49) 『高麗史節要』 권12, 明宗 9年 4月.

하는 불합리한 모순을 전혀 제거하려 하지 않았으므로 이번에는 다시 의주·정주에서 일어났음을 보여준다. 그들이 주로 점거한 지역이 가주·위주·태주·漣州·순주와 묘향산이었다. 그러나 물자부족이 치명적이 되어 항복할 수 밖에 없었다.

위의 기록에 의하면 서북민 2차항쟁에 주도적으로 참여한 대다수의 지역이 의주민 항쟁때에도 적극적으로 가담했음을 알 수 있다. 따라서 의주민의 항쟁은 40여년이라는 시차를 두고 발생했지만 그 성격에 있어서 서북민 항쟁의 연장선상에서 파악될 수 있다. 결국 서북민은 앞서 대정부 항쟁에서 제반 모순의 개혁을 요구하며 목숨을 걸고 정부군과 치열하게 맞서 싸웠지만, 눈에 보이는 미봉적인 시책을 제외하고 그들이 국가로부터 얻어낸 것은 아무 것도 없었으므로[50] 외세의 침입으로 정부가 흔들리는 틈을 타서 다시 봉기하였던 것이다.

또한 특기할 사실은 1)에서의 강등된 지역의 공통점이 모두 해안선이나 국경에 인접한 곳에 있다는 점이다. 따라서 서북계 중에서 특히 이곳이 무역에 유리한 지역으로 판단되며, 아마 국가의 금나라와의 무역 억제책과 국제정세의 변화로 인한 생활기반 상실이 서북계의 다른 지역에 비해 보다 적극적으로 가담하게 된 원인이 아니었을까 생각된다.

Ⅳ. 정부의 대응

서북계의 많은 성이 호응하자, 최충헌이 죽고 정권을 장악한지 미처 1달도 되지 않았던 상황에서 최우는 봉기의 확산을 막기 위해 무마책을 쓸 수 밖에 없었다. 그의 대응을 살펴보자.

---

[50] 李貞信, 1991,「西北地域의 農民抗爭」『高麗 武臣政權期 農民·賤民抗爭 研究』, 高大 民族文化研究所.

K-1) 최우는 그 말을 듣고 안영린, 유비, 준필, 이정수, 최수웅, 이세분, 고세림, 홍문서, 이윤공, 최효전, 송자공, 이원미, 최밀 등이 일찍이 충헌에게 아첨하여 혹 안찰사가 되거나 혹 분도 분대 감창사가 되고 혹은 큰 지방[巨邑]을 구하여 한없이 착취하였다고 하여 여러 섬으로 나누어 귀양보냈다.[51]

K-2) 북계의 여러 성이 모두 의주의 적에게 함락되었으나 오직 안북도 호부·구주·연주·성주는 성벽을 굳게 하고 잘 지켰으므로 州吏에게 참직을 차등 있게 내렸다.[52]

K-3) 추밀원부사 이극서에게는 중군을, 이적유는 후군을, 김취려에게는 우군을 거느리게 하여 의주를 토벌하게 했다.[53]

K-4) 평장사 금의와 정방보가 사직하매 금의에게는 벽상공신을 주어 치사하게 하고 방보는 폄직하여 안동부사로 삼고 문유필을 안서부사로 삼으니 이에 뇌물을 받아먹는 풍습이 약간 가라앉게 되었다.[54]

K-5) 추밀원부사 최우가 그 아버지 최충헌이 점탈하였던 公私田民을 각각 그 주인에게 돌려주고 또 가난한 선비를 많이 발탁하여 인망을 거두기에 힘썼다.[55]

최우는 이미 의주민의 항쟁을 서북민 항쟁의 연장선상에서 파악하고 그 폭발적인 위력을 두려워했던 것 같다. 더구나 당시는 몽고의 침입이 있을 것이라는 불안감이 감돌던 시기였다. 그는 그가 정권을

---

51) 『高麗史節要』 권15, 高宗 6年 10月. "崔瑀聞其言 以安永麟 柳庇 俊弼 李貞壽 崔守雄 李世芬 高世霖 洪文敍 李允恭 崔孝全 宋自恭 李元美 崔諡 等 嘗諂事忠獻 或爲按察使 或爲分道分臺監倉使 或求巨邑 侵漁無厭 分配諸島"
52) 위의 책. "以北界諸城 多爲義州賊所陷 唯安北都護府 龜州 延州 成州 堅壁固守 賜州吏參職有差"
53) 위의 책. "以樞密院副使李克偦將中軍 李迪儒將後軍 金就礪將右軍 討義州"
54) 위의 책, 高宗 7年 正月. "平章事琴儀鄭邦輔辭職 加儀壁上功臣 仍令致仕 貶邦輔爲安東副使 文惟弼爲安西副使 於是瀆貨之風稍息"
55) 위의 책. "樞密院副使崔瑀 以其父忠獻占奪公私田民 各還其主 又多拔寒士 以收人望"

장악하는데 큰 문제가 되지않는 한 이들의 요구를 수렴하여 국내의 정치를 안정시켜 자신의 권력기반이 흔들리지 않도록 노력했다. 그는 이같은 반란은 그의 잘못이 아니라 아버지 최충헌의 失政임을 명백히 하기 위해 왕에게는 최충헌이 소유했던 금, 은, 보물을 바치고,56) 그가 탈점했던 公私田을 그 주인에게 돌려주고 권력으로 억압하여 노동력을 수탈했던 농민을 풀어주었다. 그리고 최우는 우선 최충헌 정권하에서 서북계의 지방관으로 파견되어 탐학하다고 거론된 안영린 등 13명을 유배시키고, 이들에게 뇌물을 받고 지방관으로 임명시키는데 가담했던 금의·정방보 등 중앙의 고위관리들을 치사시키거나 강등시켜 민심을 안정시키는데 주력하였다. 그리고 반란민에 동조하거나 가담하지 않았던 안북도호부 등 4주의 州吏에게 관직을 주어 치하하는 한편 이극서 등 세 장수에게 군사를 거느리고 반민의 근거지인 의주를 바로 공격하게 하여 강·온 양면책을 실시하였다.

　이같은 정부의 신속한 회유책에 힘입어 난은 더이상 확산되지 못하여, 의주의 반민들이 안북도호부에 침입했을 때 주민들이 힘껏 싸워 朴蘇 등 80여급의 목을 베는 승리를 거둘 수 있었다.57) 최우는 서북지역을 공략하는 한편 반란을 핑계삼아, 뇌물을 받고 조정을 혼란케 했다는 죄명으로 崔思謙 등 최충헌의 친위세력을 몰아내고 동생 寶城伯 珦과 그 측근 등 그의 政敵까지 제거함으로서58) 최우를 중심으로 정치권을 재편하는 효과까지 거두었다.

---

56) 『高麗史』 권129, 列傳42 崔忠獻 附 怡.
57) 『高麗史節要』 권15, 高宗 6年 11月.
58) 『高麗史』 권129, 列傳42 崔忠獻 附 怡.

V. 의주민과 동진과의 결탁

당시 중국은 북방민족의 대두로 큰 변화가 있었다. 10세기 초에 당나라가 멸망하고 송나라가 들어섰는데, 북방지역에는 거란이 요를 세우고 뒤이어 여진이 요를 물리치고 금을 세움에 따라 송은 양자강 남쪽으로 물러가 남송이 되었다. 13세기에 들어서면서 이번에는 몽고가 아시아 전역을 제압하게 되었다. 몽고족은 지금의 몽고평원에 자리잡고 있던 유목민족이었다. 당시 중국대륙의 중부이남은 송(남송)이 지배하고 북부 및 만주에 걸치는 지역은 금의 영토로 되어 있었으며 또 몽고의 서쪽에는 서하가 자리잡고 있었다.

몽고의 태조 징기스칸[成吉思汗]은 우선 서하를 쳐서 굴복시키고 다음에는 금을 정벌하였다. 패퇴한 금은 하는 수 없이 강화를 청하여 일시의 난국을 모면한 후 1214년(高宗 元年)에 도읍을 燕京(북경)에서 汴京(지금의 開封)으로 옮겼다. 금의 허약함이 드러나자 금의 영토안에서는 반란과 폭동이 계속 일어나 국가의 기반이 흔들리기 시작했다. 먼저 금의 지배하에 복속하고 있던 거란이 반기를 들어 耶律留哥가 요나라 왕이라고 칭하였으며(1213년), 이를 진압하기 위해 파견된 금의 장수 蒲鮮萬奴도 자립을 도모하여 東京(遼陽)을 본거지로 삼아 大眞國 天王(후일 東眞國)을 자처하였다(1215년).

이후 포선만노는 몽고와 야율유가로부터 이중의 군사적 압력을 받아 원래의 본거지를 유지할 수가 없게 되어 멀리 동쪽으로 달아나 지금의 間島지방에 근거지를 옮겼는데(1217년) 그 영내는 曷懶路 지방을 포함하였다. 갈라로는 지금의 간도 지방부터 함경남도 함흥에 이르는 금의 행정구역의 명칭이다. 그러나 동진국은 1218년(고종 5)에 이미 몽고에 신하로서 복종할 것을 맹세하였으며 몽고의 강요로 몽고·고려와 더불어 거란을 전멸시킨 적이 있을 정도로 독립국의 위치는 갖추지 못하고 있었다.

　고종 6년 9월, 징기스칸이 주력부대를 이끌고 다시 서하·인도 등 서쪽지방 나라들의 정벌에 나서게 되자 이 시기 만주일대의 몽고세력은 일시적으로 감소되었다. 그리하여 동만주의 동진국이 몽고의 복속상태로부터 벗어나고 남만주에는 우가하의 활동이 활기를 띠고 있었다. 우가하는 포선만노처럼 금에서 독립하려는 세력을 진압하기 위해 금에서 파견된 장수였다.『고려사절요』권15, 고종 4년 10월조에 의하면 黃旗子軍이 麟州·龍州·靜州 3주의 경계에 주둔하자 서북면병마사 趙冲이 510급의 목을 베었고, 다시 인주 암평림에서 깨뜨려 겨우 300기만 달아나게 하는 큰 승리를 거두었다고 한다. 그런데 이듬해 5년 6월에 북계 분도장군 鄭公壽가 여진의 반란적인 황기자군의 賈裕가 만나보기를 청하였으므로 잔치를 베풀고 술을 먹여 7명을 사로잡고 20여명을 죽였다고 중앙에 알렸다. 금 원수 亐哥下는 가유가 잡혔다는 소식을 듣고 직접 공수에게 찾아와 화친을 청하였다고 한다. 이로 보아 우가하는 황기자 부대 등 금의 반란세력을 토벌하기 위해 금에서 파견된 장수가 틀림없을 것이다. 그런데 그는 이들이 진압되었음에도 금나라로 돌아가지 않고 고려의 서북방면 국경지대에서 반독립 상태로 거주했던 것 같다. 그가 금 정부의 지시로 남만주에 거주했는지는 알 수 없으나, 당시 기울어져가던 금으로서는 변방에 대한 중앙의 통제력이 거의 미칠 수가 없었다.

　그러나 그는 포선만노처럼 나라를 세운 것은 아니고 추장의 지위에 만족했던 것 같다. 원래 여진 등 유목민족은 각 지역 추장의 영도하에 분산 독립하여 거주하는 경우가 많이 있었다.[59] 우가하와 동진국의 최대 강적은 몽고였으나 그렇다고 그들 사이에 긴밀한 관계가 있는 것도 아니었다. 한순·다지는 그들의 힘으로는 고려정부를 이

---

59) 李東馥, 1986,「遼末 女眞民族의 形成과 그 社會」『東北亞細亞史硏究』, 一潮閣.

길 수 없게되자, 이같은 북방의 복잡한 정세를 이용하여 고려정부에 항거하려고 하였다. 그들의 의도는 동진과 금의 원수 우가하를 끌어들여 이들과 함께 관군을 공격하는 것이었다. 다음 기록을 보자.

L-1) 한순·다지 등은 청천강 이북을 경계로 삼아 동진에 투항하고 몰래 금나라 원수 우가하를 끌어들여 의주에 주둔하게 하고 자기들은 여러 성의 군사를 영솔하고 박주에 주둔하면서 서로 성원했다.[60]
2) 다지 등이 요양의 溫知罕에게 청병 하였는데 온지한이 2명을 유인하여 목을 베어 머리를 우리에게 보내었다.[61]

한순·다지가 동진에 투항하고 우가하와 제휴한 목적은 외세를 끌어들여서라도 서북계에서 그들의 세력기반을 구축하려는 것이었다. 그런데 그들은 동진에게는 청천강 이북을 동진에 소속시키겠다고 약속하고는 비밀리에 다시 우가하에게 일정한 이익을 약속하고 그들과 더불어 고려를 공략하려 하였다고 한다. 동진의 포선만노와 우가하가 같은 민족이기는 하나 서로 갈등관계에 있어 정치적 이해가 다르므로 서로 모르게 끌어들인 것 같다. 그런데 『동문선』에 2)의 기사가 보인다. 요양의 온지한은[62] 금나라에서 파견된 婆速路 都統으로서,

---

[60] 『高麗史節要』 권15, 高宗 7年 2月. "韓恂多智等 以淸川江爲界 投東眞 潛引金元帥亏哥下 令屯義州 自領諸城兵 屯博州 相爲聲援"
[61] 『東文選』 권69, 記 金平章(金就礪)行軍記, 李齊賢. "多智等 請兵於遼陽溫知罕 溫知罕誘斬二人 傳首于我"
[62] 金의 姓氏에는 溫迪罕으로 표기되고 金史에도 그렇게 나오고 있으므로 東文選의 撰者가 잘못 기록한 것으로 판단된다. 女眞의 姓氏는 평상시에는 잘 쓰여지지 않고 대부분 집단의 성씨에서 유래한다고 하므로, 遼陽의 溫迪罕도 금의 部落의 명칭이라고 보고있다(松浦茂, 1978, 「金代女眞氏族の構成について」 『東洋史硏究』 36-4, 3쪽 참조).
또한 요가 세워지자 요의 태종은 발해인을 강제로 요양에 이주시켜 거란의 괴뢰정권 동단국을 세웠으므로 요양에는 발해의 유민이 3만명을 추산할 정도로 많이 거주하였으며, 금왕조에서는 이들이 우대 받았다고 한다. 그러나 그들이 발해인이라는 의식을 가진 사람은 옛 발해의 지배

紇石烈桓端과 더불어 동진의 포선만노의 군사를 요양에서 축출하고 금의 동쪽 변방을 지키던 장수였다.63) 따라서 다지는 동진과 우가하 뿐만 아니라 금나라에도 구원의 손길을 내밀었음을 알 수 있다.

아마 한순·다지는 금나라에 투항하려던 계획이 실패로 돌아가자 그들이 만족할 만한 큰세력을 가진 것은 아니지만 연합세력을 형성하기 위해 우선 동진에 투항을 약속하였고, 동진의 태도가 적극적이지 못하였으므로 다시 우가하를 끌어들였다고 보여진다. 그들은 우가하에게 공동으로 나라를 세워 고려와 몽고의 세력권에서 벗어나자고 제의하여 우가하의 동의를 얻었던 것 같다. 양계지역의 경우엔 반란을 일으켰다가 여의치 못하면 외세에 투항하려는 기록이 앞서 서북지방 농민항쟁에서도 많이 보인다.

> M-1) 여러 주진은 점차 귀부하는데 정주·장주 및 선덕진만이 여진에 투항하고자 하므로 두경승이 사람을 보내어 안무케 했다.64)
>
> 2) (조위총)은 다시 서언 등을 금나라로 보내어 표문을 올리기를, "… 臣 위총은 절령 서쪽으로부터 압록강에 이르는 40여성을 금나라로 내속할 것을 원하는 바이니 군대를 보내어 원조해 주기를 바랍니다" 하였다.65)
>
> 3) 오직 중군행수 진국만 항복하지 않고 그의 무리 150여명을 이끌고 북쪽 오랑캐에게 투항하려고 하였다.66)

층에 불과하며 대다수는 거란이나 여진에 흡수되었으리라 생각된다.
外山軍治, 1964, 「金朝治下의 渤海人」 『金朝史研究』, 同朋舍, 124쪽, 134~135쪽.
韓圭哲, 1989, 「발해유민과 고려」, 앞의 책.
사회과학원역사연구소편, 1989, 『발해사』, 한마당 참조.
63) 『金史』 권103, 列傳42 紇石烈桓端.
64) 『高麗史節要』 권12, 明宗 8年 10月. "諸州鎭稍稍歸附 定長二州 及宣德鎭 欲投女眞 景升遣人 撫安之"
65) 『高麗史』 권100, 列傳13 趙位寵. "位寵復遣 徐彦等與金 上表曰 … 臣位寵 請以岊嶺以西 至鴨綠江四十餘城內屬 請兵助援"
66) 『高麗史』 권100, 列傳13 朴齊儉. "獨中軍行首進國不降 率其黨百五十餘人

1)은 두경승의 군대가 서북민의 공격을 물리치고 양계를 수복하는 과정에서 정부군의 공격이 급박해지자 동북방면의 3州鎭이 여진에 투항하려 하였다. 이는 당시 양계주민의 의식동향을 잘 파악할 수 있게 하는데, 그들은 금으로의 투항보다 정부의 보복을 더 두려워하였던 것이다. 2)에서 조위총은 그들만의 힘으로 관군과 대적하기에는 한계에 이르렀음을 깨닫고 금에 세 차례나 구원을 요청하였는데, 당시 농민군이 정부군의 공세에 밀려 오직 서경성만이 남게되자 절령 이북 40여성을 금에 넘기는 조건을 내걸어 군대파견을 요청하였다. 그러나 금이 도리어 조위총의 사신을 포박하여 고려정부로 보냄으로서 실패하였다. 3)은 명종 7년 2월부터 시작된 서북민의 2차항쟁이 식량부족과 병마사 박제검의 회유책으로 무너지게 되어 모두 항복하였는데, 오직 진국만은 북으로 도주하여 후일을 기약하려고 했다는 것이다.

대체로 서북계 주민들이 북방나라에 투항하는 이유는 반란이 진압된 후 정부군의 보복이 두려울 때와 후일을 기약하고자 할 때였다. 따라서 이들의 투항은 정부의 입장에서는 반역이지만 반란민의 입장에서는 살아남기 위한 최후의 선택이었다. 또한 그들에게는 이민족에 투항한다는 죄의식이 보이지 않는다. 아직 그들은 민족의식이나 국가의식이 굳건하게 자리잡은 상태는 아니었다. 또한 서북계 지방은 고구려 멸망 후 발해의 영역이었다. 발해가 멸망한 후 주민 상당수가 거란이나 여진에 편입되었으므로[67] 서북계 주민 상당수가 동진이나 우가하를 크게 다른 종족으로 생각하지 않았던 것도 한 원인이 될 것이다. 그런데 우가하가 의주민을 배반함으로서 사건은 종말을 고하게 되었다.

欲投北蕃"
67) 한규철, 1994, 「고려에 투화·왕래한 발해유민」『발해의 대외관계사』, 신서원, 273쪽.

N. 중군지병마사 김군수가 선무사 이공노와 의논하고 의주인 낭장 윤충효와 박홍보를 파견하여 우가하에게 편지를 보내어서 사건의 전말을 설명하고 위협과 회유로 달래면서 맹약의 위반을 추궁했다. 우가하가 깨닫고는 짐짓 노한체 하면서 즉시 윤충효 등을 가두고 의주낭장 곽윤창을 보내어 한순과 다지를 불렀다. 한순과 다지가 600명의 군사를 데리고 가니 우가하가 위로연을 차리고 여러 성의 적의 우두머리까지 함께 초청하여 매우 후하게 대접하면서 슬며시 그들의 성명을 기록했다. 우가하는 이튿날 군사를 매복해두고 또 잔치를 차려서 술이 얼큰할 때 복병을 발동시켜 한순과 다지 그리고 그 도당인 윤대명, 한존열 등을 잡아 모두 죽였다.[68]

결국 의주민의 항쟁은 우가하의 배반으로 끝맺게 되었다. 처음에 한순·다지 등과 금의 장수 우가하가 합세하여 고려를 공격하기로 약속했다가 그 약속을 저버린 까닭은 고려의 중군지병마사 김군수의 설득 때문이었다고 한다.

그러나 당시 정세를 보면, 동진은 국가를 세운지 3년 밖에 되지않은 약소국으로서 몽고의 힘에 눌려 간도지방으로 밀려난 형편이었다. 징기스칸이 서쪽을 정벌하기 위해 몽고의 주력부대가 떠난 지금, 만일 고려정부가 반란을 진압시킨 후, 송과 연합하여 공격해온다면 동진으로서는 구원을 요청할 데가 없는 상황이었으므로 적극적으로 나설 수가 없었다. 이같은 상황은 우가하도 마찬가지였다. 여기에 힘입어 김군수는 우가하에게 편지를 보냈다.

김군수가 보낸 글 '開陳本末 諭以禍福'은 이미 한순이 청천강 이북의 영역을 동진에 주기로 제의하였는데 동진이 적극적인 태도를 표명하지 않았고, 동진의 국력 또한 미약하므로 만일 이같은 상황에서

---

68) 『高麗史』 권130, 列傳43 韓恂. "中軍智兵馬事金君綏 與宣撫使李公老議 遣義州人郎將尹忠孝朴洪輔 寄書亏哥下 開陳本末 諭以禍福 責其違盟 亏哥下悟佯怒 卽囚忠孝等 遣義州郎將郭允昌召恂智 恂智擁兵六百赴之 亏哥下宴慰 幷及諸城賊魁 慰藉甚厚 因疏其姓名 翼日伏兵設宴 酒酣伏發 捕恂智 及其黨尹大明韓存烈等 悉誅之"

우가하가 반란민의 편에 서서 고려정부를 공격한다면 그들이 불리할 수 밖에 없는 국제적인 상황을 설명했으리라 짐작된다. 결국 우가하는 고려정부의 요청을 받아들일 수 밖에 없었고, 그 댓가로 고려는 은기구, 布 500필, 쌀 1,000석 등을 하사했을 뿐 아니라 교역허용 언질도 주었던 것 같다. 그리하여 한순·다지·윤대명·한존열 등이 고려정부의 회유에 굴복한 우가하에 의해 사로잡혀 죽임을 당하였고, 이로서 의주민의 항쟁은 진압되었다.

Ⅵ. 동진과의 2차 연합항쟁

 의주민의 항쟁은 종식되었으나 의주를 비롯한 서북지방 농민들은 고려정부의 보복여부에 불안해지기 시작했다. 이에 중군병마사 김취려는 의주민의 불안감을 제거하고 민심을 수습하기 위해 각 성의 주모자를 제외하고는 모두 불문에 붙였다. 그리고 郭元固·金甫貞·宗周秩·宗周賽를 보내어 의주에 남아있는 백성들을 안집케 하였다. 그런데 종주질·종주뢰 등의 관리가 또 탐학하여 뇌물의 다소에 따라 죄의 다과를 정하는 등 백성에 대한 수탈을 자행하였다. 이에 주민들은 난이 진압된 지 불과 2달만에, 남아있던 농민군 지도자인 尹昌 등과 함께 종주뢰 등을 죽이고 다시 봉기하였다. 김취려는 判官 崔弘, 錄事 朴文挺을 보내어 타이르는 한편 大將軍 趙廉卿, 將軍 朴文賁을 보내어 군사 5천으로 토벌하게 했다. 그리하여 중앙에서 파견된 관군을 이기지 못하여 윤창은 도주하고 반란민이 흩어지면서 2차 항쟁도 실패하였다.[69] 그외에 의주민은 영원지방에 남아 거주하던 거란과 연계하여 다시 반란을 일으켰으니, 다음 기록을 보자.

---

69) 『高麗史節要』 권12, 明宗 7年 4月.

O. 거란의 남은 무리가 寧遠地方(熙州) 산중에 숨었다가 수시로 나와 도적질하여 백성들의 우환이 되었는데 의주인 창명이 수보·공리와 함께 또 반란을 계획하였다. 공이[金就礪] 이경순·이문언을 보내어 영원지방의 도적을 토벌하고 문비·최공에게 창명을 토벌하게 하였다. 창명이 이때 철주를 공격하다가 관군이 도착하니 적의 무리가 모두 흩어졌다.[70]

의주민은 이번에는 거란의 남은 무리와 결탁하여 반란을 획책하였다. 앞서 거란을 진압하는데 공로가 컸던 김취려가 나서서 진압하여 이또한 실패로 끝나고 말았다. 그러나 그로부터 1년 후인 고종 8년 3월에 尹章 등 3명이 잡혀 참수되는 기록으로 보아[71] 그 이후에도 소규모의 항전은 계속되고 있었다고 판단된다. 그런데 同王 9년 7월에 의주민은 또다시 봉기하였으니 그 내용을 보자.

P. 동진군사 1만여명이 정주로 들어왔다. 처음 한순·다지의 무리가 섬에 나누어 유배되었다가 모두 사면이 되어 고향으로 돌아갔었는데 이에 이르러 다시 동진군사를 이끌고 정주에 들어와 드디어 침범하였다. 방수장군 수연이 맞아 싸우다가 패하였다. 인주사람이 적과 통하여 내응하기를 모의하였는데 방수장군이 이를 알고 성밖에 나와 둔을 치고 그 모의를 무산시키고 군사를 몰아 동진군사를 엄습하여 200여급의 목을 베었다.[72]

의주민의 항쟁은 이미 3년째 지속되고 있었다. 이제 의주민은 전적으로 외세에 의존하여 봉기하였음을 보여준다. 이제 농민봉기는

---

70) 『東文選』 권69, 記 金平章(就礪)行軍記, 李齊賢. "丹之漏網者 竄伏寧遠山中 時出鈔盜爲民患 而義州人昌名 與秀甫公理又謀叛 公遣李景純李文彦 討寧遠之賊 文備崔珙討昌名 昌名時攻鐵州 官軍至 賊黨瓦解"
71) 『高麗史節要』 권15, 高宗 8年 3月.
72) 『高麗史節要』 권15, 高宗 9年 7月. "東眞兵萬餘入靜州 初韓恂多智之黨 分配海島 後皆遇赦還鄕 至是復引東眞兵 入靜州 遂侵靜州 防守將軍守延 與戰敗績 麟州人 謀與敵通爲內應 防守將軍知之 出屯城外 以解其謀 勒兵掩襲東眞兵 斬首二百餘級"

정부를 함락시키기 위해서 외세를 이용하는 단계가 아니라 외세가 주축이 되어 고려정부와 항전하기에 이르렀다. 이에 麟州民도 가담하였다. 의주민은 고려정부에 반감을 넘어서서 이제는 적대의식을 가지고 있음을 보여준다.

그러면 동진국이 이에 적극 가담한 이유는 무엇일까. 이에 시사를 주는 내용으로 고종 11년(1224) 정월에 동진은 고려에 사신을 보내어 榷場 설치를 요구하고 있다.73) 그들은 고려의 무역단절로 인해 생활필수품이 부족하여 궁핍에 시달리고 있었는데, 앞서 의주민에 적극적으로 동조하지 않아 그들의 진압에 도움을 주었음에도 고려는 현실적으로 아무런 배려를 하지 않았고 각장도 설치하지 않았다. 의주민 또한 무역이 그들의 중요한 생계수단이었으므로 고려정부의 무역금지로 인한 생존의 위기의식이 동진국과 협력하여 침략하게 된 것 같다.

또한 동진의 입장에서는 북방에 몽고가 버티고 있는 상황에서 그를 이길 수 없는 한 남으로 가서 터전을 잡지 않을 수 없었다. 그들의 절박한 상황과 의주민의 이해가 합쳐지면서 동진군은 의주민을 앞세워 적극적으로 고려를 공격했다. 정부는 중군병마사 李延儒, 우군병마사 趙廉卿, 후군병마사 金叔龍에게 서경군사를 조발하여 추적하게 하여 이들의 공격을 겨우 막아낼 수 있었다. 고종 10년 이후부터는 의주민과 동진군의 연합전선은 끝난 것 같다.

한편 우가하도 고려의 정세를 파악하며 물자가 부족할 때마다 간헐적으로 고려를 공격하였다. 고려정부의 입장에서 볼 때 외적 침입이 우려되는 상황에서 상인의 왕래가 빈번한 무역소의 설치는 국내의 군사기밀이 누출될 수 있다는 문제 때문에 섣불리 결정할 수가 없었고, 당분간은 몽고의 세력을 견제하기 위해서 외국인의 입국을 통제하지 않을 수 없었다. 이후 고려와 북방민족과는 소강상태가 계속되었다.

---

73) 『高麗史』 권22, 高宗 11年 正月 戊申.

그러나 고종 12년 정월에 발생한 몽고사신 저고여의 피살로 동진과 고려, 그리고 우가하와의 관계는 급속히 냉각되었다. 고려의 입장에서는 고려에 왔던 몽고사신이 돌아가던 도중에 피살당했으므로 몽고의 오해와 보복을 두려워하지 않을 수 없었다. 고려는 우가하나 동진국이 고려가 그들의 요구를 들어주지 않았으므로 몽고를 이용하여 고려를 멸망시키려는 음모가 아닌가 의심하였다. 저고여를 피살시킨 자가 누구인지 밝혀지지 않았지만 고려는 몽고에 우가하나 동진의 소행이 분명하다고 몽고에 항변하며 이들과 관계를 끊었고, 동진은 계속해서 고려를 침입하였다. 이에 12년 8월에는 동진군사 100여명이 삭주를 침입했고 이듬해 정월에는 우가하의 군대가 몽고복으로 위장하여 의주·정주 등을 침입하려고 한 적이 있었다. 결국 이들을 퇴치하기는 했으나 완전히 소탕시키지는 못한 고려로서는 국력만 소모하여 다가오는 몽고와의 전쟁에 대비한 전력을 축적시킬 여유를 상실하게 되었다.

Ⅶ. 맺음말

고려 무신정권기 농민항쟁은 초기에는 탐학한 지방관의 교체요구에서 시작하여 나중에는 신분제도 타파, 토지겸병 근절 등 체제개혁 요구를 거쳐 새로운 국가건설을 표방할 정도로 강력한 것이었다. 이와같은 농민항쟁을 수습하고 정치적 실권을 장악한 인물은 최충헌이었다. 그는 피지배층의 대정부 항쟁을 무자비하게 진압함으로서 그의 독재기반을 확고히 하였다. 그의 독재정치는 그가 정권을 잡은 지 20년 후 외세의 침입과 맞물려 흔들리기 시작하였다. 거란의 침입으로 중앙집권력이 약화되는 틈을 타서 곳곳에서 반란이 일어난 것이었다. 그중 가장 대표적인 것이 의주민의 항쟁으로서, 이는 서북지방의 토지소유관계의 모순이나 의주지방의 무역 억제책에 대한 반발이 합쳐져서 일어난 것이며 넓게는 중세사회의 모순을 타파하고자 하는 농민의 요구가 이루어지지 않은데 대한 반발이라고 보여진다.

　양계는 고려의 특수 군사지대로서 주민 대다수가 국방을 담당하는 둔전병으로서 열악한 노역에 시달리고 있었다. 그러므로 한순·다지가 주도하여 일으킨 의주민의 항쟁은 앞서 조위총이 주도한 서북민의 1차항쟁과 비슷한 성격을 지니고 있다. 서북지방 농민항쟁 역시 초기에는 조위총의 정권탈취 욕망과 서북민의 불만이 합세하여 일어난 것이다. 그러나 전력이 약화되고 관군의 공격이 치열해져서 고려정부를 함락시킬 자신이 없어지자 조위총은 자비령 이북을 들어 금에 투항하고자 하였으나 금의 거부로 결국은 실패하였다. 서북민의 2차 항쟁은 양계의 도령 등 지배층이 배제된 순수한 농민항쟁이었고, 그들은 묘향산을 근거지로 끝까지 싸우다가 양식부족이 결정적 원인이 되어 패배하였다. 이로부터 40여년이 지나 이번에는 의주민이 주축이 되어 봉기하였던 것이다. 한순·다지 등은 감창사와 대간을 두어 관아창고의 곡식을 나누어주고 탐학한 관리들을 응징함으로서 서북계 주민들의 전폭적인 지지를 받았다. 그들 역시 정부군을 이기지 못하게 되자 동진국과 금 그리고 우가하와 합세하여 저항하였다. 여진족 등 이민족과 함께 거주하는 서북민에게 민족의식이나 국가의식은 그리 크지 않았다고 보여진다. 민족공동운명체로서의 국가의식보다는 개경 지배층과 변방의 피지배층이라는 계급간의 이해관계가 더욱 첨예하게 대립하고 있었으므로 금이나 동진으로 투항하려는 행위가 가능했다고 보여진다. 또한 발해유민의 상당수가 여진에 편입되었던 만큼 다른 종족이라는 거부감이 크게 없었던 것도 또 하나의 원인이라고 생각한다.

　조위총이 주도한 서북민의 항쟁이 시작된 이래로 외세에의 빈번한 투항은 고려 지배층으로 하여금 피지배층에게 국가의식이나 민족의식을 고취시킬 필요성을 느끼게 하였고, 대몽 항쟁기의 강대한 외압에 직면한 민족적 위기에는 그와 같은 필요성이 더욱 절실해졌다. 이것이 이승휴의 『제왕운기』, 그리고 일연의 『삼국유사』를 낳게 하였고, 이를 통해 고려 후기 지배층은 우리가 신라나 고구려 등 특정한 어느 왕조의 계승자가 아닌 단군이라는 같은 조상의 동일한 후손이라는 민족의식을 강조하여 이것을 점차 피지배층에로 침투시켜 갔던 것이다.[74]

그리고 한순·다지가 동진에 투항하려고 했던 자세는 당시 동진의 국력이 간도지방 함경도 일대의 일정한 영역만을 확보한 불안한 상태였으므로 동진의 군대를 끌어내려는 일시적인 조처로 생각될 뿐, 원에 항복한 崔坦이나 趙暉, 卓靑처럼 서북계나 동북계 지역을 몽고에 편입시켜 몽고의 직속령으로 만드는 것과는 성격을 조금 달리 보아야 하지 않을까 생각한다. 한순 등의 외세와의 연합전선은 반국가적 반민족적이라기 보다는 고려 지배층에 반대하여 고구려나 발해를 계승한 새로운 국가창출을 시도하려는 의도가 있지 않았나 생각된다. 그러나 이들의 반란은 일단 외세를 끌어들임으로서 정부로 하여금 더욱 강경하게 대응하게 하는 결과를 가져왔다.

한순·다지의 난 이후 일부 지방에서 간헐적으로 일어나기는 했으나 대규모의 봉기는 없이 소강상태를 유지하다가 고려는 대몽항쟁기에 들어가게 되었다. 외세는 최씨정권을 뒤흔들어 농민항쟁을 야기시켜 고려 지배층이 위기에 휩싸이기도 했지만, 한편으로는 몽고라는 큰 세력이 다시 침입하여 고려민이 최씨정권과 합세하여 대몽항쟁을 벌임으로서 최씨정권을 유지시키는 결과도 가져왔다. 이리하여 고려가 몽고와 강화를 맺게되는 고종 46년까지 최씨정권은 외세침략의 위기에 힘입어 내부적인 모순이 해결되지 않은 채 무려 4대 60년간 계속되게 되었다.

---

74) 李佑成, 1962, 「高麗中期의 民族敍事詩」 『成均館大學校論文集』 7.
　　河炫綱, 1975, 「高麗時代의 歷史繼承意識」 『梨花史學研究』 8.

제 5 장

동녕부와 고려의 대원관계

Ⅰ. 머리말
Ⅱ. 고려와 원과의 관계
Ⅲ. 동녕부의 성립과 존재형태
Ⅳ. 원의 동녕부 반환과 역사적 평가
Ⅴ. 맺음말

Ⅰ. 머리말

 고종대에 이르러서 고려는 외세의 침략을 받아 몽고와의 전쟁이 무려 30년간이나 계속되었다. 결국 고려정부는 몽고의 압력을 이기지 못하고 강화를 맺어 고려는 이제 몽고간섭기에 들어가게 되었다. 이즈음 고려의 국토를 들어 몽고에 투항하는 자가 나타났으니 대표적인 인물이 趙暉·卓靑 그리고 崔坦이다. 이들이 몽고에 투항한 시기는 몽고가 고려에 가장 큰 압력을 행사할 때였다. 그러므로 이들이 몽고에 투항한 이유는 고려의 국력이 약한 틈을 타서 몽고의 힘을 빌어 동북면 혹은 서북면 지역을 고려의 간섭 없이 자치적으로 통치하려는 것이 주목적이었음은 상식적으로 추론이 가능하다. 그러나 한편으로는 몽고가 그렇게 되도록 유도한 측면이 있었음은 부인하기 어렵다.
 당시 동북아시아는 몽고가 金나라 뿐만 아니라 西夏를 멸망시키고 송나라만 겨우 명맥을 유지하고 있었다. 이제 아시아에서 고려, 일본만 남은 상태에서 몽고는 지리하게 전쟁을 계속하고 싶지 않았다고 보여진다. 그러므로 가능한한 속전속결로 전쟁을 끝내고 싶어하는 몽고는 고려를 굴복시키는 수단으로 최탄, 그리고 조휘와 탁청을 이용했던 것이다. 본고는 조휘와 탁청의 쌍성총관부는 다음으로 미루기로 하고 최탄의 반란에 의해 설치된 동녕부를 살펴보고자 한다. 우선 동녕부의 성립과 존재형태를 규명하고 다음으로는 고려정부와 원과의 관계를 살펴서 당시 원 간섭하에 민족분리책으로 야기된 고려사회의 단면을 살피려고 한다. 동녕부에 관한 논문으로는 김구진과 방동인의 글이 있으며, 그 외에 이에 관련된 논문이 다수 있다.[1] 이

---

 1) 方東仁, 1982「雙城總管府考」『關東史學』 1.

를 기초로 하면서 논지를 풀어보고자 한다.

Ⅱ. 고려와 원과의 관계

1. 원의 대 고려 정책

10세기 초 당이 멸망한 후, 중국은 주목할 만한 변화가 일어났다. 한족이 세운 송이 있기는 했으나 북방의 만주 몽고 지역에는 유목민족이 대두하여 거란의 요, 여진의 금, 몽고의 원이 번갈아 일어나서 눈부신 군사적 활동을 전개하였다. 특히 원은 13세기 초에 흥기하여 아시아와 유럽에 걸치는 대제국을 건설하였고, 그 과정에서 고려에도 침입하게 되었던 것이다.

몽고가 고려를 최초로 침략한 시기는 1231년(고종 18)이었다. 몽고는 고려를 침략하는 한편 이미 1227년에 멸망시킨 서하 외에도 유럽과 아시아를 공략하여 1241년에는 남부 러시아와 유럽의 중부와 동부를 석권하였으며, 1258년에는 안남(베트남)을 항복시켰다. 그 과정에서 몽고는 고려에 가장 많은 침략을 감행했음에도 아직도 항복을 받아내지 못했던 것이다.

1247년(고종 34) 부터 몽고는 고려왕의 친조와 江都로부터의 出陸을 강요하였으며, 1251년에는 홍복원을 高麗軍民總管으로, 1258년(고종 45)에는 죽은 홍복원을 이어서 永寧公 綧에게 요양, 심양의 고려 유민을 다스리게 하여 고려를 압박하였다.[2] 1259년(고종 46) 4월에

金九鎭, 1989,「麗元의 領土紛爭과 그 歸屬問題」『國史館論叢』7.
方東仁, 1990,「麗・元 關係의 再檢討」『國史館論叢』17.
周采赫, 1989,「몽골・고려사 연구의 재검토」『國史館論叢』8.
森平雅彦, 1998,「高麗王位의 基礎的 考察」『朝鮮史研究會論文集』36.

제5장 동녕부와 고려의 대원관계 177

이르러서 국왕이 태자를 보내어 몽고에 가서 항복하겠다는 의사를 밝힘으로써 고려와 몽고는 본격적으로 강화의 움직임이 일기 시작했다. 이 때는 최씨정권의 마지막 통치자인 최의가 김준·임연 등에 의해 죽임을 당하여 무신정권이 흔들리고 있던 시기였다. 그러나 최의에 이어 정권을 장악한 김준 또한 몽고와의 강화는 무신정권의 몰락과 직결됨을 인식하고 있었으므로 개경 천도와 국왕의 입조 등 몽고가 제시하는 조건을 받아들이는 것을 거부하였다. 이와같은 상황에서 고려정부가 항복하겠다는 의사를 밝힌 것은 원의 쌍성총관부 설치가 고려에 상당한 타격을 주었기 때문이며 완전히 항복하게 된 것은 동녕부 설치가 또한 중요한 이유였다. 『高麗史節要』를 통해 우선 고종 45년의 쌍성총관부 설치과정부터 살펴보자.

A-1) 10월 高州·和州·定州·長州·宜州·文州 등 15주에 살던 사람들이 猪島로 옮겼는데, 동북면병마사 愼執平은 저도의 성이 크고 거주하는 사람들이 적어 지키기가 매우 어렵다 하여 드디어 15주 사람들을 竹島로 옮겨 거주하게 했다. 섬이 좁고 우물과 샘이 없으므로 사람들이 모두 옮기려하지 않으니 집평이 강제로 몰아서 들여보냈다. 사람들이 많이 도망하여 흩어지고 이주한 자는 10명 중 2·3명뿐이었다.3)

2) 동진국이 수군을 거느리고 와서 高城縣의 松島를 포위하고 戰艦을 불태웠다.4)

3) 몽고의 散吉大王 普只官人 등이 군대를 이끌고 옛화주 땅에 주둔하였다.5)

---

2) 李貞信, 2001, 「永寧公 王綧 연구」 『민족문화연구』 35.
3) 『高麗史節要』 권17, 高宗 45年 10月. "高和定長宜文等十五州人 徙居猪島 東北面兵馬使愼執平 以爲猪島城大人少 守之甚難 遂以十五州 徙保竹島 島狹隘 無井泉 人皆不欲 執平强驅以納之 人多逃散 徙者十二三"
4) 『高麗史』 권24, 高宗 45年 12月 丙子. "東眞國 以舟師來圍 高城縣之松島 焚燒戰艦"
5) 위와 같음. "己丑 蒙古 散吉大王 普只官人等 領兵來屯 古和州之地"

4) 12월 龍津縣 사람 趙暉, 定州 사람 卓靑 등이 朔方道・登州・文州 사람들과 함께 모의하여 몽고병을 이끌고, 빈 틈을 타서 집평과 登州副使 朴仁起, 和州副使 金宣甫 및 京別抄 등을 죽이고, 드디어 高城을 공격하여 민가를 불사르고, 人民을 죽이고 노략질하여 마침내 화주이북의 땅을 몽고에 붙였다.6)

5) 이에 몽고가 화주에 쌍성총관부를 설치하고 조휘를 摠管으로, 탁청을 千戶로 삼았다.7)

6) 죽도: 육지와의 거리가 10리이다. 정주이남 12성 사람들이 이 섬에서 몽고의 군사를 피하였다. 용진사람 조휘, 定平사람 탁청이 여진인 布只貝과 공모하여 도병마사 愼執平과 錄事 全亮을 죽이고 적을 맞아들였다. 지금은 사는 사람이 없다.8)

위의 기록에서 보는 바와 같이 조휘・탁청의 반란으로 쌍성총관부가 설치된 것이지만 그 내부에는 주민들의 정부에 대한 불만이 내재되어 있었다. 당시 동북면 병마사였던 신집평은 주민들의 생계를 고려하지 않은 채 저도에서 죽도로의 입보를 강행하여 반발을 샀다. 죽도는 6)의 기록에서 보는 바와 같이 조선 세종 대에도 사람이 살지 못할 정도로 농토와 물 부족 등 자연환경이 열악한 곳이었다. 비록 그가 주민들을 위해 강도정부에 양식조달을 요청해 운반해 왔다고 하더라도 물이 부족한 상태에서 오래 버틸 수는 없었으므로 근본적인 치유책은 될 수 없었다. 이들의 불만을 이용하여 조휘・탁청이 반란을 일으켰던 것이다.

『元史』 고려전에 의하면 定宗 2년(1247, 고종 34)부터 憲宗 8년(1258, 고종 45)까지 세공이 들어오지 않으므로 장수에게 명령하여 14

---

6) 『高麗史節要』 권17, 高宗 45年 12月. "龍津縣人趙暉 定州人卓靑等 與朔方道登文州 諸城人合謀 引蒙兵 乘虛殺執平 登州副使朴仁起, 和州副使金宣甫 及京別抄 遂攻高城 焚燒廬舍 殺略人民 遂以和州迤北 附于蒙古"

7) 위와 같음. "蒙古乃置 雙城摠管府于和州 以暉爲摠管 靑爲千戶"

8) 『世宗實錄地理志』 권155, 咸吉道 安邊都護府 宜川郡.

성을 빼앗았다는9) 기록이 보인다. 이는 쌍성총관부를 가르키는 것이라고 판단된다. 결국 쌍성총관부는 용진현과 문천현의 토호였던 조휘10)·탁청11)의 주도하에 일어났지만 그 배후에는 원이 있었다. 즉 몽고가 보낸 동진국 군사들은 배들을 모두 불태워버림으로서 동계의 주민들이 섬으로 도피하거나 물이나 양식이 부족해도 섬의 주민이 육지로 나올 수 없게 만들었다. 여기에 散吉大王은 화주에 거주하면서 고려민에게는 정부에 대한 반감을 부채질하고 조휘·탁청 등 동북계의 토호들에게는 일정한 권익을 보장했으리라 보여진다. 4)의 기록에서 보는 바와 같이 조휘·탁청은 군대를 동원할 수 있는 위치에 있는 사람이 아니었다. 그들은 그들에 동의하는 주민들과 더불어 몽고병을 앞세워 반란을 일으켰던 것이다. 6)의 『세종실록지리지』를 보면 여진인과 공모하여 반란을 일으켰다고 하였는데 이는 몽고의 사주를 받은 여진인이라고 판단된다. 반란이 일어났던 그 달에 즉시 쌍성총관부가 설치되었다는 것은 그들이 원의 구도에 따라 움직였음을 추정케 한다. 이같은 상황은 동녕부가 설치되는 원종 10년 시기의 『元史』 고려전에 원정부의 의도가 잘 나타나 있다.

   B-1) 추밀원의 신료들이 고려를 정벌하는 일을 의논하였다. 처음 馬亭이 말하기를, "고려가 … 비록 지금 와서 조공을 바치지만 그 마음은 측량하기가 어렵습니다. 군대를 정비하여 일본을 친다는 명분으로 길을 빌려 그 틈을 타서 고려를 습격하여 군현으로 만들어 버리는 것이 좋습니다."12)

---

9) 『元史』 권208, 列傳95 外夷 高麗.
10) 『세종실록지리지』 권155, 함길도 용진현에 입성으로 조씨가 나온다. 여기에서 그의 관직명은 보이지 않으나 관직이 없더라도 그는 용진현의 토호였으므로 주민들이 그를 따랐으리라 추정된다.
11) 탁청의 경우에는 정주에는 탁성이 보이지 않고 『세종실록지리지』 155, 함길도 영흥대도호부 문천군에 亡入姓에 탁씨가 있는데 그는 楊根(현 양평)에서 왔다고 한다. 고려에 대한 배반으로 그는 고려말에 亡入姓이 되었을 가능성이 높다.

2) 前樞密院經歷 馬希驥가 역시 말하기를, "지금의 고려는 옛날의 신라・백제・고구려의 삼국이 합쳐져 하나로 된 것입니다. 대저 藩鎭의 권세는 나누면 다스리기가 쉽고 제후가 강성하면 신복시키기가 어렵습니다. 고려의 軍民의 많고 적음을 살펴서 나누어 둘로 분할하여 다스립시다. 힘을 동등하게 만들어 서로를 견제하게 하여 서서히 도모하는 것이 좋은 계책이니 또한 쉽게 처리할 수 있을 것입니다."13)

위의 기록에서 원의 以夷制夷 정책이 잘 나타나 있다. 여기에서도 몽고는 쌍성총관부가 일개 변방민의 권력욕에서 시작된 것이 아니라 원나라의 교묘한 전술에 휘말린 것임을 짐작하게 한다. 그들의 일본정벌은 대제국 원에 복속하지 않는 나라가 없게 하려는 대외적인 팽창정책의 일환이기도 했지만14) 한편으로는 일본을 친다는 명분으로 고려의 군사력을 파악하여 다시는 원에 저항하지 못하게 하려는 의지도 내재되어 있었다. 그러므로 몽고의 1차 일본정벌은 고려에 대한 견제를 강하게 내포한 것이었다. 원은 정벌에 필요한 대다수의 배와 군량미를 고려에 전가시켰으므로 크게 문제될 것이 없었다. 원종 15년 10월의 기사에 의하면 일본정벌에 몽・한군 2만 5천, 고려 군사 8천 및 뱃사공 6천 7백, 전함 9백척이 동원되었는데15) 그들이 동원한 것은 오직 군대 뿐 나머지는 모두 고려가 부담해야 했다. 몽・한군이

---

12) 『元史』 권208, 列傳 高麗傳 至元 6年 11月(1269, 元宗 10年). "樞密院議征高麗事 初馬亨以爲 高麗者 本箕子所封之地 漢晉皆爲郡縣 今雖來朝 其心難測 莫若嚴兵假道 以取日本爲名 乘勢可襲其國 定爲郡縣"
13) 『元史』 권208, 列傳 高麗傳 至元 6年 11月. "前樞密院經歷馬希驥亦言 … 今之高麗 乃古新羅百濟高句麗三國 併而爲一 大抵藩鎭 權分則易制 諸侯强盛則難臣 驗彼州城軍民多寡 離而爲二 分治其國 使權倖勢等 自相維制 則徐議良圖 亦易爲區處耳"
14) 그 외에 일본과의 무역을 목적으로 일으켰다는 설 등 여러 견해가 있다. 이에 대해서는 金渭顯, 1989, 「麗・元 日本征伐軍의 出征과 麗元關係」 『國史館論叢』 9, 3쪽 참조.
15) 『高麗史』 권27, 元宗 15年 10月 乙巳.

라고는 하지만 장수를 제외한 상당수의 군졸은 漢軍이었으리라 추정된다. 그러므로 일본정벌은 원의 입장에서는 승리하면 좋고 승리를 하지 못하더라도 크게 손해 될 것이 없었다.16)

쌍성총관부가 설치된 후 고려정부는 正朝 축하의식을 그만두어 몽고에 대한 반감을 노골적으로 드러내었으며, 고종 46년 2월 갑오일에는 강화도 마리산 남쪽에 별궁을 지어 환도할 의사가 없음을 드러내었다. 한편, 서경에 주둔하던 몽고의 장수 王萬戶는 군사 10개 領을 거느리고 서경의 옛 성을 수축하는 한편 전함을 만들고 둔전을 개간하여 오랫동안 머물 것임을 공공연하게 표명하였다. 이미 이때에 몽고는 서경을 중심으로 한 북방지역을 따로 떼어 그들의 직할지로 삼아 바로 아래에 있는 개경에 군사적인 위협을 가하려 했던 것으로 보인다. 위기를 느낀 고려정부는 서경과 황주 백성들을 덕적도로 이주시켜 몽고와의 전쟁을 불사한다는 태도를 보였다.

원황제는 이를 무마하기 위해 고려의 풍속을 인정하고, 원황제가 파견하는 이외의 사신은 보내지 않을 것이며, 개경으로 수도를 옮기는 시기도 고려정부가 알아서 결정할 것이며, 주둔하고 있는 군대는 가을에 모두 철수할 것이며, 다루가치도 소환할 것이며, 몽고에 의탁하려 하는 자는 차후로는 받아들이지 않겠다고 하여17) 다시는 제2의 쌍성총관부가 없을 것임을 약속하였다. 여기에 고려도 강경하게만 나올 수는 없었다. 이미 정부에 불신감이 커진 백성들은 더 이상 그들의 희생만 강요하는 전쟁을 거부하였을 뿐 아니라 투몽현상까지 나타나고 있었다. 국왕은 지배층의 굴욕적 태도가 백성들의 불신을 사게 되어 투몽현상까지 일어나게 되자 몽고와 결탁하여 왕실의 안녕을 지키고자 하였다. 그러나 金俊은 여전히 환도를 주저하고 있었

---

16) 그렇다 하더라도 몽고는 그들이 패배하리라고는 생각하지 않았던 것 같다. 일본정벌이 실패한 후 원 세조는 일본의 재정벌에 큰 관심을 드러내었다. 이는 몽고의 자존심에 큰 타격을 받았기 때문이라고 보여진다.
17)『高麗史』권25, 元宗 元年 8월.

다. 고려와 몽고가 환도문제로 지리하게 공방을 거듭하는 가운데 고려에서 정변이 일어났다. 즉 원종 9년(1268) 12월에 林衍이 국왕과 결탁하여 김준을 죽이고 정권을 장악했던 것이다. 그러나 임연도 몽고에 굴복할 태도를 보이지 않고 국왕을 폐하고 해도로 피신하여 몽고의 예봉을 피해보려고 시도하였다.[18] 임연은 몽고와의 강화를 희망하는 원종을 폐하고 그들의 요구를 수락할 수 있는 安慶公 淐으로 대신하고자 했다. 이에 몽고는 고려의 내분을 조장하여 압력을 가할 대안으로 최탄을 택했던 것으로 보인다.

임연은 앞서 조휘·탁청에 이어 최탄이 고려정부에 반기를 들어 몽고에 항복하자 몽고의 요구대로 원종을 복위시키지 않을 수 없었다. 이제 국왕은 몽고의 요구를 전부 수락할 의사를 밝히며 몽고의 비호하에 왕권을 지키기 위해 황실의 부마가 될 것을 요청하였다. 몽고세력에 힘입어 국왕과 문신이 林惟茂 등 몽고에 저항하는 무신들을 제거하고 환도를 명령하자 이번에는 삼별초 항쟁이 발발하였다. 그러나 그들이 강화도에 이어 진도·제주도까지 근거지를 옮겨가며 항거하였으나 몽고를 막아낼 수는 없었고 이 과정에서 오히려 반몽고 세력이 몰살당하여 이후 반몽항쟁이 어렵게 되는 결과를 가져왔다.

2. 몽고 침입기의 북계

고려의 지방제도는 5도 양계였다. 양계는 북방의 이민족과 국경을 맞닿고 있는 변방지대이므로 고려는 이곳을 특수군사지역으로 설정하여 행정적으로도 남도와는 구분하여 통치하였다.[19] 즉 양계에 거

---

18)『高麗史』권25, 元宗 卽位年 8月, 11月.
19) 邊太燮, 1971,「高麗兩界의 支配組織」『高麗政治制度史研究』, 一潮閣.

주하는 모든 장정은 주진군에 소속시켜 방수에 참여케 하여[20] 이를 통솔하는 양계 토호 즉 도령들은 군사 동원력에 있어서 남도와 비할 바가 아니었다.[21] 이것이 잘 드러난 것이 조위총의 난으로 불리우는 서북민의 농민항쟁인데, 이는 명종 4년부터 8년까지 무려 5년이나 지속되었다.[22] 고종대에 들어와서 서북계는 다시 한번 반란에 휩싸였다. 고종 4년에는 서경의 군졸 최광수가 고구려 부흥을 내걸었으며,[23] 이어 6년에는 한순·다지가 이끄는 의주민의 항쟁이 있었다. 이때 의주민은 동진과 연합하여 고려를 공격하려고 시도하여 외세를 끌어들이고 있다.[24]

또한 몽고와 전쟁이 시작되자 정부는 수도를 강화도로 옮기고 고려에 주둔하는 다루가치를 죽이려 하였는데 서경민들은 "만일 그렇게 하면 우리 서경이 평주처럼 몰살당할 것이다" 하여 西京巡撫使 大將軍 閔曦를 잡아 가두었다.[25] 平州(지금의 평산)는 고종 18년 11월에 몽고가 처음으로 침입하였을 때 몽고의 첩자를 잡아 가두었다가 몽고의 보복으로 주민은 물론 개나 닭 한 마리조차 남기지 않고 모조리 도륙당한 적이 있었다.[26] 또한 몽고장수 살례탑의 죽음으로 몽고가 물러간 이듬해인 고종 20년에 이번에는 필현보와 홍복원이 서경성을 빼앗아 반란을 일으켰다. 이 반란으로 인해 弼賢甫가 죽고 洪福源은 몽고로 달아났으며 서경은 황폐해졌다. 피폐해진 서경이 복구

---

20) 李基白, 1968,「高麗兩界의 州鎭軍」『高麗兵制史研究』, 一潮閣.
21) 都領에 대해서는 다음의 논고 참조.
　　金南奎, 1977,「高麗 兩界의 都領에 대하여」『慶南大論文集』4.
　　＿＿＿, 1989,「武臣執權期 兩界 地方勢力의 政治的 動向」『高麗兩界地方史研究』새문사.
22) 李貞信, 1991,「西北地域의 農民抗爭」『高麗 武臣政權期 農民·賤民抗爭 研究』, 高大民族文化研究院.
23)『高麗史節要』권15, 高宗 4年 5月.
24) 李貞信, 1994,「高麗 高宗代 義州民의 抗爭」『史叢』45.
25)『高麗史節要』권16, 高宗 19年 8月.
26)『高麗史』권23, 高宗 18年 11月 甲辰.

된 것은 이로부터 무려 20여년이 지나서였다.27) 이같이 서북지역은 국가의 입장에서 볼 때 변방지대이므로 군사력을 강화시킬 필요가 있었지만 독자적인 성향이 강하여 중앙정부의 명령에 적극적으로 대응하여 어려움이 많았다. 뿐만 아니라 몽고와의 전쟁이 시작된 이래 가장 큰 고통을 받은 지역 또한 서북계였으니 그들의 생업인 상업과 무역에 종사할 수가 없게 되었기 때문이다. 의주 등 서북계는 북방사신의 왕래가 번다하여 이들에 대한 접대로 주민들이 고통을 당하였지만 한편으로는 북방민족과 가까운 지리적 이점으로 인해 무역이 활발했던 것도 사실이었다. 이들의 무역활동에 대해 살펴보자.

C-1) 서북면병마사 이지명이 거란 실 500묶음을 왕에게 바쳤다. 처음에 지명이 하직인사를 하니 왕이 내전으로 불러 친히 말하기를, "의주에서는 비록 상호 무역을 못하게 되어 있으나 경은 마땅히 용주 창고의 저포를 거란 실로 교역하여 바치도록 하라"고 하였으므로 이렇게 바쳤다.28)

2) 지난해부터 금나라가 전쟁으로 인하여 물자가 고갈되매 그 나라 사람들이 진귀한 보물을 다투어 가지고 와서 의주·정주의 국경지대에서 미곡을 교역하여, 심지어는 은 1정으로서 미곡 4·5석과 교환하기에 이르렀다. 그러므로 상인들이 다투어 많은 이익을 노려 비록 엄한 형벌로 다스리고 물자를 몰수했으나 오히려 탐욕에 한이 없어 몰래 숨어서 교역하기를 그치지 않았다. 금나라 장수가 군사를 거느리고 關門에 와서 질책하기를, "어찌하여 옛날의 우호를 저버리고 곡식매매를 허락하지 않느냐"고 하였다.29)

---

27) 『高麗史節要』 권17, 高宗 39年 10月. "復置西京留守官 自畢賢甫之亂 西京廢爲丘墟 至是始置"
28) 『高麗史』 권20, 明宗 15年 正月 辛丑. "西北面兵馬使李知命 獻契丹絲五百束 知命之陛辭也 王召入內殿 親諭曰 義州雖禁兩國互市 卿宜取龍州庫紵布 市丹絲以進 故有是獻"
29) 『高麗史節要』 권14, 高宗 3年 閏7月. "自去年金人因兵亂資竭 爭賚珎寶 款義靜州關外 互市米穀 至以銀一錠 換米四五碩 故商賈爭射厚利 雖嚴刑籍貨 然猶貪瀆無厭 潛隱互市不絶 金將率兵到關 責云 何棄舊好 不通告糴乎"

위의 기록은 고려 전기부터 활발했던 서북민들의 북방민족과의 무역활동에 대한 내용이다. 이미 고려 전기부터 변방의 군인들은 정부의 허용아래 개별적인 무역활동이 활발했으며,[30] 서북지역에 살지 않으면서 중국과 무역을 하려면 사신에게 상당한 액수의 뇌물을 주어야만 사신행차에 따라 갈 수 있었다.[31] 이것은 금과의 무역관계를 서술한 것이지만 그 외에도 송과의 무역은 더욱 활발하였다.[32]

서북지방 중에서 특히 의주는 북방이민족과 국경을 맞대고 있는 만큼 외적의 침입시에는 피해가 심하지만 한편 평화시에는 물자의 교역이 활발하였다. 정부는 조공무역을 제외한 개인적인 사무역을 법으로 금하고 있었지만, 사실은 공공연하게 사적인 거래가 이루어지고 있음을 국왕도 알고 있을 정도였다. 이로 인해 의주 지방은 다른 지역에 비해 농업보다는 상업과 무역에 의존하여 생활하는 비율이 높았는데, 특히 2)의 기록에서 보는 바와 같이 몽고가 금나라를 공격하면서, 금나라는 양식 등 필요한 물자를 고려로 통해 구입하였다. 정부는 이민족의 싸움에 빌미를 제공하지 않기 위하여 외국과의 무역을 철저히 금지하였는데, 이점은 금나라 뿐 아니라 국경지대에서 상업에 종사하던 의주 등 주변 주민에게도 큰 타격이었다. 이어서 고려에도 몽고의 침입이 시작되면서 상업과 무역은 물론이고 생명에 위협을 느끼는 상황이 30년 이상 지속되면서 서북계 주민들의 생활기반은 완전히 무너졌다.

그러나 최씨정권이 외세를 물리쳐야 한다는 명분을 내세워 몽고와의 전쟁은 계속되고 있었다. 그런데 고종 45년 3월, 김준, 유경 등이

---

30) 『高麗史』 권95, 列傳8 邵台輔. "北路邊城將士 多自山南州縣充入 故丁田在遠 資產貧乏 脫有兵事 並爲先鋒 請自今令入遼使臣 揀壯健者爲傔從 因使偵察 疆域事勢 且有互市之利 人必競勸"
31) 『高麗史』 권99, 列傳12 李公升. "時使金者 例收管下軍 銀人一斤"
『高麗史』 권128, 列傳41 鄭仲夫 附 宋有仁. "舊例宰相奉使如金 其傔從有定額 要市利者 賂使銀數斤 然後得行"
32) 全海宗, 1974, 「對宋外交의 性格」『한국사』 4, 국사편찬위원회.

야별초를 동원하여 최씨정권의 마지막 집권자인 최의를 죽이고 정권을 왕에게로 돌렸다. 이후 최씨정권기에 비해서는 왕권은 많이 회복되었으나 아직도 현실적인 힘은 몽고 사신을 살해하고 다시 전쟁을 再開할 계획까지 세우고 있는33) 김준에게 있었다. 이에 비해 국왕은 몽고의 힘을 빌어 왕권을 온전히 되찾으려는 의도로 몽고와 강화를 맺고자 했다.

따라서 고려 정부는 전쟁을 계속할 것인지 아니면 강화를 맺을 것인지 뚜렷한 노선을 세우지 못하고 있었다. 무신 집정자들은 여전히 전쟁을 계속하기를 원했고 국왕과 문신은 강화쪽으로 방향을 바꾸고자 했다. 고려정부는 침략자 몽고군에게 양식과 공물을 바치고 있었지만 한편으로는 여전히 전쟁이 계속되고 있었다. 이에 따라 농민들은 향리로 돌아가 농사를 지어야 할지, 아니면 산성이나 해도에 진지를 구축하여 방어를 계속해야 하는지 갈피를 잡을 수가 없었다. 결국 정부는 농민들의 목숨을 담보로 몽고와 흥정하고 있었던 셈이었다. 이에 대한 농민들의 불만이 결국 투몽의 형태로 표면화하게 되었다. 농민들의 정부에 대한 반감이 드러나는 것은 이미 고종 43년 2월의 기사에 나타나 있다.

  D. 몽고군사 때문에 6道 宣旨使用別監 발송을 정지하였다. 그때 사명을 띠고 나간 자들이 백성을 괴롭혀서 횡렴하여 은총을 굳히려고 했기 때문에 백성들이 매우 괴롭게 여기어 도리어 몽고군사가 오는 것을 기뻐하였다.34)

특히 고종 40년 7월이후 蒙古將帥 也窟의 5차 침입부터 재개된 여·몽 전쟁은 車羅大로 이어지면서 7년 동안 계속되어 농민의 피해

---

33) 『高麗史節要』 권18, 元宗 9年 3月.
34) 『高麗史節要』 권17, 高宗 43年 2月. "以蒙兵 停發六道宣旨使用別監 時奉使者 剝民橫斂 以固恩寵 民甚苦之 反喜蒙兵之至"

가 극심하였다. 민생의 파탄으로 조세를 제대로 걷지 못하여 국가재정이 궁핍해져서 그 여파가 지배층의 생활을 압박하게 되자, 집권자들은 몽고군이 물러갔을 때 가능한 한 많이 거두려고 애썼다. 이같은 상황은 드디어는 피지배층이 지배층에 대한 반감으로 싸움을 포기하거나 자진해서 몽고에 투항하는 형태로 나타났다. 이는 비단 서북지방에 한정된 것은 아니지만 몽고와 국경선을 맞대고 있는 만큼 더욱 심각하게 전개되었다.

농민 투항의 또 하나의 원인은 몽고군이 침입했을 때 산성이나 해도로 피신하는 것이 더 이상 그들의 안전을 보장하지 못한다는 것이었다. 몽고는 전쟁 초기, 고려를 침입했을 때만 해도 특히 해도의 공격은 엄두도 내지 못하였다. 전쟁 초기부터 고려가 해도입보책을 강구하게 되자 몽고는 이에 대한 대책으로 물길에 익숙한 한족을 투입함으로서 섬의 공격이 가능해졌다고 보이는데 여기에 대해 고려정부는 아무런 대책이 없었다. 고종 42년 12월에 槽島를, 43년 6월에는 전남의 押海島를, 10월에는 北界 艾島를, 그리고 44년 8월에는 북계의 神威島와 서해도의 昌麟島를 공격했다.[35] 특히 압해도는 적장 차라대의 직접 지휘하에 70여척이라는 규모의 선단으로 공격하여 고려를 압박하였다.[36] 비록 몽고의 실패로 끝나기는 하였지만 이제 몽고가 연안 도서지역까지 침투함으로서 海島入保策이 농민들의 안전을 보장해주지 못하였다.[37] 또한 몽고가 강화도 부근의 여러 섬들을 집중 공격함으로서 강도 정부가 불안에 떨었고, 백성들은 해도로 입보함이 무의미함을 깨닫게 되었다. 이같은 상황이 원종대에도 계속되자 섬에 입보한 주민들에게서 반란이 일어났다.

---

35) 『高麗史節要』 권17, 高宗 42년 12월, 43년 6월과 10월, 44년 8월.
36) 『高麗史』 권130, 列傳43 韓洪甫.
37) 이에 관해서는 尹龍爀, 1991, 『高麗對蒙抗爭史硏究』, 一志社, 321~324쪽 참조.

E-1) 席島[38] 椵島[39] 사람들이 반란을 일으켰으므로 서북면병마사 李喬가 都領 韋得柔를 보내 토벌하여 괴수 來同 등을 죽였다.[40]

2) 서해도 안찰사 급히 아뢰기를, "安北都領 元振이 반란을 일으켜 그 고을 副使 文秀, 慈州부사 金脉을 잡아 죽였으며 옹진현령 鄭崇은 몽고에 투항하였습니다"라고 하였다.[41]

이제는 주민, 토호에서 한걸음 더 나아가 중앙에서 파견한 관리의 투몽 현상까지 일어나고 있었다. 주지하다시피 몽고의 의도와 마찬가지로 서북지역의 분위기가 몽고와의 전쟁을 더 이상 바라지 않는 데서 일어난 현상이라 볼 수 있다. 임연에 의해 김준이 죽임을 당하자 북계 여러 성들이 김준을 죽인데 대해 축하사절을 보내는 것으로도 알 수 있다.[42] 그러나 임연이 정권을 잡은 후에도 항몽태세가 조금도 누그러지지 않자 북계 주민들 사이에서는 미래에 대한 불안감이 떠돌기 시작했다.

E-1)에서 가도·석도 주민들의 반란을[43] 그 지역의 토호인 도령

---

38) 『世宗實錄地理志』 권154, 黃海道 豊山郡. "海島 2 ; 숙도: 郡 서쪽. 물길이 30리. 소재관으로 하여금 제사지내게 함. 나랏말 129필을 놓아먹인다. 席島: 군 북쪽. 물길이 20리. 나랏말 140필을 놓아먹인다. 두 섬에 백성이 살던 터와 밭두둑 터가 지금도 남아 있다."
39) 『世宗實錄地理志』 권154, 평안도 평양부 삼화현. "인종때 金堂·呼山·漆井의 3部曲을 합쳐 삼화현으로 하여 현령을 두었다"
椵島: 현 남쪽 海中에 있다. 소재관으로 하여금 봄 가을에 제사지내게 한다.
40) 『高麗史』 권25, 元宗 元年 正月 癸未. "席島椵島人謀叛 西北面兵馬使李喬 遣都領韋得柔擊之 斬其魁來同等"
41) 위의 책, 元宗 元年 正月 戊戌. "西海道按察使馳報 安北都領元振叛 執其州副使文秀 及慈州副使金脉殺之 甕津縣令鄭崇 降於蒙古"
42) 『高麗史』 권26, 원종 10년 2월 甲午.
43) 이들이 왜 반란을 일으켰는지 직접적인 원인은 나오지 않는다. 그러나 다음의 기사로 보아 섬으로의 入保를 강행하는 지방관의 자세에서 주민의 반감을 유추할 수 있을 것이다.
『高麗史節要』 권17, 高宗 45年 正月. "宋吉儒 … 乃爲慶尙州道水路防護

위득유를 보내어 진압했는가 하면 E-2)에서는 안북도령이 주도하여 반란을 일으키고 있다. 이미 서북계는 병마사 등 중앙에서 파견된 관원은 무력하였으며 그 지역을 통솔할 수 있는 사람은 도령 등 토호만이 가능함을 보여주고 있다. 그리고 원종 10년대에 이르러서는 토호들도 반고려적인 자세를 견지하고 있음을 알 수 있다.

서북민은 한시바삐 북방지역이 안정되어서 거리낌없이 물자를 교류할 시기만을 기대하고 있었다.44) 다음은 원간섭기에 고려와 몽고와의 무역에 관한 글이다.

> F. 고려왕(충렬왕)이 周侍郞을 파견하여 바다를 건너와서 물건을 판매하니 담당관리가 泉州·廣東 市舶司의 예에 의거하여 3/10을 거두려 하였다. 公(史燿)이 말하기를, "고려왕은 원의 부마이고, 또 오랫동안 귀속되어 있었는데 어찌 해외의 신복하지 않는 나라와 동일시할 수 있겠는가. 오직 명령대로 1/30세만을 받도록 하라"고 하였다.45)

옛부터 고려는 중국과 무역을 하였다. 그러나 대체로 조공을 통한 무역형식이었으므로 특별히 관세는 없었다. 그러나 국가와 국가간의 조공을 통한 무역이 아니라면 관세를 물어야 했다. 고려의 경우는 원에 복속되었다고는 하지만 국가가 온전하게 유지되었으므로 관세의 문제가 생겼던 것 같다. 『元史』 食貨志 市舶條에 의하면 원은 국내의 商稅는 1/30을 부과하고46) 다른 나라와의 교역품은 1/10-1/15의 抽分

別監 檢察州縣人物入島 有不從令者 搏殺之"
44) 주민들이 교역을 통해 수익을 얻고자 한 경제적 이유도 쌍성총관부 설치배경의 한 원인이라고 보여진다. 金九鎭, 1989, 「麗元의 領土紛爭과 그 歸屬問題」 『國史館論叢』 7, 77쪽.
45) 姚燧, 『牧庵集』16, 神道碑 「榮祿大夫 福建等 處行中書省 平章政事 大司農 史公 神道碑」. "高麗王遣周侍郞 浮海來商 有司求比泉廣市舶 十取其三 公(史燿)曰 王于屬爲副車 且內附久 豈可下同海外不臣之國 惟如令三十稅一"(張東翼, 1997, 『元代麗史資料集錄』, 서울대출판부 재수록).
46) 『元史』 권94, 食貨2 商稅.

즉 關稅를 거두었다. 원나라는 관청에서 주관하여 교역을 많이 하였는데, 관이 소유한 배로 관이 자본을 내어서 무역인을 선정하여 그로 하여금 장사를 하게 하여 이윤을 얻으면 10 중 7은 관이 소유하고 3은 무역인이 가져가는 것으로 법률이 제정되어 있었다.[47] 그런데 원은 고려에 3/10을 매기고 있다. 아마 주시랑은 고려에서 가져온 물품을 바로 원의 官船에 팔아 넘겼던 것 같다. 물건을 팔아주는 대가로 그 이익을 원의 관청에서 챙기려 하였으므로 과중한 세를 부과시켰던 것이다.[48]

만일 동녕부가 원의 직속령이 된다면 원과 무역을 할 때 1/30의 商稅만 부담하고 관세를 부담할 필요는 없었을 것이다. 이 사실은 상인들에게는 포기할 수 없는 매력적인 점이었으리라 생각된다. 이미 원은 시범적으로 1261년(원종 2) 10월에 榷場을 열어 무역을 하도록 했다가 불과 7개월후 다시 罷市함으로서[49] 서북민의 마음을 꿰뚫어 보고 있었다. 이것이 서경이 동녕부에 편입되었을 때 서경민이나 서북계 주민들이 최탄이나 원에 계속 항거하지 않았던 또 하나의 원인이었을 것이다.

---

47) 『元史』 권94, 食貨2 市舶條. "凡隣海諸郡 與蕃國往還互易舶貨者 其貨以十分取一 粗者十五分取一 以市舶官主之 … 官自具船 給本 選人入蕃 貿易諸貨 其所獲之息 以十分爲率 官取其七 所易人得其三 … 其諸蕃客旅就官船賣買者 依例抽之"
48) 장동익은 3/10을 抽分으로 파악하였다. 그러나 추분은 1/10~1/15이며, 3/10은 무역으로 생긴 이익금을 나누는 형태로 보아야 할 것이다. 張東翼, 1997, 「元人의 高麗에 관련된 記事」 『元代麗史資料集錄』, 서울대출판부, 326~327쪽
49) 『元史』 권208, 列傳 高麗.

Ⅲ. 동녕부의 성립과 존재형태

1. 동녕부의 성립

평양에 동녕부가 설치된 결정적인 계기는 최탄의 反旗였다. 다음 내용을 보자.

G-1) 최탄은 서북면병마사 營吏였다. 원종 10년에 임연이 왕을 폐하고 安慶公 淐을 왕위에 세웠을 때 최탄은 營吏 韓愼, 三和縣 사람 校尉 李延齡, 定遠都護郎將 桂文庇, 延州사람 玄孝哲 등과 더불어 임연을 처단한다는 것을 명분으로 삼아 龍岡·咸從·三和縣의 사람들을 불러 모았다. 咸從縣令 崔元을 살해하고 밤에 椵島營으로 들어가서 分司御史 沈元濬, 監倉 朴守奕과 京別抄 등을 죽였다.[50]

2) 최탄은 西京留守 崔年, 判官 柳粲, 司錄 曹英紋, 龍州守 庾希亮, 靈州守 睦德昌, 鐵州守 金鼎和, 宣州守 金義, 慈州守 金潤을 죽였으며 그 외에도 여러 성의 관속들이 다 적에게 죽었다. 成州守 崔群은 부하에게 살해당했다.[51]

3) 황제가 崔坦과 李延齡에게 金牌를 하사하고 玄孝哲과 韓愼에게 銀牌를 주었으며 조서를 내려 몽고에 소속시켜 東寧府로 고쳐 부르고 자비령을 경계로 정하여 최탄 등을 總管으로 임명하였다.[52]

---

50) 『高麗史』 권130, 列傳43 崔坦. "崔坦 西北面兵馬使營吏也 元宗十年 林衍廢王 立安慶公淐 坦與營吏韓愼 三和縣人 校尉 李延齡 定遠都護郎將 桂文庇 延州人玄孝哲 等 以誅衍爲名 嘯聚龍岡咸從三和人 殺咸從縣令 崔元 夜入椵島營 殺分司御史 沈元濬 監倉 朴守奕 京別抄 等"
51) 『高麗史』 권130, 列傳43 崔坦. "坦殺西京留守崔年 判官柳粲 司錄曹英紋 龍州守庾希亮 靈州守睦德昌 鐵州守金鼎和 宣州守金義 慈州守金潤 其餘諸城員吏 皆沒於賊 成州守崔群 爲其下所殺"
52) 위의 책. "帝賜坦及延齡金牌 孝哲愼銀牌 詔令內屬 改號東寧府 畫慈悲嶺爲界 以坦等爲摠管"

최탄이 반란을 일으킨 시기는 원종 10년이지만 실지로는 이미 그 이전부터 정부에 대한 반감이 커지고 있었음은 앞의 기록에서도 볼 수 있다. 최탄이 반란을 일으킨 후 椵島로 들어가 분사어사 등을 죽였다는 것으로 보아 평양의 주민 뿐 아니라 군영이 가도에 이주해 와 있었음을 짐작할 수 있다. 이는 평양 주민부터 이주시킴으로서 섬으로 들어가고자 하는 개경정부의 의지를 나타내는 것으로 보여진다.

그는 분사어사, 감창, 경별초, 서경유수, 판관, 용주·영주·철주·선주·자주·성주의 수령 등 중앙에서 내려온 관원들을 다 죽였다. 일반적으로 지방관의 탐학에 분노하여 일으킨 농민항쟁의 경우에도 위급한 상황이 아니면 대개 수령을 내쫓는 정도에 그칠 뿐 국왕이 파견한 지방관을 함부로 죽이지는 않는다. 최탄의 반란이 원의 세력에 의존해서 일으켰으므로 함부로 관리들을 죽일 수 있었던 것이다. 이 난이 원의 지시나 묵계에 의한 것임을 방증하는 또 하나의 예라고 생각한다. 그는 반란을 일으킨 즉시 당시 대부성에 와 있던 몽고사신 脫朶兒에게 보고하였다. 탈타아는 의주, 인주, 정주의 수령을 제외한 나머지 관원들을 전부 다 죽이도록 지시하고 있는데, 이로서 동녕부 설치는 이전에 미리 계획된 것임을 짐작하게 한다. 몽고가 동녕부를 만들어 고려를 분할시키려는 의지는 이미 1년전 안경공 창이 사신으로 갔을 때 황제의 말에서도 짐작할 수 있다.

> H-1) 그대들은 우리 몽고사람들 가운데서 황제에게 반역하는 자가 있다는 것을 들으면 곧 와서 그를 속여서 선동한 것을 누가 모르겠는가.53)
>
> 2) 그대의 나라가 진실로 항복하였다면 마땅히 군사를 보내 우리의 전쟁을 도와야 하며 군량을 보내야 하며 다루가치를 청하여 백성들의 호구를 조사해야 하는데 왜 그렇게 하지 않는가.54)

---

53)『高麗史』권26, 元宗 9年 2月 壬寅. "爾等 聞我蒙古中有叛者 輒來誑誘 人誰不知"

3) 그대의 국왕은 보고하기를, 우리나라[고려]는 땅이 좁으니 지금 서경에 들어와 둔전을 운영하고 있는 군대와 백성들을 다 돌려 보낸다면 그때에는 마땅히 남은 백성들을 모아다가 농사에 힘써서 3년 후면 옛 서울에 환도하겠다고 했는데 지금 둔전하던 군대가 모두 돌아왔는데 과연 옛 서울로 돌아왔는가.[55]

4) 和尙이 보고한 바에 의하면 그대가 선물로 가지고 온 모시는 이전보다 수량이 적을 뿐만 아니라 아주 질이 나쁘다고 하니 이것은 무슨 까닭인가 그대의 나라는 일찍부터 예의를 안다고 알려져 있는데 지금과 같이 행동해서 되겠는가. 서로 싸우는 것은 모두가 좋아하지 않는데 그대들은 기꺼이 싸우고자 하니, 그렇게 한다면 그대의 영토가 줄어들 것이다.[56]

이미 고종 46년에 몽고는 왕만호로 하여금 군사 10개령(1만명)을 거느리고 서경의 옛 성을 수축하고 전함을 만들고 둔전을 개간하게 하였다.[57] 둔전 설치는 원이 차지한 지역 중에 주인없는 땅이나 개발이 필요한 곳에 국가에서 종자나 농기구를 대여하여 실시하는 것이 일반적인 관행이었다.[58] 원이 고려에 둔전을 설치한 것은 강화를 맺었다고 하지만 고려정부를 믿지 못해 오랫동안 군사를 주둔시키겠다는 의사를 나타낸 것으로 판단된다. 고려민들이 가도로 피신한 가운데 몽고는 서경에 군사와 주민을 주둔시켜 항구적으로 서경에 거주할 계획을 세웠다. 비록 이듬해에 몽고군은 고려의 요청으로 물러가기는 했으나 이를 기반으로 서경을 그들의 직할령으로 만들 수 있었

---

54) 위의 책. "爾國誠降則 當出軍助戰轉糧 請達魯花赤 點數民戶 爾胡不然"
55) 위의 책. "爾王奏云 我國地窄 今西京入排屯田軍民 盡令還歸則 當召集殘民 力農三年 然後復都舊京 今屯田軍馬盡還 果還舊京乎"
56) 『高麗史』 권26, 元宗 9年 2月 壬寅. "和尙奏云 爾等齎來 國贐紵布 減於舊額 又甚麤惡何也 爾國 素稱知禮義 今乃若爾可乎 相戰人所不好 爾欲好戰 當約其地也"
57) 『高麗史』 권24, 高宗 46年 2月 庚子.
58) 元의 屯田에 대해서는 周繼中, 1986, 「元代屯田的組織與管理」『元史及北方民族史硏究集刊』 10.

다고 판단된다. 고려가 몽고에게 항복한지 무려 10년이 지나가고 있었지만 개경환도도 제대로 이루어지지 않는 등 몽고의 입장에서 볼 때 가시적인 성과가 보이지 않았다. 이 상황을 타개하기 위해 몽고는 동녕부를 설치하여 고려에 치명적인 타격을 가할 필요성을 느꼈던 것 같다.

몽고에서는 1259년 원 헌종이 사망하자 阿里不哥와 쿠빌라이(忽必烈) 사이에 황제의 자리를 두고 내전이 일어났는데, 1264년(원종 5)에 아리불가가 항복함으로서 내전이 종식되었다. 그런데 사료에 나타나지는 않지만 고려 관리 중에서 아리불가를 도와준 인물이 있었던 것 같다. 『高麗史』의 기록에 의하면 황제가 趙彛의 참소를 믿고 위의 H-1)처럼 화를 내었다고 한다. 조이의 참소는 아리불가를 도와준 고려인에 대한 이야기라고 추정되는데 누구를 지칭하는지 알 수 없지만 어느 정도는 근거가 있지 않았나 생각된다. 고려의 태도에 화가 난 황제는 공물에서도 트집을 잡아 고려를 핍박하였다. 이 사실이 원세조에 알려짐으로서 결국은 동녕부 설치라는 최악의 상황으로 나아간 것은 아닌가 생각된다. 이로서 앞서 원세조가 약속했던, 이후로는 원이 투항하는 고려민을 받아들이지 않겠다는 약속은 무위로 돌아가게 되었다.

4)에서 그대의 영토가 줄어들 것이다라는 말은 몽고가 고려를 분리시키기 위해 내부적인 공작을 진행하고 있음을 암시한다. 즉 황제는 몽고에 계속 저항한다면 또다시 쌍성총관부와 같은 직영지 설치를 고려할 것이라고 하여 고려를 위협하였다. 이같은 몽고 황제의 질책에 대해 고려왕은, 육지로 나오는 문제는 옛 서울을 다시 건설 중이며, 군대파견 문제도 최선을 다해 준비하고 있으며, 병선준비, 군량미 운반도 힘자라는 대로 진행할 것이며, 다루가치를 청하고 호구를 조사하여 제공하는 문제는 지금 벌려놓은 일로 겨를이 없으니 일이 수습되는 것을 기다려 시키는 데로 아뢰겠다고 공손하게 대답하였으

나 사실은 명쾌하게 답변한 것이 하나도 없었다.[59] 이에 몽고는 서경을 분리시킴으로서 고려를 압박하기로 결정하여 드디어 최탄을 선동하여 반란을 일으키게 하였던 것이다.

　동녕부의 설치는 고려조정을 당황하게 했다. 당시 집정자인 임연은 원과 강화하고자 하는 국왕을 폐하고 원 황제에게 모욕을 당해 원에 대해 감정이 좋지 않은 안경공 창을 즉위시켰다. 그러나 그는 원의 압력과 동녕부 설치를 기화로 원의 요구에 굴복하여 원종을 복위시켰으며, 이를 틈타 국왕은 강화도에서 완전히 철수하여 개경으로 환도하였다. 이에 고려의 원에 대한 굴욕적인 자세에 반감을 품고 삼별초의 난이 일어났다. 삼별초 정부는 친외세를 표방하는 고려정부를 부정하고 새로운 정부를 세우고자 하는 것이었지만, 한편으로는 이를 내세워 고려정부는 고려민의 원에 대한 반감을 무마해야 한다는 이유를 들어 동녕부 반환을 요구할 수 있는 계기가 된 것도 사실이었다. 그러나 몽고는 아무런 응답을 하지 않음으로서 동녕부를 철회하지 않을 것임을 시사하였다.

2. 동녕부의 존재형태

1) 원의 직접 예속지

　최탄은 원 황제에 의해 동녕부 총관으로 임명되고 그 외의 반란 가담자들도 그에 상응하는 지위를 얻게 되었다. 그러나 동녕부는 원의 중앙정부기관인 중서성의 지방파견기관인 行中書省의 부속기구로 화하여 최탄의 의도대로 완전히 독립적인 자율권은 행사하지 못하였다.

---

59)『高麗史』권26, 元宗 9年 4月 丙戌.

Ⅰ-1) 몽고황제의 조서에 의하면, "… 이제 최탄에 대해서는 이미 칙명을 내렸고 기타 관원과 백성들에 대해서는 行中書省에 따로 명령을 내려 잘 돌보며 보호하게 하겠다"고 하였다.60)

2) 東寧府 千戶 韓愼·崔坦·玄孝哲 등이 桂文庇 管下 사람들을 잡아 놓고는 "이 자들이 宰相 廉承益과 공모하여 우리를 죽이려 합니다"라고 날조해서 遼東宣慰使와 按察府에 고소하였다.61)

3) 왕의 일행이 중화현에 들렸는데 원나라 捉鷹使 낭가대[郎哥歹]와 東寧府 다루가치[達魯花赤]가 와서 매와 말을 바쳤다.62)

원나라의 지방제도는 상설적인 지방 최고행정기구로서 행성이 있었으며 행성 아래에는 路, 府, 州, 縣이 있었다. 행성 이하의 대부분의 지방행정기구에는 達魯花赤이 파견되었다. 동녕부는 원의 지방행정기구 중에서 요양행성에 속해 있었으며, 이곳에는 達魯花赤이 파견되어 있었음이 위의 글을 통해 알 수 있다. 그러므로 동녕부의 관원들은 고려와의 사이에 문제가 생기면 요양성에 고발하였던 것이다. 원은 동녕부를 보호해준다는 명분으로 서경에 군사를 계속 주둔시켰으며, 또한 고려정부의 지속적인 반환요청으로 동녕부는 안정된 독립정권은 수립할 수 없었다. 원은 동녕부를 요양행성에 편입시키고 독자적인 관부를 설치하지 않음으로서 이 곳을 고려를 견제하는 원나라의 작전기지로만 파악할 뿐 최탄에게 더 이상의 권한을 부여하지 않았던 것이다. 뿐만 아니라 원의 직접 예속지였던 만큼 동녕부는 일정한 부담이 주어져 원에 공물을 바쳐야 했으며 일본정벌에 필요한 인원과 경비를 보조하는데도 일익을 담당하였다. 다음 기록을 보자.

---

60) 『高麗史』 권26, 元宗 10年 12月 辛卯. "蒙古帝詔曰…今坦已加勅命 自餘吏民 別勅行中書省 重爲撫護"

61) 『高麗史』 권130, 列傳43 崔坦 ; 『高麗史節要』 권20, 忠烈王 11年 12月. "東寧府千戶韓愼 崔坦 玄孝哲等 執桂文庇管下人等 誣以此輩與宰相廉承益同謀 欲殺我等 以告于遼東宣慰使 按察府"

62) 『高麗史』 권29, 忠烈王 10年 4月 戊戌. "次中和縣 元捉鷹使郎哥歹 東寧府達魯花赤等 來獻鷹馬"

J-1) 표문 별지에 이르기를, … 동녕부에서는 전번에 경략사로부터 약간의 군대와 마필을 나누어 보내 왔는데 그에 대한 양곡과 사료를 금년 정월부터 3월 17일까지만 공급하고 그만두었습니다. (그래서 내가) 일찍이 황제에게 보고한 바가 있었는데 전부 공급하라는 황제의 지시가 있었습니다. 그래서 봉주에 머무르고 있는 군대 500여명의 식량과 사료는 동녕부에서 부담하도록 요청하였으나 아직도 수긍하지 않을 뿐만 아니라 도리어 왕경(개성)에서 공급하라고 했습니다. 우리가 그것을 감당하여 공급하기에는 매우 힘드니 청컨대 황제가 명령을 내려 동녕부에서 보조하도록 해주기 바랍니다.[63]

2) 간의대부 곽여필을 원에 보내어 표문을 올리기를, … 우리나라의 북계 여러 성과 서해도에서 조세를 포탈한 백성들이 동녕부에 가서 투항하였는데 이들은 모두 배젓기에 능숙하니 청컨대 모두 돌려보내어서 동정군으로 보충하여 주십시오.[64]

3) 원나라에서 也速達 崔仁著를 보내 水韃靼으로서 開元, 북경, 요양의 각 路에 있는 자들을 동녕부에 이송하여 두게 하였는데 장차 일본 정벌에 동원하려는 것이었다.[65]

원의 일본침공 준비는 전적으로 고려민의 피땀을 거두어 진행된 것이었다. 몽고와의 전쟁이 끝난지 불과 10여년 밖에 되지 않았고, 또한 삼별초의 반란이 진행되고 있는 상황에서 과중한 공물부담은 민심의 이반을 더욱 악화시킬 수가 있었다. 그러나 거부할 수도 없었다.[66] 그러므로 고려는 동녕부와 부담을 나눠가짐으로서 몽고의 과

---

63) 『高麗史』 권27, 元宗 13年 6月 壬子. "別楮云…東寧府 前次經略司 分遣不多軍馬 而支應粮料 始自今年正月 至于三月十七日而止 曾禀聖旨 諭以一体供億 故留在鳳州軍五百餘人粮料 乞令東寧府應副 而未蒙憐察 反使王京供億 其得能辦 甚爲未便 乞依聖旨 卒令東寧府添助"
64) 『高麗史節要』 권19, 元宗 15年 4月. "遣諫議大夫郭汝弼如元 上表曰 … 小邦 北界諸城 及西海道 逋租之民 往投東寧府者 皆習操舟 請悉刷還 以補軍額"
65) 『高麗史』 권29, 忠烈王 6年 9月 丁卯. "元遣也速達 崔仁著 以水韃靼之處 開元北京遼陽路者 移置東寧府使之 將赴征東"
66) 『高麗史』 권26, 元宗 11年 12月의 원 황제 조서에 다음과 같이 위협하고

도한 공물의 무게에서 벗어나고자 했다.

 같은 민족이던 고려와 동녕부는 이제 경쟁관계가 되어 서로 부담을 전가시키기 위해 애쓰고 있었다. 위의 기록에 의하면 원의 요청도 있었지만 동녕부가 일본 정벌에 필요한 인구나 물자를 더 많이 부담하게 된 배경에는 고려 정부의 요청도 작용하였다. 동녕부가 설치된 후 고려와 동녕부는 첨예한 대립관계를 유지하였다. 물론 원의 以夷制夷策에 연유한 것이지만 이 점이 후일 동녕부가 해체되고 서북면이 고려에 편입되었을 때 서북민이 적극적인 환영을 표명하기보다는 오히려 반감을 가지게 된 한 원인이 되었다고 생각한다.67) 동녕부는 원의 직속지였던 만큼 몽고군은 이곳에 집결하여 남쪽으로 이동하였다. 그 해 9월부터 일본정벌을 위해 출발하는 이듬해 5월까지 군사들의 양식과 기타 제반 비용은 전부 동녕부가 부담했을 것이다. 그 외에 해마다 원에 바치는 공물도 고려정부 못지 않게 부담했을 것으로 추정되나 그에 관한 기록은 없다. 다음 글은 동녕부의 수취를 추정할 수 있는 자료이다.

> K-1) 쌍성 등지에서 매년 바치는 금같은 것은 우리나라에서 스스로 청렴하고 유능한 인물에게 위임하여 금의 채취와 납입을 독려할 것이다.68)

있다.
"自玆以往 或南宋或日本 若有事 則兵馬戰艦資粮 宜早措置 儻依前 託辭以營辦爲難 則爭效成功之人甚衆 卿其思之(이로부터는 남송이건 일본이건 간에 만일 그들과 어떤 일이 생기면 군대, 마필, 병선, 양곡을 재빨리 준비하도록 할 것이다. 만약 그전처럼 핑계를 대어 그것들을 마련하기 어렵다고 한다면, 당신은 나의 주위의 많은 사람들이 일을 잘해서 성공하겠다고 경쟁적으로 나서는 자가 많다는 것을 알아야 할 것이다)"
67) 『高麗史節要』 권21, 忠烈王 22年 2月. "都堂以三事上言 西北界人 性暴悍 不可以內旨騷擾 自今 宜傳旨都評議司 都評議司下牒都指揮使 亦可以辯事 而安人心"
68) 『高麗史』 권39, 恭愍王 6年 8月 戊午. "雙城等處 年例辨納 金子等物 本國

2) (공민왕 16년) 왕이 주청하기를, 고려가 스스로 관리를 임명하고 목마장 관리자[牧胡]를 뽑아 말을 길러서 이전대로 원나라에 바치겠다고 하니 황제가 이를 승인하였다.[69]

  1)은 쌍성총관부를 탈환한 공민왕이 원의 침공을 막기 위해 탈환 이후에도 특산물을 바칠 것을 약속하는 대목인데 쌍성총관부는 금을 바치고 있었던 것 같다. 그리고 탐라현은 충렬왕 20년에 고려로 반환되었다고는 하나 실제로는 여전히 원에서 牧胡가 파견되어 목마장을 관리하고 있었다. 공민왕은 이 역시 원과의 고리를 끊는 대신에 말은 이전대로 바칠 것을 약속하였다. 이에 비해 동녕부는 충렬왕 16년에 확실하게 고려에 반환되어 큰 문제점은 없었지만 여기에서 동녕부 또한 원에 공물의 형식으로 특산물을 바쳤으리라는 것은 추정이 가능하다. 그 외에도 앞서 I-3)에 착응사가 보이는 것으로 보아 매도 바쳤던 것 같다. 공녀·환관 등은 알 수가 없으나 고려와 마찬가지로 원에 징발되지 않았을까 추정된다.

2) 고려유민의 해방구 역할

  원종대에 와서 몽고와 강화를 맺은 후에도 양계민은 몽고와의 오랜 전쟁동안 산성과 해도로 피신하느라고 원래의 거주지로 돌아오지 못한 경우가 많았다. 다음 기록을 보자.

> L-1) 元宗 元年 庚申에 몽병(狄兵)으로 인하여 安州 蘆島로 피하여 들어갔다. 그 뒤에 5번을 옮기어도 안정치 못하다가 忠烈王 6년 庚辰에 이르러 옛 지역으로 되돌아오니 成州에 속하게 하여 아울러 관장하게 했고 공민왕 20년 辛亥에 이를 떼어 知德州事로 삼았다.[70]

    自委 廉幹人員 臨督採納"
69)『高麗史』권57, 地理2, 탐라현 공민왕 16년. "王奏請 令本國 自署官 擇牧胡 所養馬 以獻如故事 帝從之"

2) 高宗 때에 定平 이남의 여러 성이 몽고의 침략을 받아 강릉도 襄州
에 옮겨갔다가 다시 杆城에 옮긴지 거의 40년이 된 충렬왕 24년 무
술에 각기 本城으로 돌아갔다.[71]

　농민들은 몽고의 침입이 끝난 후에도 안정된 정착지를 구하지 못
하여 떠돌아다니고 있었다. 결국 원에 의해 동녕부가 설치되었다 하
더라도 주민이 거주하지 않는 황폐한 토지만이 동녕부에 소속되었을
따름이었다. 특히 전쟁으로 서북지방이 피해가 가장 컸던 만큼 토지
는 황폐해졌고 농사지을 사람들이 부족하였다. 이에 최탄은 남도에
서 이주해오는 사람들을 적극 받아들이지 않을 수 없었다. 이것이 문
제가 되어 고려국왕은 동녕부 반환요청과 더불어 서경의 이주민 추
쇄를 적극 추진하였다.[72]
　따라서 동녕부는 당시 고려민이 수탈을 당할 때 도망갈 수 있는
해방구 역할을 담당했던 것으로 보인다. 물론 쌍성총관부도 마찬가
지의 기능을 하지만 농업과 상업으로 생활하기에 더욱 유리한 조건
을 갖춘 곳이 평안도 지방이었다.

　　M-1) 왕이 洞仙驛에 이르러 사람들을 시켜 순찰 검열케 하였더니 각 역
　　　　의 역리들이 모두 도망하여 숨어 있다가 최탄에게 투항하였다.[73]

　　　2) 朴恒·崔有渰을 몽고에 보내어 신년을 하례하게 하고 또 아뢰기

---

70)『世宗實錄地理志』권154, 平安道 安州牧 德川郡. "元宗元年庚申 因狄兵
　　避于安州蘆島 其後五遷 不遑定居 至忠烈王六年庚辰 復古地 屬于成州 爲
　　兼官 恭愍王二十年辛亥 折爲知德州事"
71)『世宗實錄地理志』권155, 咸吉道 安邊都護府. "高宗時 定平以南諸城 被
　　蒙兵侵擾 移寓江陵道襄州 再移杆城 幾四十年 忠烈王二十四年戊戌 各還
　　本城"
72)『高麗史』권28, 忠烈王 卽位年 8月 庚午, 忠烈王 4年 2月 壬申, 忠烈王 4
　　年 9月 申丑, 충렬왕 5年 2月 己丑, 忠烈王 8年 9月 乙亥 등.
73)『高麗史』권26, 元宗 10年 12月 丁酉. "至洞仙驛 遣人巡檢 各驛驛吏 皆逃
　　匿 投于崔坦"

를, "고려가 황제의 명을 받들어 이미 다시 옛 서울에 도읍하고 남은 백성을 불러모아서 힘써 직책에 이바지하고 있습니다. 그런데 지금 어리석은 백성 중에 부역을 피하는 자, 죄를 범하고 도망하는 자, 공사의 노비로서 천한 신분을 면하려는 자들이 서로 이끌고 주둔하고 있는 (몽고) 군대나 서경에 의탁하여 함부로 횡행하고, 심지어는 백성을 유인하는 일이 날로 더욱 증가하니, 만일 이를 금하지 않는다면 저와 더불어 職貢을 닦을 자가 몇 사람이나 있겠습니까" 하였다.74)

가혹한 부역을 피해 도망한 자, 범죄자, 노비 등 고려사회에서 살기 힘들어진 사람들이 동녕부로 많이 이주했으리라는 것은 충분히 짐작할 수 있다. 특히 범죄자나 노비들은 동녕부에 들어감으로서 면죄되고 노비신분을 벗어날 수도 있었던 것이다. 최탄이 이들을 어떻게 대했는지 그 실상은 잘 알 수 없지만, 최소한 본국에서의 죄는 묻지않고 살 수 있게끔 한 것 같다. 그러나 몽고의 직접적인 간섭이 행해지는 곳이므로 생활조건이 크게 달라졌을 것 같지는 않다. 몽고와의 전쟁이 끝난 지 얼마 되지 않아 서북지역은 많은 농민들이 죽고 토지가 크게 황폐해진 상태였으므로 이들 이주민은 크게 환영받았으리라 생각된다. 이같은 사정은 쌍성총관부도 마찬가지였다.

N. 襄州 사람 張世·金世 등이 수령과 아전들을 죽이려고 계획하다가 발각되어 처형당하였다. 그 무리 天瑞 등 8명이 和州의 趙暉에게 투항하여 400여명의 병사를 청하여 갑자기 양주로 들어가 지주사를 잡아 화주로 옮기도록 협박하였다. 왕이 다루가치에게 청하여 사람을 보내어 달래었으나 천서가 듣지않고 지주사 및 아전과 백성 1,000여명을 강제로 몰아 데리고 갔다.75)

---

74) 『高麗史』 권26, 元宗 11年 11月 閏月 乙酉. "遣朴恒崔有渷 如蒙古賀正 且奏曰 小邦承皇帝詔旨 已復都舊京 招集殘民 勵心供職 今愚民之避役者 犯罪而逋逃者 公私奴婢之欲免賤者 相率往托 留屯兵馬 及西京 肆意橫行 乃至引誘平民 日益繁蔓 若此不禁 則其與修職貢者有幾"
75) 『高麗史節要』 권19, 元宗 12年 3月. "襄州民張世金世等 謀殺守令及吏士

위의 문맥으로 보건대 양주 사람인 장세·김세는 처음에는 반란을 일으켰는데 실패하여 처형당하였다. 이에 정부는 나머지 반란자 색출에 골몰하게 되자, 반란에 가담한 사실이 드러나 처형당할 것을 우려한 천서 등이 조휘에게 투항하여 군사를 요청했던 것이다. 그리하여 고려를 벗어나 무려 1천명의 주민을 쌍성총관부로 데리고 갔는데, 위의 기록에는 지주사 및 아전과 양주 주민들을 강제로 끌고 갔다고 하였으나 지배층을 제외한 상당수의 주민들은 가려는 의지가 있었으므로 1,000명이나 데리고 갈 수 있었으리라 판단된다. 이 시기는 원종 11년 6월에 발생한 삼별초의 난을 막기 위한 군대를 징발하였으며, 또한 15년에는 여·몽 연합군이 일본을 친 예에서 볼 수 있듯이 배를 만들고 군량미를 조달하기 위해 백성들은 무자비하게 수탈 당하고 있었던 때였다. 여기에서 벗어나기 위해서는 반란을 일으키거나 고려를 떠나는 수 밖에 없었고 반란에 실패할 경우 그 대안으로 선택된 곳이 동녕부와 쌍성총관부 였던 것이다.76)

3) 경제적으로 고려에 예속

동녕부의 상당수의 토지는 고려 관리들의 소유였고 이는 동녕부가 설치된 이후에도 사유재산으로서 인정되고 있었다.

O-1) 동계 杆城人 宋蕃이 원에 고하기를, "고려의 東西界가 원나라에 귀속되었으나 그 토지는 아직도 고려 사람들의 소유로 남아 있으니

事覺伏誅 其黨天瑞等八人 潛投和州趙暉 請兵四百餘人 猝入襄州執知州事 欲脅遷和州 王請達魯化赤 遣人往諭 天瑞不聽 驅掠知州及吏民一千餘人以去"

76) 그 외에 심양이나 요양 등지로 유랑한 고려민도 상당수 있어서 원정부를 이들을 다스리는 방편으로 심양과 요양 등지를 홍복원과 고려왕족인 준으로 하여금 다스리게 했다. 고려는 이에 대해서도 이주민의 추쇄를 요구하였다.

그 면적에 따라 수확을 계산한다면 가히 4만석을 얻어낼 수 있으니 청컨데 이것을 東征軍의 양식으로 충당하소서."77)

2) 북원을 방비하는 여러 군사가 오랫동안 북계에 주둔하고 있었는데 그 곳은 전부터 사전이 없고 국가가 조세를 받아 군량에 충당하였다. 그런데 후에 勢家들이 토지를 다투어 차지하여 사전으로 만들었으므로 군량이 보장되지 못하였다. 이에 백성들에게서 군량을 징수하게 되니 백성들이 매우 고통스러워하였는데 안주 이북 백성들이 그 피해를 가장 많이 입었다.78)

　원래 양계지방은 그 지역에서 거둬들인 조세는 변방의 경비로 사용하고 중앙으로 운송하지 않는 것이 상례였다. 그리고 상당수의 토지는 국가 토지소유이거나 둔전이었다. 여기에서 충렬왕대에 양계의 토지가 고려인의 소유로 남아있다는 것은 백성들의 소규모 경작토지를 말하는 것이 아니라 대규모의 농장을 의미하는 것으로 보여진다. 이로서 무신집권기 이후 진행된 토지겸병이 몽고 침입기까지 광범위하게 진행되어 양계의 토지도 개인소유의 토지로 바뀌어졌음을 알 수 있다. 그러나 이 말은 양계지방 토지가 고려인의 소유이므로 동녕부가 조세를 거두지 못했다는 뜻은 아니라고 생각한다. 고려시대에서 自家土地所有 農民이 정부에 바치는 조세는 1/10이고, 私田의 경우 佃戶는 사전주에게 1/2의 지대를 물어야 했다. 그러므로 송번은 지대를 개경의 토지소유자에게 주지말고 군사비로 충당할 것을 주장한 것이다.

　동녕부나 쌍성총관부가 설치된 이후에도 개인 소유의 토지가 여전히 고려인의 것으로 남아 있었다는 사실은 명분상으로는 원에 예속되

---

77) 『高麗史』 권29, 忠烈王 9年 4月. "東界杆城人宋蕃 告于元曰 高麗東西界 歸於朝廷 其田尙爲國人所有 計其畝 可得四萬石 請充東征軍糧"
78) 『高麗史』 권82, 兵2 屯田 辛禑 元年 10月. "備北元諸軍 久屯北界 北界久無私田 官收租以充軍糧 後勢家爭占爲私田 以故轉餉不繼 取粮於民 民甚苦之 安州以北 尤受其害"

어 있었지만 실지로는 고려의 영토임이 드러난 것이다. 동녕부는 고려에서 분리되었음에도 완전한 독립은 아니었다. 정치적으로는 고려의 간섭을 받지 않았지만 경제적으로는 고려 지배층의 토지소유가 여전히 지속되고 있었던 것이다. 이를 원도 인정하고 있었음은 송번의 견해가 받아들여지지 않는 것에서도 알 수 있다. 즉 동녕부가 언젠가는 고려에 되돌려주어야 할 땅임을 원도 기억하고 있었던 것이다.

동녕부가 설치된 직후 원종은 개경으로 환도하고 원 황제에게 혼인을 청하여 원의 부마국이 되었다. 뿐만 아니라 원종 15년에 여·원 연합군의 참혹한 패배에도 불구하고 충렬왕은 다시 일본정벌을 적극 주장하고 전쟁 준비에 나섰다. 이는 고려가 쌍성총관부나 동녕부와 충성경쟁을 하는 것으로서 원이 의도하던 바였다. 원은 이제 고려가 완전히 원의 통치체제에 부합되었고 또한 부마국이 되었으므로 고려에 특별대우를 해 주었다.[79] 이같은 상황에서 고려 국왕이 원으로 행차할 때 동녕부의 통과는 아무런 문제가 되지 않았다.

P-1) 왕이 탄령에 이르니 최탄 등 6명이 와서 왕이 타고 가는 수레 앞에서 술을 바치었으나 왕이 받지 않았다. 서경에 들어가서 태조의 진전에 참배하였다.[80]

2) 왕이 서경에 이르렀다. 이때 서경은 동녕부에 속하였기 때문에 왕이 은과 저포를 내어 양식과 사료로 바꾸어서 따라간 신하들에게 나누어 주었다.[81]

3) 충렬왕 4년에 왕과 공주가 원나라로 가면서 서경에 이르렀다. 공주가 이연령과 한신을 불러서 그들에게 반란을 꾸민 전말을 물으니

---

79) 『高麗史』 권28, 忠烈王 4年 6月 庚申. "次香阿 … 此天子遊獵之地 雖親王 不得舍 而使國王宿焉 眷遇可知"
80) 『高麗史』 권26, 元宗 10年 12月 戊戌. "至炭嶺 坦等六人 獻酒駕前 王不受 入西京 謁太祖眞殿"
81) 『高麗史節要』 권19, 忠烈王 卽位年 10月. "王至西京 時西京屬東寧府 王出銀紵易糧草 以給從臣"

모두 땅에 엎드려 등골에 땀만 흘리고 감히 머리를 들고 대답하지 못하였다.82)

4) 日官 文昌裕 伍允孚 등에게 명하여 서경에서 피서할 장소를 살피게 했다.83)

위의 기록은 동녕부가 설치된 이후 원종·충렬왕의 변화하는 모습이다. 동녕부가 설치된 직후 고려는 개인적인 지대 수취는 가능하지만, 국가적 차원에서는 동녕부 영역에서 조세를 거둘 수가 없었으므로 이제 원으로 갈 때에도 양식과 사료를 살 수 밖에 없었다. 동녕부 설치에 대해 초기의 고려왕은 최탄이 바치는 술잔을 거부하는 정도의 소극적으로 불만을 표출하는 단계였다. 그러나 원 황실의 부마가 된 후 점차 자신의 위치를 강화시켜 충렬왕 4년에는 반란을 질책하고 서경에서 피서지를 구할 수 있을 정도로 확고하게 자리잡아 이제 점차 고려왕의 위상이 강화되고 있음을 알 수 있다.

이후 최탄은 그들이 반역한 일에 대해 고려 국왕의 양해를 구하기 위해 애썼으나 이는 근본적으로 화합이 불가능한 문제였다. 쌍성총관부와 달리 동녕부는 원으로 가는 길목에 위치하여 수시로 드나드는 국왕과 사신을 왕래하지 못하도록 통로를 폐쇄하지 않는 한 고려에서 자유로울 수가 없었다. 더구나 동녕부는 북진정책의 상징이요 고려에서 제2의 수도라고 볼 수 있는 서경에 있었다. 고려가 서경을 포기할 수는 없는 노릇이었다. 고려왕이 동녕부에 피서하는 장소를 만들고, 또한 압록강 이남에 伊里干(마을)을 설치하여도,84) 그곳이 고려민의 개인 사유지이며 원정부가 묵인하는 한 최탄은 거부할 수 없었다.

---

82) 『高麗史』 권130, 列傳43 崔坦. "忠烈王四年 王與公主如元 至西京 公主召延齡愼 問其謀反始末 皆伏地背汗 不敢仰對"
83) 『高麗史』 권28, 忠烈王 4年 9月. "命日官 文昌裕 伍允孚等 卜地西京 爲避暑之所"
84) 『高麗史』 권82, 兵2 站驛 忠烈王 5年 6月.

요컨데 동녕부는 경제적으로는 고려에 예속되어 있고 정치적으로는 원에 예속된 기형적인 형태로 존재했지만, 사실은 고려정부의 모습과 크게 다르지 않았다. 고려 또한 원에 정치적·경제적으로 예속되어 조공을 바치고, 정동행성을 통해 원의 간섭이 자행되고 있었다. 그러므로 동녕부는 원에 예속되어 변질된 또 하나의 고려의 모습이었다. 고려와 원과의 관계가 순조로워짐에 따라 동녕부의 전략적 가치가 상실되자 원은 이것을 굳이 소유하여 고려의 원성을 살 필요가 없다고 생각하였다. 그 전단계로서 원은 동녕부가 소유했던 수안·곡주를 고려에 돌려주도록 명령을 내리니[85] 위기를 느낀 최탄은 원과 고려의 관계를 악화시키려고 노력하였다.

> Q. 東寧府 千戶 최탄·한신·현효철 등이 계문비 관하 사람들을 잡아 가지고 무고하기를, 이 자들이 재상 廉承益과 공모하여 우리를 죽이려 한다고 遼東宣慰使와 按察府에 고발하였다. 선위사가 사람을 보내어 국문하고 추밀원에서도 사람을 보내어 요동도의 안찰사, 첨사 등과 함께 와서 심문하였다.[86]

충렬왕 11년 정월의 기록에 의하면 동녕부의 천호 최탄이 와서 임금에게 잔치를 베풀었다[87]는 기록이 보이며 위의 내용에서도 최탄을 동녕부 천호라고 하였다. 최탄은 충렬왕 11년 이전의 어느 시기인가 원에 의해 총관에서 천호로 강등된 듯하다. 이에 비해 충렬왕 16년의 기록에는 총관 한신, 계문비라는 기사가 보인다. 최탄은 자신의 위치가 약화되는데 위기감을 느끼고 전세를 만회해보기 위해 염승익, 계문비를 원에 고소하였다. 아마 고려의 반원적인 행동에 대한 고발이었을 것으로 추정되는데 한신이 무고했음을 자백함으로서 그의 계획

---

85) 『高麗史』 권28, 忠烈王 4年 10月 戊寅과 『高麗史』 권29, 忠烈王 11年 11月 丙戌.
86) 『高麗史節要』 권20, 忠烈王 11年 12月.
87) 『高麗史節要』 권20, 忠烈王 11年 正月.

이 수포로 돌아가고 그의 총관 직책은 한신에게 빼앗겨 버렸다. 최탄의 반대편에 섬으로서 한신과 계문비는 후일 동녕부가 고려로 편입되었을 때 대장군으로 임명될 수 있었다. 이제 동녕부의 반환은 그 시기만을 기다리게 되었다.

Ⅳ. 원의 동녕부 반환과 역사적 평가

원종대의 고려는 서북쪽에 동녕부, 동북쪽에 쌍성총관부, 그 북쪽 요양에 홍복원 후손이 요양을, 심주(심양)에는 고려왕족인 영녕공 왕준이 각각 고려인을 다스리고 있었다. 이제 고려 왕은 원의 변방소국의 일개 군주에 불과했다. 이를 극복하기 위해 원종은 혼인관계를 맺을 것을 청하여 원의 부마국이 됨으로서 겨우 변방국 중에 우위를 차지한 정도 였다. 그러므로 그들은 원의 요구에 부합하도록 노력하여 충성경쟁을 벌였고, 서로를 견제하여 원에 무고함으로서 스스로의 지위를 더욱 깎아내렸다. 또한 충렬왕 스스로가 먼저 일본을 칠 준비를 하고 일본공략을 원에 건의할 정도였다. 고려는 이제 정신적으로도 원에 예속되어 완전히 황폐해지게 되었다. 동녕부는 충렬왕 16년 3월에 합단적이 고려에 침입했을 시기에 반환되었다. 그러나 동녕부가 폐지된 것은 합단적 침입보다도 그 기능이 유명무실해진데 있다고 판단된다. 그 이유는 첫째, 고려가 원의 부마국이 됨으로서 완전히 원에 예속되었고 송나라도 이미 멸망했으므로 고려와 송나라가 연합하여 원에 위협을 가할 염려는 없었으며 둘째, 정동행성을 설치함으로서 고려에 대한 견제를 충분히 시행할 수가 있었다. 초기 정동행성은 일본침략의 전방사령부로서 1280년(충렬 6)에 설치되어 치폐를 거듭하다가 일본정벌이 중단된 후에는 군사적 성격을 벗어나 행정기구로서의 성격을 지니게 되었다.[88] 정동행성의 부속관서에는 理問所, 都鎮撫

使, 儒學提擧司가 있어 정치적, 군사적, 학문적인 기능까지 총괄하게 되면서 동녕부가 고려정부를 견제하는 의미는 크게 줄어들었기 때문이다.

그 외에도 쌍성총관부나 요양의 홍복원 일가, 그리고 고려의 附元輩 관리들을 통해 충분히 고려에 대한 견제가 가능하므로 원은 동녕부의 반환을 고려하였던 것이다. 고려정부의 입장에서는 왕조의 상징적 수도인 서경이 있는 곳으로 중요한 의미가 있으므로 쌍성총관부 보다는 동녕부의 반환을 더욱 끈질기게 요구하였다. 결국 원의 이해타산과 고려의 요구가 맞물려 동녕부는 고려에 반환되었다. 고려는 동녕부를 회복한 즉시 충렬왕 16년 6월에 대장군 한순에게 서경 군사를 이끌고 동계로 가서 합단을 방어케 하여, 서경의 군대를 고려의 관군으로 편입시켰다. 이어 7월에는 서북면의 여러 州鎭에 수령을 다시 설치하고, 副密直司使 鄭仁卿을 西北面都指揮使 西京留守로 삼았다. 이제는 서경유수가 서북면도지휘사가 되어 서북계의 장관이 되었다. 이에 溟州지방의 東界에는 安集使, 西北面에는 都指揮使가 설치되어 변형적이나마 양계가 재현되어 5道 安廉使와 병존하게 되었다.[89]

고려는 원에게서 동녕부를 회복하고, 충렬왕 20년 5월에는 탐라도 본국에 속하게 되었지만 원의 경제적 수탈은 이전과 비슷하였다. 결국 원은 정치적 필요성이 소멸된 동녕부를 돌려주면서 조공 등 경제적 수탈은 멈추지 않음으로서 실익을 챙기는 것은 계속하고 있었다. 그러나 고려로서는 서경을 되찾음으로서 왕실의 면목을 되찾아 왕권을 안정시키는데 큰 도움을 받았다고 생각된다.

---

88) 고병익, 1961,「麗代 征東行省의 硏究」『歷史學報』 14.
89) 邊太燮, 1971,「高麗兩界의 支配組織」『高麗政治制度史硏究』, 一潮閣, 231쪽.

V. 맺음말

 고종대에 고려는 몽고의 침입을 받아 무려 30여년 동안 전쟁상태가 계속되었다. 동유럽·러시아·중국 등 세계를 제패한 원은 여러 차례의 침략에도 고려가 강화도로 천도하여 끝끝내 항복하지 않으니, 고려 내부의 불만세력을 이용하여 쌍성총관부와 동녕부를 설치하여 고려를 압박하였다. 동녕부의 설치는 고려에 큰 타격을 주었다. 동녕부가 설치된 서경은 태조 왕건대부터 국시로 삼고 있던 북진정책의 진원지였고 고려가 계승을 표방한 고구려의 수도였기 때문이었다.

 동녕부의 설치는 최탄 등 일부 북계의 토호들에 의해 추진되었는데, 이들은 원에 투항하여 서경에서의 정치적 기반을 강화하려 하였다. 그러나 최탄은 원의 간섭과 고려의 계속적인 반환요청으로 안정된 정치권력을 확립할 수가 없었다. 결과적으로 동녕부는 원의 직접 예속지가 되었지만 고려사회에 불만을 품은 농민·천민들이 도주해 옴으로서 그들의 해방구 노릇을 했다. 그러나 동녕부 내의 토지 상당수가 고려 지배층이 소유하고 있어서 고려에서 크게 자유로울 수는 없었다.

 고려 국왕은 동녕부의 설치에 놀라 수도를 강화에서 개경으로 환도했을 뿐 아니라 문신들을 이용하여 마지막 무신집권자인 임유무를 실각시켰다. 또한 원 황제에게 요청하여 혼인관계를 맺었다. 이제 고려는 동녕부·쌍성총관부와 더불어 원에 의해 동등한 자격으로 서게 되어 충성경쟁을 벌이게 되었던 것이다. 즉 여·원 연합군의 일본정벌 준비과정에서 고려는 동녕부에 더 많은 부담을 지우도록 황제에게 요청함으로서 동녕부 소속 주민들의 반감을 샀다. 이것이 후일 서북지방이 고려에 편입된 후에도 서경민의 정부에 대한 불신을 남기게 한 원인으로 보여진다. 그리고 원의 2차 일본 정벌시에는 충렬왕은 적극적으로 전쟁준비를 독려하여 원의 환심을 사서 동녕부나 쌍성총관부에 비해 상대적인 우위를 차지하였다.

고려의 모습이 원의 간섭에 의해 날로 변질되는 모습에 안타깝게 여긴 충렬왕대의 日官 伍允孚는 항상 奉恩寺에서 告朔의 식전을 거행하였는데 그때마다 울며 절하면서, "태조시여, 태조께서 창안하신 이 나라 국정이 갈수록 나빠집니다"라고 흐느껴 울면서 목메어 어쩔 바를 몰랐다고 한다.[90] 당시 의식 있는 사람들의 고려의 변질되는 모습에 안타까이 여기는 심정이 여기에 잘 나타나 있다.

결국 동녕부는 哈丹의 고려침입이 계기가 되어, 고려의 적극적 요구와 고려와의 관계가 밀착되어 이제 그 전략적 가치를 상실했다고 판단한 원에 의해 반환되었다. 이것은 철저한 복속을 전제로 한 것으로, 고려가 원이 그려놓은 세계구도의 한 축으로서 맡은 역할을 다함으로서 얻은 전리품이었다. 동녕부는 원 간섭기에 있어서 고려의 또 하나의 일그러진 자화상이었다. 남의 나라의 복속국은 아니더라도 다른 나라의 간섭을 받는 상태로서 존재할 수 밖에 없었던 고려 후기사회는 공민왕대에 원의 간섭을 배제하고 영토를 회복한 후에도 원과의 관계를 놓고 야기된 관료들의 내부적 갈등이나 토지소유관계에서의 경제적 모순을 완전히 극복하지 못하였다. 이 점이 후일 고려왕조가 무너진 가장 주요한 원인이라고 생각한다.

---

90) 『高麗史』 권122, 列傳35 伍允孚.

제6장

永寧公 王綧을 통해 본 고려와 몽고관계

Ⅰ. 머리말
Ⅱ. 종실의 경제적 처우
Ⅲ. 영녕공 준의 생애
Ⅳ. 영녕공의 평가
Ⅴ. 맺음말

I. 머리말

종실은 왕족으로서 고려와 같은 신분제 사회에서는 가장 높은 지위를 차지하고 있었다. 『高麗史』 列傳에 의하면, "고려왕조에서는 종실 중 촌수가 가까운 사람을 公, 다음은 侯로 봉하였으며, 먼 친척은 伯으로, 어린 사람은 司徒, 司空으로 봉하였는데 총칭하여 諸王이라 했다. 모두 사무를 맡지 아니하였으니 이것은 친척을 친애하여 보호하고자 함이었다"라고 하였다.[1]

이전의 신라에 비한다면 고려시대의 종실은 상대적으로 불리한 위치에 있었다. 신라시대는 진골로서 중앙이나 지방의 고위 관직 뿐 아니라 경제적으로도 상당한 기반을 가지고 있음에 비하여, 고려 사회에서의 그들은 음서로 관직에 등용되지 않을 뿐 아니라 과거시험을 칠 자격도 없었으며[2] 국가 비상시에도 전쟁터에 나가 싸울 기회조차 주어지지 않았다. 또한 종실보다 신분상으로는 낮은 위치에 있는 외척에게는 오히려 중요 요직이 주어져서 권력을 휘두르는데 비해 종실은 제도적으로 관료가 되는 길이 봉쇄되었다. 이와 같은 면은 고려

---

1) 『高麗史』 권90, 列傳3 宗室1.
2) 『高麗史』 권90, 列傳3 宗室1 朝鮮公 燾.
   문종의 증손이 되는 王瑛은 毅宗 初에 殿中內給事로 있으면서 과거에 응시할 것을 청원하니 왕이 그의 뜻을 가상하게 여겼으나 侯王의 자식으로서 과거보는 관례가 없다하여 허가하지 않았다. 그는 종실이라고 하여 5품 이상의 귀족의 자제들도 관직에 나아갈 수 있는 蔭敍가 아닌 과거시험에 응시해 보려는 시도도 봉쇄 당했다. 그의 좌절감을 짐작할 수 있다.

朝鮮公 燾(文宗 아들)	－王滋	
	－王源	－王璥
	－王溫	－王瑛 －王沔

왕조에서는 왕족이 신분상으로 낮은 귀족보다 실질적으로 불리한 위치에 있었음을 보여준다. 국가에서는 종실을 우대한다 하여 일정한 官爵도 주고 품위있는 생활을 유지하기 위해 녹봉도 주었으나, 실지로 그들은 관직에 나아가 실무를 담당할 수 없었으므로 고려사회에서 그들이 책임있게 해야 할 일은 없었다.

고려시대의 왕족은 공주와 결혼을 하는 경우가 많았으며,3) 이는 국왕도 마찬가지였다. 원 간섭기에 들어서서 원 공주를 왕비로 맞아들일 때까지는 고려 국왕이 종실과 결혼하는 경우가 빈번히 나타나고 있다. 고려시대는 근친혼에 대한 거부감이 없었으므로 왕실의 혈족을 유지하며 외척들의 발호를 막기 위해 시작되었으나 후기로 갈수록 유학의 영향으로 그 빈도는 줄어들었다. 종실에 비해 현 국왕의 직계 자손이었던 만큼 공주의 지위가 더 높았던 것 같다. 종실은 공주와 결혼함으로서 높은 작위를 받게 되지만 한편으로는 불리한 점도 많았다. 현종의 아들 平壤公 基의 후손인 咸寧伯 璞은 毅宗의 딸인 安貞公主와 결혼하였는데 그에 대한 대가로 伯으로 승격되었지만 공주가 악사[伶人]와 간통한 사실이 발각되자 오히려 박이 집안을 잘 단속하지 못했다 하여 爵位를 삭탈 당한4) 것이 좋은 예이다.

더욱이 그들은 왕족이어서 유사시에 왕이 될 자격을 갖추고 있었으므로 왕의 자리를 넘볼까 항상 경계의 대상이었지만5) 반란이 성공

---

3) 앞의 예에서 王源은 肅宗의 딸 安壽公主와, 王敞은 睿宗의 딸 興慶公主와, 王瑛은 仁宗의 딸 承慶公主와, 王沔은 毅宗의 딸 和順公主와 결혼하였다.
4) 『高麗史』 권90, 列傳3 宗室1 咸寧伯 璞.
5) 위와 같음. 대표적인 사례로 齊安公 偦, 大寧侯 暻 등이 보인다.
  숙종의 아들 제안공 서의 경우, 인종대에 이자겸이 정권을 잡고 있으면서 帶方公, 太原公과 모든 명망높은 인물들을 귀양보냈다. 왕서는 자기도 모면하지 못할 것이 두려워서 여러 시위 군사를 철거할 것을 청원하고 문을 닫고 손님을 접견하지 않았으며 술을 함부로 마시면서 자기 존재를 감춘 탓으로 화를 모면했다고 한다.
  大寧侯 暻은 인종의 둘째아들로서 의종의 견제를 받아 11년(1157)에 천

하면 왕으로 추대되는 행운을 얻을 수도 있었다.6) 그렇기 때문에 오히려 그들은 의도하지 않았던 반란에 연루되어 일반인보다 더욱 쉽게 목숨을 잃는 경우도 있었다.7) 국왕이 되지 못한 그들이 오직 할수 있는 바는 승려가 되거나, 글씨를 쓰고 그림을 그리거나 음주와 풍류를 즐기는 일이었다. 그러다가 국가 비상시에는 외교사절로서 왕과 왕자를 대신하여 인질로 끌려가는 일만이 있었으니 그들은 조선시대의 庶子 만큼이나 억울해하고 세상에 대해 분노했으리라 짐작된다. 그들은 신분이 높고 경제적으로 여유도 있어 글은 많이 읽었지만 그들의 학문을 필요로 하는 곳은 아무데도 없었기 때문이었다.

이 글에서 다루려는 인물도 그 같은 비운의 종실의 하나인 永寧公 綧이다. 그는 몽고 침입기에 태어나 고려가 몽고와 강화를 맺는 과정에서 몽고에 인질로 끌려가 한평생을 몽고에서 살았다. 그의 삶에 초점을 맞추면서 당시 외세간섭기의 고려의 모습도 함께 살피고자 한다. 몽고간섭기의 정치, 경제, 사회적 실상에 관해서는 많은 연구가 이루어져 있다.8) 이를 토대로 그의 생애를 통해 몽고 간섭기 고려왕

    안부로 귀양갔는데 의종 24년 무신의 난이 일어날 때까지 돌아오지 못하였으며 무신의 난이 성공한 후에는 그가 유배된 틈을 타서 그의 동생 王晧가 명종이 되었다.
6) 고려 때 政變으로 왕으로 추대된 경우는 무신의 난이 성공했을 때 왕이 된 明宗과 최충헌에 의해 옹립된 神宗이 있으며, 스스로 정변을 일으킨 인물은 숙종이 된 鷄林公 熙를 들 수 있다.
7) 『高麗史』 권90, 列傳3 宗室1. 大寧侯 暎, 그리고 三別抄에 의해 옹립된 王溫 등을 들 수 있다.
8) 이에 관해서는 선학들의 논문이 많이 나와 있다.
    丸龜金作, 1934,「元・高麗關係の一句 －藩王に就いて－」『靑丘學叢』 18.
    北村秀仁, 1964,「高麗に於ける征東行省について」『朝鮮學報』 32.
    _____, 1972,「高麗時代の藩王についての一考察」『人文研究』 24-10, 大阪市立大.
    姜晋哲, 1974,「蒙古의 侵入에 대한 抗爭」『한국사』 7, 국사편찬위원회.
    高柄翊, 1974,「元과의 관계의 변천」『한국사』 7, 국사편찬위원회.
    周采赫, 1974,「洪福源 一家와 麗元關係」『史學研究』 24.

실에서의 종실의 역할과 몽고가 이들을 이용하여 국내정치에 간여하고 고려를 견제한 실상을 살펴보기로 하겠다.

Ⅱ. 종실의 경제적 처우

종실은 신분적으로는 고려사회에서 가장 높은 지위를 차지하고 있었다. 그러나 실제로 정사에 관여하지 못함으로서 큰 실권은 없었다고 보여진다.『高麗史』宗室傳에는 그들에게 실무를 주지않음이 친척을 친애하고 보호하기 위해서라고 하지만, 국왕과 핏줄로 연결된 가까운 관계인 만큼 만일 그들이 정사에 관여한다면 무시할 수 없는 권력을 행사할 가능성이 많았다. 이로서 근원을 잘라내는 방편으로 그들에게 실직을 주지 않았던 것이다. 그 대신에 경제적으로는 상당히 풍족한 생활을 유지할 수 있도록 배려하여, 녹봉은 관리보다 한층 높게 책정하였다. 종실의 녹봉을 살펴보자.

문종 30년의 宗室祿은 제1과 460石 10斗 公, 제2과 400석 侯, 제3과 350석 尙書令, 제4과 300석 守大尉侯, 제5과 240석 守司徒·司空伯, 제

金九鎭, 1986,「元代 遼東地方의 高麗軍民」『李元淳敎授華甲記念史學論叢』.
金庚來, 1988,「瀋陽王에 對한 一考察」『誠信史學』6, 誠信女大.
張東翼, 1992,「元의 政治的 干涉과 高麗政府의 對應」『歷史敎育論集』17, 경북대 역사교육과.
申安湜, 1993,「高麗 崔氏政權의 對蒙講和交涉에 대한 一考察」『國史館論叢』45, 국사편찬위원회.
梁義淑, 1993,「高麗 禿魯花에 대한 硏究」『素軒南都泳博士古稀紀念歷史學論叢』.
_____, 1993,「麗元宿衛考」『東國史學』27, 동국대학교.
_____, 1996,「元 간섭기 遼瀋地域 高麗人의 동향」『東國歷史敎育』4, 동국대학교.
金惠苑, 1999,『高麗後期 瀋王 硏究』, 이화여대 박사학위논문.

6과 220석 司空의 6과등으로 규정되어 있다. 인종조에 가서 이것은 제1과 600석 國公, 제2과 350석 諸公·상서령, 제3과 300석 諸侯, 제4과 240석 諸伯, 제5과 220석 諸守司空의 5과등으로 更定되었다.

문종대에서 인종대로 가는 과정에서 녹봉제는 공·후·백·사공으로 축약된 점에서 보다 체제가 정비된 모습을 보인다. 특히 인종대에 국공을 신설한 것은 이자겸의 세력을 의식한 것이다. 그들이 받은 녹봉은 고려시대 최고의 재상인 문하시중보다 많았다. 다음 <표 1>을 보자.

〈표 1〉 문종 30년 녹봉제와 인종대 녹봉제의 비교

항 목		最高俸	受祿者	最下俸	受祿者
妃主祿	문종30년	233석 5두	諸院主	200석	貴·淑妃·諸公主·宮主
	인종	300석	王妃	200석	上同
宗室祿	문종30년	460석 10두	公	220석	司空
	인종	600석	國公	220석	諸守司空
文武班祿	문종30년	400석	中書令·尙書令·門下侍中	10석	國學學正 등 26職
	인종	400석	門下侍中·中書令	10석	秘書正字 등 29職

* 『高麗史』 食貨志 祿俸 참조

위의 기록에서 보는 바와 같이 국가는 종실에게 녹봉을 상당히 후하게 주어서 그들이 품위를 유지하며 생활하는데 지장이 없게 배려하였다. 그러나 세월이 지날수록 4촌, 6촌, 8촌 등으로 왕실과 인척관계가 갈수록 멀어지게 되는데, 이들 먼 종친까지 모두 녹봉을 준 것은 아니었다. 위의 문종 30년·인종대의 녹봉 비교표인 <표 1>에서 보는 바와 같이 公·侯·伯·諸守司公 등 일정한 爵을 받은 사람에 한하여 녹봉이 지급되었다고 판단된다.

『高麗史』 권90, 列傳 帶方公 俌에 의하면 王璿은[9] 물욕이 적었고

---

9) 帶方公 俌(肅宗 4子)−王瑜−王珙(邵城侯)−王祐(昌化侯)−王玹(守司空)
    −王璿(守司徒柱國)

불교를 독신하고 생업을 돌보지 않았다. 그는 고종 3년에 죽었는데 딸이 둘이 있었으나 집안이 가난해서 시집을 보내지 못하였고, 장례조차 지내지 못하니 최충헌이 왕에게 보고하여 관청에서 비용을 내어서 장사를 치르게 했다고 한다. 守司徒의 작위를 받은 말단에 위치하는 종실이라도 최소한 1년에 220석을 받는데 그가 가난해서 딸들에게 혼인을 시켜주지 못하고 그의 장례를 치르지 못했다는 것은 이해가 가지 않는다. 무신정권기에 들어서면서 종실이 받던 녹봉이 유명무실하여 제대로 지급되지 않았던 것이 아닌가 추정된다.[10] 종실의 토지지급 문제를 살펴보자.

   A-1) 위로는 御分田으로부터 宗室·功臣과 조정을 지키는 문무관원의 토지와 外役·津·驛·院·館의 토지와 백성들이 대대로 심은 뽕나무와 집에 이르기까지 모두 빼앗아 가지니 슬프게도 우리 무고한 백성들이 사방으로 흩어져 질곡에 빠집니다.[11]

     2) 口分田 在內諸君 及自一品 以至九品 勿論時散 隨品給之[12]

위의 기록 A-1)은 토지겸병의 심각성이 극에 달하여 권문세가들이 왕실과 종실의 토지까지 겸병했음을 밝히는 조준의 상서문이고 2)

---

10) 河炫綱은 封伯者 이상에게만 토지지급이 된 것이 아닐까하고 추정하고 있으나 그에 대한 구체적인 자료는 제시하지 못하고 있다(1965, 「高麗食邑考」『歷史學報』26 ; 1988, 『韓國中世史研究』, 一潮閣, 365쪽).
또 하나 추정해볼 수 있는 사실은 종실 등 귀족들은 품위 유지비 등으로 씀씀이가 커서 현상유지에 급급한 경우가 많았다고 한다. 그리고 오늘날에 비해 먹을 것이라고는 밥 밖에 없는 시절이므로 조선전기의 경우 한끼에 보통 5~7홉을 먹었다고 한다. 양식으로 너무 많이 소비하는데다가 종실이므로 가난해도 종들을 부리고 살았으며 땔감이나 반찬을 사기 위해 녹봉으로 받은 곡식을 내다 팔아야만 했기 때문이라고 생각할 수도 있다. 정창권 편역, 2003, 『홀로 벼슬하며 그대를 생각하노라』(1567~1577년 미암 윤희춘의 일기), 사계절, 33~35쪽 참조.
11) 『高麗史』권78, 食貨1 祿科田 辛禑 14年 7月 趙浚 上書.
12) 위와 같음.

는 趙浚의 토지 개혁의 구상중에 나온 것이다. 위의 기록으로 보아 확실히 종실이 토지를 소유했음은 알 수가 있다. 그러나 전시과에서 종실에게 토지를 지급한 규정은 나타나지 않는다. 즉 문종 30년에 최종적으로 정해진 更定田柴科는 현직에 있는 관리에게만 준 것으로, 전시과의 토지지급은 되지 않았으리라 보여진다.

그러나 종실과는 달리 국왕의 아들들에게는 토지가 주어진 것 같다. 비단 A-2)의 기록 뿐 아니라 공양왕 3년 5월 都評議使司 上書의 科田法에서도 1·4과에 왕자들의 토지지급을 확정하였음을 보여준다.13) 그러므로 왕자가 아닌 종실의 토지지급은 분명하지 않지만 특별한 경우에 한정된 것으로 추정된다. 그들에게는 대신 食邑과 食實封이 주어졌다. 다음 표는 顯宗의 아들 平壤公 基와 文宗의 아들 朝鮮公 燾 집안의 식읍지급을 나타낸 것이다.

〈표 2〉 식읍비교표

인명	종실범위	작위	식읍	식실봉	시기
王基	顯宗의 4子	平壤公(中書令)			
王瑛	王基의 3子	樂浪侯	2,000호	300호	숙종
王禎	王瑛의 3子	承化伯	2,000호	300호	인종
王燾	文宗의 11子	朝鮮公	5,000호	500호	숙종
王源	王燾의 2子	廣平公	2,000호	500호	인종
王溫	王燾의 3子	江陵侯	700호	300호	인종

*『高麗史』 권列傳 宗室 참조.

현종의 아들은 5명이 있었는데 元成太后 金氏 소생으로 德宗, 靖宗이 있고 元惠王后 金氏 소생으로 文宗, 平壤公 基, 그리고 宮人 韓氏 소생으로 檢校太師 忠이 있었다. 王基는 정실 왕비 소생으로 유일하

---

13) 『高麗史』 권78, 食貨1 祿科田. "第一科 自在內大君 至門下侍中 一白五十結. 第四科 自在內諸君 至知門下 一白一十五結"

게 국왕이 되지 못한 인물인데 食邑과 食實封이 나타나지 않는다. 그는 유명무실한 직책이긴 하지만 中書令으로 있었던 만큼 전시과에서 田地 100결, 柴地 50결을 지급받았으므로 더 이상의 토지를 줄 필요가 없지 않았나 생각된다. 그러나 國公은 원칙적으로 식읍 3,000호를 주게 되어 있는데[14] 둘 다 받지는 않았으리라 생각된다. 고려시대는 겸직을 하더라도 양쪽에서 토지나 녹봉을 받는 경우는 없기 때문이다. 문종의 아들 王熹는 조선공으로서 숙종대에 식읍 5천호, 식실봉 5백호를 받았으며, 그 외에도 많은 종실이 식읍과 식실봉을 받았음을 위의 <표 2>는 보여주고 있다.

그러나 고려시대의 식읍은 의례적 명목상의 것으로 虛封인 경우가 많았고[15] 식실봉의 경우에도 규정액만큼 수여되지 않는 경우가 허다하였다.[16] 또한 식읍은 그 기한이 수봉자 본인 당대에 한한 것이 원칙이었다.[17] 식읍은 封戶로서 지급되었지만 봉호가 소유한 토지도 대상이 되었다. 그러나 일단 국가에서 주어진다면, 식읍은 租·庸·調를 징수하는 것이므로 일반 수조지에서 들어오는 수입보다 물량면에서 많았다. 식읍주는 봉호의 인력과 징수한 수입을 바탕으로 식읍 내에서 자신의 사적인 경제기반을 닦을 수 있었다.[18]

그러나 국왕이 아들이나 종친에게 식읍과 식실봉을 내려줄 때 그들이 받은 식읍은 명목상에 불과하더라도 식실봉은 실제적으로 하사했으리라 판단된다. 그러나 종실 모두에게 식읍과 식실봉이 지급된 것은 아니고 국왕과 가까운 특별한 종친에게만, 당대에 한하여 지급

---

14) 『高麗史』 권77, 百官2 爵.
15) 河炫綱, 앞의 논문, 369쪽. 그러나 식읍이 개인보다는 가문의 대표자에게 주는 해당 邑의 戶數를 나타낸다는 견해도 있다(윤한택, 1992, 「고려전기 慶源 李氏家의 科田支配」, 『역사연구』 창간호).
16) 李炳熙, 1993, 「식읍 및 기타의 사전」, 『한국사』 14, 국사편찬위원회, 270쪽.
17) 河炫綱, 앞의 논문, 379쪽.
18) 李景植, 1988, 「古代·中世의 食邑制의 構造와 展開」, 『孫寶基博士停年紀念韓國史學論叢』, 145~146쪽.

되었다고 추정된다. 종실이 많은 토지와 노비를 소유하고 있는 것은 국왕의 입장에서 위협이 될 수 있으므로 가능한한 억제했을 것이다. 그러므로 그들의 생활기반은 주로 녹봉에 의존했으리라 판단된다.

Ⅲ. 영녕공 준의 생애

1. 몽고에 볼모로 끌려감

『高麗史』권90, 宗室傳에 의하면 영녕공 준의 가계는 平壤公 王基에서부터 시작되었다. 평양공 기는 현종의 넷째 아들로서 아들은 王璭, 王琚, 王瑛이 있었다. 왕영은 王禎과 王禔를 낳았고, 왕정은 王梓와 王杞를 낳았다. 왕기의 아들은 王城, 王璞, 王玶인데 왕성은 王沆과 王禛을 낳았다. 왕원의 아들은 王璟, 王璿, 王禧, 王祺인데 왕경이 王溫, 王楣, 王綧, 그리고 王珽을 낳았다.19)

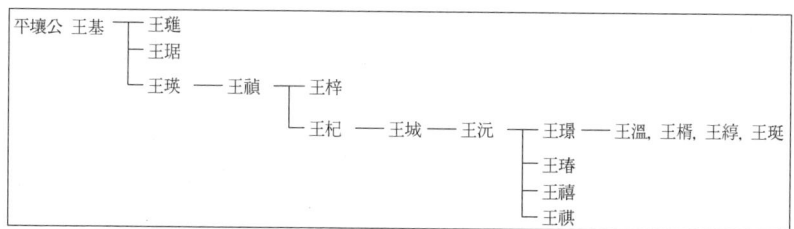

왕준은 현종의 계열로서 왕경의 세째아들로 1223년(고종 10)에 태어났다. 귀한 왕족 신분으로 태어났음에도 그가 살았던 시기가 무신정권기, 그리고 몽고 침략기와 간섭기였으므로 시대적으로는 불운한

---

19)『高麗史』권90, 列傳3 宗室1 平壤公 基.

시기에 태어났음이 틀림없다. 어느 시대든 종실이 편안하게 살기는 힘들었겠지만 특히 무신정권 치하에서는 왕권이 유명무실하여 종실의 입지는 더욱 불안해져서 무신집정자의 눈치를 살피지 않으면 안되었다. 무신정권 중에서 왕의 폐립을 마음대로 자행했던 최씨 집권기에서는 왕족이므로 더욱 조심해야 했다.

이시기 대외적으로 큰 변화가 있었다. 북방에 몽고라는 큰 세력이 금을 멸망시키고 송을 위협하면서 드디어 고려에도 침입하였다. 몽고의 세력이 대두하기 이전에 북방지역은 요와 송, 금과 남송으로 세력의 균형을 이루어 서로 견제하는 상황이었으므로 고려는 대외적인 관계에 있어서 상당히 자율성을 확보하고 있었다. 북방에서 금을 제압한 몽고는 이어서 고려에 복속을 요구하였지만 국가성립 이후로 요, 금, 송 등의 세력과 맞먹는 세력으로 나름대로 강대국임을 자부하고 있던 고려로서는[20] 몽고의 요구를 쉽게 받아들일 수가 없었다. 이에 따라 몽고의 침입으로 그는 9살 때부터 전쟁을 겪었으며 10살 때부터는 강화도에 들어가서 살았다.

몽고의 침입이 시작되어 개경정부가 강화도로 천도하여 제대로 방어책을 구축하지 못하면서 고려사회는 대내, 대외적으로 매우 불안해졌다. 몽고는 우세한 군사력을 내세워 고려가 항복하는 조건으로 開京還都와 國王入朝를 내세우고 있는 형편이었으므로 국왕과 태자를 위해 왕족이 희생되리라는 것은 자연스러운 추세였다. 고종은 몽고의 압력을 무마하기 위해 왕족이라도 몽고에 보내야만 했다. 이때 선택된 인물이 영녕공 준이었다. 그에 대한 평가를 보면, 외모가 아름답고 열정적이며 지략이 있었다. 또한 말을 잘 타고 활을 잘 쏘았

---

20) 奧村周司, 1979, 「高麗における八關會的秩序と國際環境」 『朝鮮史硏究會論文集』 16.
　팔관회에서 송상, 여진, 탐라, 일본의 순으로 고려 국왕에게 하례하는 의식을 통해 고려가 동북아시아에서 종주국을 표방하는 강대국의 자부심을 볼 수 있다.

으며 글을 많이 읽어 大義를 알았다고 한다.21) 요컨데 그는 밝고 적극적인 성품을 지니고 문무를 겸비한 미남이었다. 이 점이 국가에서 그를 택하여 몽고에 가게 하였을 것이다.

당시 그가 몽고에 가게 될 때까지의 여·몽 관계를 살펴보자.

북방에 금, 양자강 이남에 남송이 자리잡고 있던 13세기 초기, 몽고족의 鐵木眞(징기스칸)이 여러 부족을 통일하고 동북아시아의 새로운 강자로 떠올랐다. 몽고는 금을 멸망시키고 남송을 위협하면서 한편으로는 고려에도 압박을 가해왔다. 고려가 굴복할 의사를 보이지 않자 1231년(고종 18)부터 고려를 침략하기 시작했다. 이듬해, 고려가 몽고가 주둔시킨 다루가치(達魯花赤)를 죽이고22) 수도를 강화도로 옮겨 항복을 거부하는 적극적인 자세를 견지하면서 몽고는 다시 고종 22년부터 무려 5년동안 고려를 침략하여 전역을 불태우고 초토화시켰다. 금나라가 멸망하여23) 고려를 도와줄 배후세력이 없다고 판단한 몽고는 고려를 마음껏 유린하였던 것이다. 이때 八公山 符仁寺에 소장되어 있던 고려 대장경과 경주 황룡사 9층탑 등 귀중한 문화재조차 불타버린 상황으로 미루어 볼 때 백성들의 참상을 짐작할 수 있다.

이 시기 몽고가 전라도까지 위협하면서 그들 지역을 지키기 위해 남쪽에서는 고종 23년부터 24년까지 李延年의 난이 일어났으며, 북쪽

---

21) 『高麗史』 권90, 종실전 뿐만 아니라 『元史』 권166, 列傳 王綧에도 같은 내용이 전한다. "美容儀 慷慨有志略 善騎射 讀書通大義"
22) 『元史』 권208, 高麗傳 (太宗) 4年 6月(高宗 19年). "瞰(高宗)盡殺 朝廷所置 達魯花赤七十二以叛 遂率王京及諸州縣民竄海島"
  尹龍爀은 이 기록에 대해 고려에 잔류한 몽고세력이 상당한 타격을 받은 것으로만 파악하는 유보적인 태도를 보이고 있다(1991, 「蒙古의 高麗 侵略」 『高麗對蒙抗爭史研究』, 一志社, 56쪽).
  이에 비해 周采赫은 『元史』의 내용을 그대로 인정하고 있다(1974, 「洪福原一家와 麗·元關係」 『史學研究』, 24, 35쪽).
23) 1234년(高宗 21) 2월 金의 哀宗의 자살을 마지막으로 金은 멸망하였다.

에서는 전쟁 초기부터 투항자들이 속출하였다. 북계지역 고려군민의 投蒙으로는 趙玄習, 李元祐, 李君式 등을 들 수 있다.24)

남쪽 농민이나 북쪽 토호들의 반란과 투항은 원칙적으로는 그들이 살기 위한 방편이었지만 수도를 강화도로 옮겨 왕실을 비롯한 지배층만 편안함을 추구하는데 대한 반발이 내포되어 있었음은 부인할 수 없다. 내부의 반란과 투항, 또한 수년간 계속된 전란으로 국토는 황폐해지고 백성들의 삶이 극심한 어려움에 처하게 되자, 강도정부는 고종 25년 12월에 사신을 몽고에 파견하여 침략군의 철수를 요구하였던 것이다. 고려가 몽고에 내건 조건을 보면 "바라건데 武力으로 위협하지 말고 선대의 유업을 보전하게 한다면 비록 변변치 않지만 이 땅에서 나는 물품을 어찌 바치지 않겠습니까. 비단 지금 뿐 아니라 앞으로도 영원히 그렇게 할 것입니다"25)라 하여 침략을 그치고 나라를 보존하게 한다면 계속 공물을 바치겠다는 약속을 하였다. 물론 앞서의 요와 금에게도 자세를 낮추어 조공을 바치긴 했지만 그것은 명목상의 자세에 불과할 뿐 거의 대등한 관계로 교역이 이루어졌으나 이번에는 경우가 달랐다. 고려는 상당히 불리한 조건과 굴욕을 감수해서라도 강화를 맺으려고 시도하였다. 이후부터 고려는 보다 나은 조건을 얻기 위해 1년에 서너차례 몽고에 사신을 파견하였다.

그러나 고려의 꾸준한 교섭에도 불구하고 몽고는 국왕의 친조를 끝내 주장하고 고종 26년 10월에는 내년까지 반드시 친조하라고 하여 날짜까지 명시하였다.26) 이에 고려는 그 해 12월, 현종의 8대손인 新安公 佺과 少卿 宋彦琦를 파견하였다. 이듬해 9월 몽고의 사신들과

---

24) 『元史』 권208, 高麗傳 高宗 25年 5月 12日. "其國人 趙玄習李元祐等二千人來降 命居東京 受洪福源節制 且賜御前銀符 使玄習等佩之 以招來降戶民 又李君式等十二人來降 待之如玄習焉"
25) 『高麗史』 권23, 高宗 25年 12月. "伏望但勿加兵革之威 俾全遺俗 雖不腆海山之賦 安有曠年 非止于今期 以爲永"
26) 『元史』 권208, 高麗傳. "十月 有旨諭王 徵其親朝於明年"

함께 강화도로 들어온 전은 몽고황제의 조서를 전하였다. 그 내용은 해도의 민호는 모두 육지로 내 보내며, 민호의 수를 점검하여 보고할 것이며, 禿魯花(인질)를 보내며, 반몽행위가 있었던 고려의 관원을 체포 압송하라는 것이었다.[27]

몽고가 고종 27년(1240)에도 다시 두 차례에 걸쳐 사신을 파견하여 친조를 요구하게 되자 고려는 거절하는 것이 불가능함을 깨닫고 28년(1241)에 영녕공 준을 고종의 아들이라 속이고 양반집 자제 10여명을 거느리고 몽고에 가도록 했다.[28] 몽고는 영녕공이 비록 태자는 아니지만 고종의 아들로 알고 그를 볼모로 잡아두는 것으로 일단락 지으려 한 것 같이 보인다. 이는 몽고 내부사정에 기인한 것으로, 태종의 건강이 악화됨에 따라 외부에 신경을 쓸 겨를이 없지 않았나 생각된다. 더욱이 고려로서 다행스러운 일은 그 해 11월, 몽고황제 태종이 죽고 그에 따른 후계자가 정해지지 않아서 몽고의 내정이 혼란스러워진 사실이었다. 황제 옹립을 둘러싼 정치적 암투는 장남 구육[貴由]이 황제[定宗]에 선임되는 고종 33년까지 계속되었다. 이 동안 태종의 황후 토라가나[脫列哥那]가 그 권한을 대행하였는데 이로서 고려는 당분간 몽고의 침탈을 당하지 않게 되었다. 그러나 정종이 즉위한 후 고려는 다시 전운에 휩싸였다. 고종 34년 여름, 阿母侃이 이끄는 몽고군은 개경을 지나 충청도를 거쳐 전라도와 경상도 남부지방까지 이르렀는데,[29] 마침 정종이 죽음으로서 몽고군은 물러갔다. 이후 몽고는 고종 38년에 憲宗이 즉위하자 다시 본격적으로 침략을 감행하였다. 이미 헌종이 즉위하기 이전인 고종 37년에 몽고사신 多可가 와서 고려의 出陸狀態를 살피는 것으로 보아 몽고에서 누가 정권을 장악하더라도 고려를 굴복시키려는 원칙은 변함이 없었음을 알 수 있다. 이는 몽고의 세계제패의 일환이기도 했다.

---

27) 『元高麗記事』太宗 11年(高麗 高宗 26年).
28) 『高麗史節要』권16, 고종 28년 4월.
29) 尹龍爀, 1991, 「麗蒙戰爭의 長期化」『高麗對蒙抗爭史研究』, 一志社, 95쪽.

고려와 몽고가 대치하는 10여년 동안 그가 어떻게 살았는지 기록은 없다. 여기에서 알 수 있는 것은 그가 몽고황실의 여자와 혼인을 하고 홍복원의 집에서 함께 살았다는 정도이다. 그는 홍복원이 총관으로 있는 遼陽의 사택에 함께 살면서 요양지방의 고려유민의 동태를 어느 정도 파악했으리라 보여진다. 이때 몽고가 다시 고려를 침략할 것을 결정하면서 그에게도 출전을 요구하였다. 전쟁터에서의 그의 역할은 황제의 명령을 받드는 사신으로 고려정부와 강화를 맺도록 주선하는 일이었다.

2. 고려침략에 가담

몽고에서의 영녕공 준의 역할은 세 가지로 나누어 볼 수 있다. 즉 고려와의 화해를 추구하는 사신의 역할과 고려 내부의 지리나 군사상의 편제 등 기밀사항을 알려주는 작전참모의 역할, 그리고 홍복원과 고려 국왕에 대한 견제역할이었다. 첫 번째로 그가 원에서 한 일은 사신의 기능이었다.

영녕공은 그동안 원에서 인질로 잡혀 있었으나 왕자의 대우를 받으며 겉으로는 그런대로 편안한 나날을 보내었던 것 같다. 그러나 憲宗이 들어선 이후 이제 영녕공도 전쟁터에 나가도록 종용받았다. 그는 고종 40년 7월, 몽고가 고려를 침입할 때 也窟을 따라와 충주를 포위, 공격하는데 참가하였다.30) 초기에 그가 전쟁터에 나아가게 된 것은 고려와 교섭하여 강화의 명목으로 항복을 종용하려는 몽고의 의도 때문이었다. 또한 고려의 왕자가 적군의 장수가 되어 나간다면 아마 고려정부는 어떻게든 몽고의 요구를 다 들어주리라는 계산도 작용한 것 같다. 이 시기 영녕공이 몽고 군중에 있으면서 崔沆에게

---

30) 『高麗史』 권90, 列傳3 宗室1 平壤公 基.

보낸 편지가 있다.

> B. 지난해 가을에 황제가 강을 건너와서 사신을 맞이하지 않은 일에 노하여 군대를 발동하여 罪를 물었을 때 나는 그것을 막을 도리가 없어서 황제에게 말하였습니다. "원하건데 황제의 명령을 받들어 나아가서 본국을 설득해서 다시 옛 서울에 도읍하여 자손만대에 길이 藩臣의 직분을 닦게 하겠습니다" 하니 황제가 신에게 조서를 내려 말하기를, "네가 본국의 宰臣과 함께 너의 나라로 가서 짐의 명으로 달래어 출륙케하라. 만약 고려 국왕이 나와 맞이하면 마땅히 즉시 퇴군하라"고 하셨으니 지금 나라가 편안하고 위태로운 것이 이 한번의 결정에 달려있습니다. 만약 왕이 나와서 맞이할 수 없다면 아무쪼록 太子나 安慶公을 파견하여 출영케 한다면 반드시 철병할 것입니다. … 이같이 했는데 만일 군사가 물러가지 않거든 저의 집안을 멸족시켜도 좋습니다.[31]

그는 그가 맡은 역할을 완수하기 위해, 그리고 고려가 이상 더 전쟁의 참화를 겪지 않도록 하기 위해 강화를 맺도록 애를 쓰고 있다. 그는 만일 태자나 安慶公을 보내었는데도 몽고가 물러가지 않는다면 우리 가족을 몰살시켜도 좋다고까지 하면서 간곡하게 몽고의 요구를 수용하도록 요청하였다. 그러나 최항은 태자나 안경공 조차 원의 볼모로 잡혀 영녕공처럼 전략적으로 이용될 것을 우려하여 거부하였다. 이에 몽고군은 고려의 내륙을 침공하기 시작하였다. 이 시기 영녕공은 야굴의 주력군을 따라 다닌 것으로 보여지므로 야굴의 행적을 통해 그의 흔적을 살펴보기로 하자.

야굴군은 고종 40년(1253) 7월 8일에 압록강을 건너와서 대동강 下

---

31) 『高麗史節要』 권17, 高宗 40年 7月. "去年秋 皇帝怒 大駕不渡江迎使 發兵問罪 吾無計沮之 白帝曰 臣願將帝命 諭本國 令復都舊京 子孫萬世 永修藩職 帝勅臣曰 汝與本國宰臣 歸到爾國 諭以朕命 使之出陸 國王若出迎 卽當退兵 今國之安危 在此一擧 若上不出迎 須令太子若安慶公出迎 必退兵 … 如此而兵若不退 族子一門"

馬漢住를 거쳐 古和州로 향하였다. 그 해 8월 12일에 서해도 椋山城, 8월 27일에 東州山城(鐵原)을 함락시켰으며, 9월 20일에는 春州城(春川)을 도륙하였다. 이어 10월4일에는 楊根城(경기도 양평)을 공격하자 춘주성의 참혹한 情況에 놀란 防護別監 尹椿은 자진해서 항복하였으나 뒤이어 계속된 原州城 공격에는 실패하였다. 이어 10월 9일에는 中原郡 天龍山城의 방호별감이 항복하자 계속해서 忠州城을 포위 공격하였으나 金允侯의 방어로 실패하고 12월에 이르러서야 겨우 물러갔다.32)

이때 영녕공이 고려를 위해 애쓴 흔적은 침략 초기에 최항에게 보낸 편지만 있을 뿐 그 이상의 자취는 보이지 않는다. 그는 강화를 위한 사신 자격으로 참가했으므로 그가 고려민을 학살하고 성을 공격하는데 적극적인 역할을 했다고는 보이지 않는다. 그러나 몽고군이 고려의 여러 성을 함락시킬 때 그가 주민학살을 방어하기 위한 어떤 행동을 한 것으로도 보이지 않는다.

몽고가 중부 이남까지 내려와 고려전역이 불바다가 되고 초토화되자 국왕은 왕의 친자인 안경공을 보내서라도 강화를 맺도록 하기 위해 그 해 11월, 永安佰 僖와 僕射 金寶鼎을 보내어 也窟, 阿母侃, 于悅, 王萬戶, 洪福原 등에게 토산물을 보내고 영녕공 준에게 편지를 보내어 다음과 같은 내용을 전하였다.

> C. "전일에 그대가 몽고에 入侍하러 간 것은 誠心에서 나온 행동으로서 그대는 과감하게 결단하여 한낱 외로운 혼자 몸으로 삼한의 만백성을 대신해서 간 것이니 어찌 一身의 安危, 근심과 기쁨을 고려하였을 것인가. 다만 나라와 집안을 위하여 충효를 다하려고 했을 뿐이었을 것이다. (그대가) 10여년 동안 험난한 역경에서 겪었을 여러 가지 일들을

---

32) 『高麗史』 권24 및 『高麗史節要』 권17 고종 40년 참조. 각 지역의 전투상황에 대해서는 尹龍爀, 1991, 「也窟軍에 대한 抗戰」 『高麗對蒙抗爭史硏究』, 一志社, 273~292쪽 참조.

어찌 말로 다할 수 있겠는가. 그러나 본래의 뜻이 그와 같았으니 어찌 더욱 간절한 정성을 다하여 길이 사직을 편안하게 하지 않겠는가 … 그대가 마땅히 절박한 심정으로 전달하여 대군으로 하여금 포위를 풀고 돌아가게 한다면 늙은 내가 기뻐할 뿐만 아니라 온 나라가 다시 살아날 것이다."[33]

왕준이 몽고에 들어간지 10여년, 그는 왕족이었으나 고려 정부나 왕실에서는 인질로 보낸 이후에는 그의 안위를 지키기 위한 아무런 배려도 없었다. 그는 외로운 타향에서, 스스로 눈치껏 황제와 몽고 관리들의 비위를 맞추어 생존을 도모할 수 밖에 없었다. 고려와의 관계가 악화되면 그는 죽임을 당할 수도 있었다. 물론 고려도 몽고의 침략으로 경황이 없었겠지만, 인질로 잡혀간지 10여년이 지나도록 아무런 배려 없이 내버려두다가 국왕의 간곡한 편지를 받은 영녕공으로서는 자신의 변화된 위상을 감지하는 계기가 되었으리라 생각된다. 또한 강대국의 위력을 재확인하기도 하였을 것이다. 이제 고려국왕도 그에게 간청을 하고 뇌물을 보내는 지경이 된 것이다.[34]

계속되는 몽고의 공격으로 언젠가는 몽고가 고려를 멸망시킬 것이라는 전망이 드러나게 되자 홍복원 외에도 몽고에 아부하여 출세하려는 인물들이 많이 있었으니 대표적인 인물이 李峴이었다. 이현은 樞密院副使로서 侍郎 李之葳와 함께 고종 39년 정월에 고려가 몽고에 보낸 사절이었다.[35] 그는 몽고에 억류되어 있으면서 고려에 불리한

---

33) 『高麗史』 권90, 列傳3 宗室1 平壤公 基 ; 『高麗史節要』 권17, 高宗 40年 11月. "昔爾入侍天庭之日 出自誠心 決然獨斷 以一介孤身 代三韓萬姓而往者 豈以一身之安危憂樂爲慮哉 但爲國爲家 庶全忠孝耳 十餘年間 險阻艱難 千態萬狀 殆不可容說 雖然 夙志如彼 能不益殫誠懇 永安社稷乎 … 汝當切迫陳達 俾大軍解圍返斾 則非特老人悅懌 擧一國更生矣"
34) 『高麗史』 권79, 食貨2 科斂 高宗 40年 12月. "皇帝와 蒙古의 官吏 및 永寧公의 妃主, 妃母, 洪福原에게 선물로 줄 金, 銀, 布帛이 한량없이 많아 국가의 재물창고가 텅 비게 되었다"
35) 『高麗史』 권24, 高宗 39年 正月.

내부적 기밀을 가르쳐주고 전쟁을 선동하였다. 그는 몽고가 고려를 공격하게 되자 자진해서 앞장서서 항복을 종용하여 고려민의 사기를 떨어뜨리기도 했다.36) 몽고가 물러간 후 정부는 이현의 가족을 처형하여 그 본보기로 삼고자 했다.

> D. 李峴을 저자에 내어 죽이고 그 집을 적몰하고, 그 아들 之瑞, 之松, 之壽, 之栢, 永年은 모두 바다에 던지고 현의 아내, 누이 및 사위는 모두 섬에 귀양보냈다. … (이현은) 야굴을 인도하여 와서 항상 몽고군을 따라다니며 여러 성을 설득하여 항복시켰다. 또 楊根·天龍 두 성에 협박하여 말하기를, "椋山, 東州, 春州 등 여러 성이 모두 항복을 하지 않다가 도륙을 당하였으니 빨리 나와 항복하는 것이 좋다. 만일 守將이 허락하지 않거든 즉시 머리를 베어가지고 오라" 하였다. 그들이 항복하자 스스로 다루가치(達魯花赤)가 되어 드디어 그 백성을 데리고 충주를 쳤으나 항복시키지 못하였다.37)

몽고는 고려를 침략하는 과정에서 附蒙分子, 투항한 高麗吏民들을 최대한 이용하여 항복을 유도하였는데 그 중 대표적인 인물이 홍복원과 이현이었다. 고려가 승리를 거두지 못했음에도 이현의 공개처형은 영녕공에게도 큰 충격을 주었다. 이는 전쟁에서의 승패와 관계없이 반역여부에 따라 그의 집안이 몰살될 수 있음을 보여주는 것이었다. 그도 몽고로 돌아가지 않고 고려에 잔류했더라면 죽임을 당하게 되었을 것이라는 사실은 명백해졌다. 비록 그가 왕족이어서 처벌당하지는 않을 것이라고 예상하지만 실권자는 국왕이 아니라 최항이었다. 이제 그는 어느 쪽에서 행동해야 할지 결정해야 했다. 그러나

---

36) 『高麗史節要』 권17, 고종 40년 10월.
37) 『高麗史節要』 권17, 高宗 41年 正月 ; 『高麗史』 권130, 列傳43 李峴傳. "李峴棄市 籍其家 其子之瑞之松之壽之栢永年 皆枕于海 峴妻妹及壻 並流于島 … 導也窟而來 常隨蒙軍 諭降諸城 又劫楊根天龍 二城曰 椋山東州春州等城 並以不降見屠 宜速出降 若守將不許 卽斬以來 及降自爲達魯花赤 遂以其民 攻忠州 不下"

몽고에서 반몽적인 행위 또한 그의 죽음을 재촉할 수 있었다. 이때 그에게는 중요한 사태가 발생하였다. 고종의 친자인 안경공이 파견됨으로서 그가 국왕의 아들이 아님이 밝혀지게 되었던 것이다.

> E. 安慶府의 典籤 閔仁解가 몽고에서 돌아와 말하기를, "처음 안경공이 몽고에 도착하니 황제는 영녕공 준의 친동생으로 알고 매우 극진히 대접하였습니다. 그런데 黃驪縣 사람 閔偁이 황제에게 아뢰기를, '왕 준은 왕의 친아들이 아닙니다. 또 고려에서는 이현의 친족을 멸족하였으며, 몽고에 항복한 각 성의 관리들도 모두 다 죽였습니다' 라고 몽고 황제에게 고하였습니다" 하였다.[38]

이 시점에 하필이면 영녕공의 신분이 고려인에 의해 밝혀지게 되었을까. 추정컨대 고려정부는 영녕공에 의해 고려의 실정이 몽고에 알려지는 것이 부담스러워 영녕공을 소환하고자 했으나 명분이 없었다고 생각된다. 그렇다고 지금에 와서 새삼스럽게 고려정부가 스스로 나서서 왕자가 아님을 밝힐 수도 없으므로 엉뚱한 인물을 내세워 폭로라는 苦肉策을 쓴 것은 아닐까. 고려는 만일 영녕공이 왕의 친자가 아님이 밝혀진다면 고려로 돌려 보내버릴 것이라고 생각했던 것 같다.

安慶府는 안경공의 府이다. 고려시대에는 妃나 王子들에게는 부를 설치하였는데 그 소속 관원으로 典籤(종8), 錄事(종9), 書藝를 두었다.[39] 전첨은 종 8품으로, 녹봉이 1년에 16섬 10말밖에 되지 않는 말단 관원이었다.[40] 과거시험에 합격하면 먼저 지방의 司錄으로 제수되는 것이 보통인데 세력가의 자제이거나 운이 좋다면 지방에 파견

---

38) 『高麗史節要』 권17, 高宗 41年 7月. "安慶府典籤閔仁解 還自蒙古曰 公初至蒙古 帝以爲實永寧公綧母弟 禮待甚厚 黃驪人閔偁 訴於帝曰 綧非王親子也 且高麗族誅李峴 降城官吏 亦皆誅殺"
39) 『高麗史』 권77, 百官2 諸妃主府.
40) 『高麗史』 권80, 食貨3 祿俸 文武班祿.

되지 않고 중앙에서 바로 전첨으로 들어 갈 수 있었다. 王子府의 전첨은 왕자와 가장 가까운 사이이므로 혹시 태자가 죽거나 반란이 일어나 왕자가 왕이 된다면 크게 출세할 수도 있는 중요한 자리였다.[41] 이때 안경부 전첨으로 있던 사람이 민인해였다. 그런데 민칭이 누구인지는 설명이 없다. 우선 민칭의 행적을 살펴보자.

> F-1) 閔偁이 몽고로부터 돌아와 차고있던 금패를 최의에게 드리고 말하기를, "제가 몽고에 있을 때 대신들이 비밀히 논의하는 것을 들었는데 지금부터 다시는 동방을 정벌하지 않겠다고 합니다."라고 하였다. 최의는 기뻐서 그에게 집과 곡식, 의복과 가구를 주고 또 散員 벼슬을 제수하였다.[42]
>
> 2) 散員 閔偁을 흑산도로 귀양보냈다.[43]
>
> 3) 몽고가 韓洪甫, 尹椿, 閔偁, 張升才, 郭汝益, 松山을 돌려보낼 것을 요구하였다.[44]

민칭에 관한 내용은 위의 기록이 전부이다. 민칭이 누구인지를 알아보기 위해 우선 3)에서 몽고가 고려에 6명을 지목해서 돌려보내라고 한 이유를 알아보자.

한홍보는 橻城 사람으로 야속달에 투항했다가 고려로 돌아가고 싶어서 그가 비밀리에 숨겨놓은 은을 찾아오겠다고 거짓말하고 고려로 돌아온 인물이며, 윤춘은 楊根城 방호별감으로 있던 고종 40년, 몽고의 공격에 못이겨 항복하여 포로가 되었다. 그러다가 몰래 고려로 달

---

41) 예컨대 明宗이 翼陽公으로 있을 때 典籤으로 있다가 출세한 崔汝諧와 崔遇淸이 대표적이다.
42) 『高麗史節要』권17, 高宗 44年 10月. "閔偁自蒙古逃還 以所佩金牌 獻崔竩且曰 在蒙古時 聞大臣密議 今後不復東伐 竩悅給宅一區 米穀衣服什器 拜爲散員"
43) 앞의 책, 高宗 46年 4月.
44) 앞의 책, 高宗 46年 12月.

아나 몽고의 實情을 알리고 몽고를 방어하기 위해서는 섬에 둔전을 설치하고 육지에는 淸野作戰이 필요함을 역설하여 최항에 의해 특별히 親從將軍으로 임명된 인물이었다.45)

그리고 고종 43년 10월에 車羅大 휘하의 東京總管 松山이 자기의 妻와 시종 5명을 데리고 귀순했다. 그 이유는 차라대의 명령대로 의주를 지키지 못했고, 흉년으로 양식을 비축하지 못해 창고가 비었으며, 고려군이 온다는 말을 듣고 첩자 70명을 보내었는데 모두 돌아오지 않아 죄를 문책 받을까봐 두려워 고려에 귀부했던 것이다.46) 차라대의 송산에 대한 분노는 집요해서 고종 44년 7월에 태자가 친조할 뜻을 나타내자 반드시 송산을 데리고 올 것을 요구하기도 했다.

다음 곽여익은 원종 7년 5월에 同知貢擧를 지낸 기록만 나오고,47) 장승재는 누구인지 알 수가 없다. 이로 보면 송산을 제외하고는 대다수가 이중첩자의 역할을 한 것으로 보인다. 그렇다면 민칭이 영녕공을 고종의 아들이 아니라고 밝힌 이유는 무엇일까. 안경공의 심복은 閔仁解였다. 민인해가 어떤 인물인지는 더 이상 기록에 나타나지 않는다. 뒤에 임연이 원종을 폐하고 안경공을 왕으로 내세워 물의를 일으켰으므로, 안경공이 원종의 견제를 받아 이상 더 두각을 나타내지 못함에 따라 그도 크게 출세하지 못하고 역사에서 사라져간 것 같다.

그들이 같은 성씨인 것으로 보아 민인해와 민칭은 같은 집안 사람이 아닐까. 영녕공이 고려를 배반하고 몽고에 아부하여 개인의 영달을 추구하자 고려정부는 영녕공이 왕의 친자가 아님을 밝혀 그를 고려로 돌아오게 하기 위한 작전으로 안경공의 측근인 민인해로 하여금 그의 가까운 혈족인 민칭을 동원하도록 시킨 것은 아닐까. 안경공의 전첩이면서 민인해는 안경공과 같이 돌아오지 않고 1달 먼저 조정에 돌아와 그 사실을 알리고 있다. 정부는 몽고로 하여금 영녕공을

---

45) 『高麗史』 권130, 列傳43 韓洪甫 附 尹椿.
46) 『高麗史節要』 권17, 高宗 43年 10月.
47) 『高麗史』 권73, 志27 選擧1 科目.

소환시키기 위한 의도로 이 사실을 폭로했던 것 같다. 이후 안경공은 계속 원과 갈등관계에 있게 되는데 이것은 안경공의 폭로에 대한 영녕공의 보복, 즉 안경공과 원을 이간시킨 것도 하나의 원인이 되지 않을까 짐작된다. 몽고에서 민칭의 소환을 요구한 것은 몽고군 내부의 기밀을 고려에 누설한 첩자로서의 역할 때문이라고 생각한다. 그러나 민칭은 이중첩자로서 줄타기를 하다가 고려에서도 발각되어 귀양간 것으로 보인다.

이때 안경공과 같이 몽고에 갔던 參知政事 崔璘은 황제의 질책을 당하자 왕준이 왕의 친자가 아니고 남의 아들을 아들로 삼은 愛子임을 밝혔다.[48] 왕준이 고종의 아들이 아님이 밝혀지자 황제는 "비록 네가 왕자는 아니지만 본래 왕족이고 우리나라에 오래 있었으니 우리사람이다"라고 하면서 도리어 阿母侃의 말 3백필을 빼앗아서 주면서 위로하였다고 한다.[49] 황제는 고려 정부의 의도를 짐작한 것 같다. 그리고 고려사회에서 종실이라는 불안한 위치를 통찰하고 영녕공을 회유함으로서 고려에 철저히 등을 돌린 또 다른 홍복원 같은 인물을 만들어내려 하였다고 생각된다.[50] 즉, 영녕공은 자신이 왕의 아들이 아님을 몰랐다고 변명하더라도 이 말이 타당성이 없음은 황제도 그도 알고 있었다. 그는 황제가 벌주지 않고 오히려 자기 사람으로 포용해 주는 데에 크게 감격했다. 여기에서 왕준은 고려를 버리고 철저하게 몽고에 충성하여 일신의 영달을 꾀하려고 생각한 것 같다. 왕족이라고는 하나 고려 땅에서는 할 일이 없어 현실 정치에서 소외되어 사는 것보다 오히려 더 낫다고 생각했을 것이다.

왕자가 아님이 밝혀진 이후부터 그는 적극적으로 전쟁에 참여하여, 41년에는 차라대와 더불어 군사 5천명을 거느리고 고려의 여러 지역

---

48) 『高麗史』 권99, 列傳12 崔惟淸 附 璘.
49) 『高麗史』 권90, 列傳3 宗室1 永寧公 綧 ; 『高麗史節要』 권17, 高宗 41年 7月.
50) 周采赫, 1974, 「洪福原 一家와 麗・元關係」 『史學研究』 24, 24쪽 참조.

을 공격하였다. 그는 7월 22일 車羅大와 함께 압록강을 건너 8월에는 서북변경을 거쳐 개경의 普賢院에 이르렀으며(8월 22일)[51] 이어서 양평, 여주, 이천, 안성, 음성을 거쳐 忠州에 이르렀다(9월 14일).[52] 그러나 충주에서는 농민과 노비의 극렬한 저항으로 포기하고 계속 남하하여 尙州에 도착하였다(10월 19일). 이곳 역시 상주산성 주민의 방어선을 뚫지 못하고[53] 계속 남쪽으로 내려가 大邱 公山城을 거쳐 陜州 丹溪縣(慶南 山淸)에 이어 진주까지 가서 침탈을 자행하였다.

몽고의 내침 이후 고려는 몽고의 지휘부에 사신을 파견하여 철군을 촉구하였다. 이해 12월에 차라대군은 국왕과 최항의 출륙을 조건으로 퇴군하여 이듬해 정월 개경 保定門에 주둔하여 강도를 위협하다가 2월 하순에 철수하였다. 그는 42년 10월부터 43년 10월에 걸친 차라대의 2차 침공에도 가담하여 전라도 潭陽, 海陽(光州),[54] 목포 등 고려의 서남해안 전역을 횡행하였다.[55] 이 과정에서 고려는 몽고병영에 사신을 파견하였는데 이 때 영녕공의 자세가 판이하게 달라졌음을 감지할 수 있다.

> G. 愼執平이 몽고 병영에서 돌아와 말하기를, 車羅大, 永寧公 등의 말이 '만일 국왕이 나와서 사신을 영접하고 왕태자가 친히 황제에게로 간다면 군사를 철수할 수 있거니와 그렇게 하지 않는다면 무슨 이유로 물러 가겠느냐'라고 하였습니다. 이때 차라대·영녕공은 潭陽에, 홍복원은 海陽에 각각 주둔하고 있었다.[56]

---

51) 『高麗史節要』 권17, 高宗 41년 8월.
52) 忠州山城의 전투는 尹龍爀, 앞 논문, 308~311쪽 참조.
53) 尹龍爀, 앞의 논문, 312~316쪽 참조.
54) 『高麗史』 권24, 高宗 43年 3月 己酉와 4月 壬申.
55) 尹龍爀, 앞의 논문, 115~116쪽.
56) 『高麗史』 권24, 高宗 43年 4月 壬申. "愼執平自蒙古屯所還言 車羅大永寧公云 若國王出迎使者 王太子親朝帝所 兵可罷還 否則以何辭而退乎 時車羅大永寧公屯潭陽 洪福源屯海陽"

이것은 영녕공이 차라대의 2차 침략에 가담했을 때의 모습이다. 이제 그는 차라대나 홍복원과 마찬가지로 고려사신을 차갑게 대하고 있다. 앞의 고종 40년대만 하더라도 영녕공은 고려를 생각하고 화해를 주선하려는 노력이 보이지만 이제는 적극적으로 고려침략에 가담하였다.

그는 야굴과 처음으로 고려를 침략하여 최항에게 편지를 보낼 때는 세자나 안경공이 출영하더라도 몽고가 물러갈 것이라고 하였다. 그런데 고종 41년 7월에 몽고의 원수로 처음 고려와의 전쟁에 참가한 차라대는 "임금과 신하와 백성이 육지로 나오거든 모두 머리를 깎아라. 그렇지 않으면 왕을 붙들어서 돌아가겠다. 만일 하나라도 좇지 않는 자가 있다면 군사가 돌아갈 기약이 없다"고 하며[57] 철저한 굴복을 요구하였다.

이 해에 몽고군에게 포로로 된 남녀가 20만 6,800여명이나 되고 살육된 자가 이루 헤아릴 수 없었으며 거쳐간 고을들은 모두 잿더미가 되었으니, 몽고군사의 공격이 있은 뒤로 이보다 심한 때는 없었다고 한다. 공교롭게도 영녕공이 적극적으로 침략에 임했던 시기에 고려주민은 가장 참혹하게 유린당했던 것이다. 뿐만 아니라 차라대의 2차 침공 때에는 여태까지 엄두도 내지않던 여러 섬을 공격하기 시작하여[58] 그 해 3월에는 강화도와 가장 가까이 있는 窄梁 부근에 이르러 강도를 위협할 정도였다. 그동안 몇차례 몽고사신이 강화도를 다녀갔으므로 강화도가 육지와 얼마 떨어지지 않은 곳이어서 침략이 어렵지 않다는 것을 파악하고 있었겠지만 누구보다 강도의 지형을 가장 잘 아는 이는 영녕공이었을 것이다. 전선에서의 그의 직책은 강도정부를 위협하여 전쟁을 보다 효과적으로 수행할 수 있게 하는 작전

---

57) 『高麗史節要』 권17, 高宗 41年 8月.
58) 『高麗史節要』 권17, 高宗 43年 正月. "蒙古兵 謀攻諸島 遣將軍李廣宋君斐 領舟師三百南下禦之"

참모역을 담당하였으며 여기에서 상당한 전공을 세웠던 것 같다.59)

그렇지 않다면 그의 휘하 장수가 영녕공의 행위에 분개하여 등을 돌렸을 리가 없는 것이다. 즉 왕준이 楊根에 내려 왔을때 그의 활약을 지켜 본 휘하의 弓箭培郞將 蔡取和는 "처자를 버리고 그를 따라 먼 이국에 와 있는 것은 오직 나라를 편안하게 하고자 해서 였다. 그런데 지금 나라에 이로운 일을 조금도 하지 않으니 반역자와 다를 바가 없다"60) 하며 도주하였다고 한다. 결국 왕준에 잡혀 죽임을 당하였지만 이로서 그의 변질된 모습을 짐작할 수 있다.

3. 홍복원과의 갈등

그의 세 번째 역할은 홍복원과61) 고려왕을 견제하는 일이었다. 왕준은 몽고에 확실히 뿌리박고 살기 위해서 원의 세력에 의지하여 홍복원이 통치하고 있는 요양지역의 주도권을 빼앗으려고 하였다. 원의 입장에서는 홍복원이 비록 고려를 배반하고 몽고에 들어와서 1234년(고종 21)에 遼陽・瀋州 지역의 管領歸附高麗軍民長官으로 임명되었지만 몽고는 홍복원의 세력이 나날이 커지는 것을 바라지 않았다. 고려에서 귀화한 사람이 늘어남에 따라 홍복원의 세력이 커지

---

59) 『高麗史』 권102, 列傳15 李藏用에 의하면 그는 황제에게 고려의 군사기밀을 정확하게 알려주는 역할을 담당했음을 알 수 있다.
李藏用이 몽고 황제를 배알하니 황제가 말하기를, "…내가 너희 나라에 명령하여 군사를 내어 전쟁을 도우라고 했는데 너희 나라는 군사 수를 분명히 하지 않고 모호한 말로 보고하였다. 王綧이 일찍이 나에게 고하기를, '…우리나라에 4만 명의 군대와 雜色軍 1만 명이 있다'고 하였다." … 왕준이 다시 군사에 관한 일을 이야기하려 하니 이장용이 말하기를 "…至尊 앞에서 다투는 것이 옳지 않으니 사람을 보내 실험하여 보기로 하자" 하였다.
60) 『高麗史』 권90, 列傳3 宗室1 平壤公 基.
61) 洪福原에 대해서는 周采赫, 1974, 앞의 논문 참조.

게 되자 이를 견제하기 위해 왕족인 영녕공을 우대하였던 것이다.62)

그는 고려 왕족 중에서 최초로 몽고 황실 딸과 결혼하여 몽고에서의 위상을 강화시켰을 뿐 아니라 대고려전에 참가하여 전과를 세워 황제의 신임을 얻게 되었다. 이제 그는 원에서 그가 할 일을 찾게 되었는데 그것은 몽고로 이주하거나 도망쳐서 살고있는 고려민들을 다스리는 일이었다. 그러나 이는 벌써 홍복원이 세력을 장악하고 있었으므로 심양지역의 주도권을 두고 홍복원과 갈등이 일어날 수 밖에 없었다.

영녕공이 처음 몽고로 갔을 때 아마 수도 연경(지금의 北京)으로 갔으리라 추정된다. 그러나 몽고황제는 그를 요양에 가서 살게 했고 그는 고려에 반역하여 몽고로 들어간 동경총관 홍복원의 집에 머물게 되었다. 이 곳에서 그는 무려 17년이나 지내게 되었는데 그가 거주한 곳은 총관의 사택이었으리라 추정된다. 이때 홍복원의 나이는 36세였고 준의 나이는 19세였다. 홍복원은 어린 동생이나 아들 정도의 나이의 왕준을 크게 환영하여 따뜻하게 대해준 것 같다. 그는 왕준이 고려의 왕자로 알고 만일 영녕공이 왕위에 오른다면 몽고에서의 그의 입지 뿐 아니라 고려에 영향력을 행사할 수도 있으리라 생각했던 것 같다. 그러나 민칭에 의해 영녕공이 왕권과는 너무도 거리가 먼 단순한 왕족에 불과함을 알게 되자 크게 실망했고 급기야는 17년간이나 그를 속인 영녕공에 대해 불신하기 시작했다. 이때부터 홍복원은 영녕공이 그의 입지를 위협하는 인물이 될 수도 있음을 깨닫게 되었던 것이다. 그와 마찬가지로 몽고가 고려를 침략할 때 앞장섰던 영녕공도 다시 고려로 돌아가 살 수 없게 되었기 때문이었다. 홍복원과 왕준과의 갈등은 왕준이 고려 침략에서 공을 세워 그의 입지

---

62) 金惠苑은 처음부터 영녕공을 인질로 데려간 것은 홍복원을 견제하기 위한 왕족의 필요성 때문이라고 보았다(1999,『高麗後期 潘王研究』이화여대 박사학위논문, 16쪽).

가 확고해진 고종 43년 겨울부터 표면화되기 시작했다.

H-1) 고종 45년에 洪福原이 은밀히 무당을 시켜 나무 인형을 만들어 그 손을 결박하고 머리에 못을 박아서 땅속에 묻거나 혹은 우물 속에 넣어서 저주를 하였다. 校尉 李綢는 일찍이 고려에서 도망하여 원 나라에 들어와 준에게 의탁하였는데 몰래 그것을 엿보고 황제에게 보고하였다. 황제가 사람을 보내어 확인하고자 하니 홍복원이 말하기를 "아이가 병을 심하게 앓기에 이것으로 막아보려고 했을 따름이고 다른 뜻은 없습니다" 라고 하였다. 이어서 王綧에게 말하기를, "그대는 나에게 신세진 지도 오래됐는데 어째서 도리어 적에게 참소를 하게 하여 나를 함정에 빠뜨리는가. 이는 이른바 길러준 개가 도리어 주인을 문다는 격이다" 하였다. 왕준의 처는 몽고 여자인데 … 나는 황족이다. 황제가 公이 왕족이라 해서 나를 출가시켰고 … 勅使는 즉시 壯士 수십명에게 명령해서 홍복원을 발로 차서 죽이고 그 가산을 몰수하고 그의 처와 아들 洪茶丘, 洪君祥 등에게 칼을 씌워가지고 돌아갔다.63)

2) 戊午(1258, 高宗 45)년에 홍복원이 그의 아들 다구를 보내어 차라대군을 따라가게 했다. 마침 고려의 왕족 왕준이 人質로 와 있었는데 비밀리에 원나라에 귀순한 人民을 합하여 통치하고자 하여 홍복원을 황제에게 참소하여 죽임을 당하게 했으니 그때 그의 나이는 53세였다.64)

H-1)의 기록은 단순히 홍복원이 왕준을 저주한 인형으로 인해 일어난 사소한 문제가 번져서 결국 홍복원이 죽음에 이르기까지 된 것

---

63) 『高麗史』 권130, 列傳43 洪福源. "四十五年 福源密令巫 作木偶人 縛手釘頭 埋地或沈井呪詛 校尉李綢 嘗逃入元依綧 覘知之以奏帝 遣使驗之 福源曰 兒子病虐 故用以厭之耳 非有他也 因謂綧曰 公受恩於我 久矣 何反使讒賊 陷我耶 所謂所養之犬 反噬主也 綧妻蒙古女也 … 我皇族也 帝以公爲高麗王族 而嫁之 … 勅使卽令壯士數十人 蹴殺福源 籍沒家產 械其妻及子茶丘君祥等 以歸"

64) 『元史』 권154, 列傳 洪福源. "福源遣其子多丘 從札剌台軍 會高麗族子王綧入質 陰欲併統本國歸順人民 譖福源于帝 遂見殺 年五十三"

같지만 사실은 2)에서 보는 바와 같이 심양·요양의 통치권을 두고 일어난 힘겨루기 였다. 『元史』에는 홍복원의 아들 다구가 차라대군을 따라간 틈을 타서 홍복원을 제거했다고 하나 『高麗史』에는 홍복원이 죽임을 당할 때 홍다구, 홍군상도 잡혀갔다고 한다. 그러나 『元高麗記事』 헌종 8년(1258) 3월에 홍다구에게 명하여 剳剌碍와 함께 고려를 정벌케 했다는 기록이 있으며, 차라대는 고종 41년~42년 2월, 42년 10월~43년 9월, 44년 5월~9월, 45년 6월~46년 정월의 무려 4차례나 고려를 공격하였다.65) 『高麗史節要』에 홍복원이 죽은 시기는 고종 45년 7월이었다. 그러므로 『元史』의 기록이 더욱 신빙성이 있어 보인다.

이는 왕준이 야기시킨 사건으로서, 이로 인해 홍복원이 죽자 왕준은 당분간 이 지역을 독점적으로 다스렸던 것 같다. 원 세조는 1260년(원종 1) 왕준에게 금부총관을 제수하였다가 올려서 虎符를 차게 하였다. 이후 왕준의 위상이 대단히 높아져서 고려국왕과 겨룰 수 있을 정도로 세력이 커져갔다. 다음 기록을 보자.

> I. 刑部侍郎 李凝을 먼섬에 귀양보내었다. 처음 이응이 왕을 따라 燕京에 갔을 때(고종 46년) 영녕공 준에게 말하기를, "공이 만약 국왕이 되고자 한다면 누가 옳지 않다고 하겠습니까" 하였으므로 귀양보내었다.66)

이응이 연경에 갔을 시기에는 홍복원이 죽고 왕준이 요양의 총관으로 있을 때였다. 동경총관으로 있으면서, 황제의 총애를 받아 무소불위의 악행을 일삼아도 아무도 시비할 수 없었던 홍복원을 왕준이 무너뜨렸을 때 그 충격은 고려사회에도 미쳐 왕준을 재평가하기 시작했다. 이에 따라 홍복원을 대신하여 황제의 총애를 받는 왕준을 왕

---

65) 『高麗史』와 『高麗史節要』, 그리고 尹龍爀, 앞의 책 참조.
66) 『高麗史』권25, 元宗 元年 6月 戊申. "流刑部侍郎李凝于遠島 初凝從王如燕京 謂永寧公綧曰 公若欲爲王 誰曰不可 故及"

으로 내세워 무신들을 대신해서 권력을 장악하려는 문신들의 움직임이 있었던 것 같다. 그러나 이 사건은 이응이 죽임을 당하고 또 왕준을 옹호하던 헌종이 죽음으로서 큰 반향 없이 잠잠해졌다.

그럼에도 이 일은 원종으로 하여금 위기의식을 느끼게 하였을 것이다. 원이 고려사회의 주도권을 장악하고 있는 상황에서 왕권이 왕준 등 다른 사람에게 넘어갈 수도 있다는 것을 감지한 것이다. 그는 왕권을 안정시키기 위해서는 원과 보다 밀접한 관계가 되어야 함을 인식하고 결혼을 생각했던 것 같다. 결혼정책으로 상대방의 호감을 사도록 유도하는 행위는 태조 왕건 때부터 이미 익숙해진 정책이었다.

그러나 홍복원의 세력이 약화되고 고려왕이 원에 무릎을 꿇은 이상 영녕공의 역할은 사실상 끝나가고 있었다. 이제 원은 그들을 잘 조절하기만 하면 큰 문제가 없었다. 고려국왕, 홍다구, 왕준은 서로를 의심하며 황제에게 충성을 바치려고 노력하였다. 이 중 국왕과 홍씨 집안이 고려와 서북지방 유이민이라는 세력기반이 있었던 반면 특별한 세력기반이 없는 왕준은 황제의 지지를 잃으면 가장 빨리 몰락할 수 밖에 없는 운명이었다. 홍다구가 전장터에서 돌아왔을 때 아버지의 비보를 듣고 크게 놀라며 영녕공에게 반감을 가졌으리라는 것은 능히 추정할 수가 있다. 영녕공의 위상이 약화되자 그 틈을 타서 洪茶丘는 아버지가 억울하게 죽었음을 황제에게 호소하였다. 이에 황제는 다구에게 高麗軍民總管의 職을 계승하도록 하였다.[67]

홍다구가 아버지의 伸寃을 풀고 그 직책을 그대로 물려받아 왕준을 견제하게 되면서 내부적인 갈등은 더욱 심각해졌다. 양자의 갈등이 심화되자 원세조는 양측의 입장을 조절하기 위해 요동지역의 고려유민을 분리 통치하려 하였다. 1261년에는 홍다구에게 虎符를 차고 아버지를 이어 遼陽古城에서 管領歸附高麗軍民總管의 직책을 맡아 2,500여호를 통치하게 했다.[68] 1263년에는 瀋州에 按撫高麗軍民總

---

[67] 『高麗史』 권130, 列傳43 洪福源傳.

管府를 설치하여 王綧을 안무고려군민총관에 임명하고 홍복원이 다스리던 군민 중 2,000여호를 나누어 안착시켜 다스리게 했다.[69] 행정구역으로서의 심주는 1266년(원종 7)에 설치하였다.[70] 계속해서 다구는 황제에게 영녕공을 참소하여 아버지가 죽임을 당한데 대한 보복을 시도하였다.

> J. 홍다구가 왕준을 황제에게 고소하기를, "眞金太子는 中書令이고 永寧公은 고려의 尙書令이기 때문에 그 품계가 황태자와 동등하다고 자칭하고 있습니다" 라고 하니 황제가 대노하여 왕준이 거느리고 있던 군사를 빼앗고 다구로 하여금 귀부고려군민총관을 管領하게 했다.[71]

홍다구의 말이 진실이든 아니든 이에 즉각적으로 대처하는 황제의 태도는 영녕공의 역할이 끝났음을 상징적으로 보여준다. 이제 고려가 항복하여 왕과 세자가 조회하는 마당에 볼모의 의미는 없어진 것이다.[72] 이제부터 그의 삶은 고려왕족으로서의 인질이 아니라 황제에 대한 충성도나 능력여하에 따라 출세여부가 결정되는 몽고 관원으로서의 존재만 남은 것이었다. 그러므로 만일 그가 황제나 황태자에게 불경스러웠다면 이제 가차없이 벌을 받게 되는 것이었다.

또한 황제는 영녕공의 세력이 지나치게 비대해지는 것은 바라지 않았다. 이때 그의 휘하에 다스리는 고려 주민들은 이전에 황제가 나누어준 2,000명 정도가 아니라 그가 전쟁에 참여하면서 포로로 잡아온 고려인 20여만 중에서 상당수의 백성들이 그에게 소속되었다고 생각

---

68) 『高麗史』 권130, 列傳43 洪福源傳.
69) 『元史』 권59, 志11 地理2 遼陽等處行中書省 瀋陽路條.
70) 武田幸男, 1973, 앞의 논문, 114~115쪽.
71) 『高麗史節要』 권18, 元宗 4年 3月. "洪茶丘訴永寧公於帝曰 眞金太子中書令也 永寧公本國尙書令 故自謂秩等於皇太子 帝大怒 奪永寧公所領兵馬 令茶丘管領歸附高麗軍民總管"
72) 人質에 관해서는 梁義淑, 1993, 「麗元宿衛考」 『東國史學』 27 참조.

제6장 永寧公 王綧을 통해 본 고려와 몽고관계 243

된다. 황제는 영녕공을 견제하기 위해 홍다구와의 불화를 이용하여 그의 군사를 빼앗아 무력하게 만들었다. 황제의 입장에서는 혹시 그가 마음을 바꾸어 빈번하게 오가는 고려의 왕이나 관료들과 연합하여 반기를 들 우려를 미연에 제거하려 한 것 같다. 총관지위를 박탈당한 그는 그의 지위를 되찾기 위해 황제에게 충성심을 보여야 했다. 그는 몽고황제를 위해 뭔가를 시도하여 아직은 그가 할 일이 남아있음을 보여주어야 했다. 그런데 그 뭔가가 고려를 핍박하고 비난하는 문제를 제기하는 것이었다는데 비극이 있다. 다음 기록을 보자.

> K. 원종 5년 몽고에서 왕에게 입조하라는 통지가 왔다. … 李藏用이 왕을 따라 입조하였는데 당시 영녕공 왕준이 몽고에 있었다. 그가 말하기를, "고려에는 38領의 군대가 있고 한 領은 각각 1,000명이므로 모두 38,000명이 됩니다. 만약 나를 보내주면 모두 데리고 와서 조정의 소용이 되도록 하겠습니다"라고 하였다. 몽고의 史 丞相이 이장용을 중서성에 불러서 물었다. 이장용이 대답하기를 "우리나라 태조 때의 제도는 대개 이와 같았습니다. 그러나 근래에는 전란과 흉년을 만나 죽임을 당하여 한 領이 천명이라 하지만 실지로는 그렇지 못합니다. 이것은 귀국의 萬戶 牌子頭의 數도 꼭 전 숫자대로 같지못한 실정과 마찬가지입니다. 청컨데 왕준과 같이 본국으로 돌아가서 인원 수를 점검하여 만일 왕준의 말이 맞으면 나를 목베고 내 말이 옳으면 왕준을 베십시요"라고 하였다. 왕준이 곁에 있었으나 다시 말을 하지 못하였다.73)

이장용은 원종 10년에 몽고와 강화를 요구하는 원종을 대신하여 임연이 왕창을 왕위에 내세울 때 이를 막지못한 책임으로 관직에서

---

73)『高麗史』권102, 列傳15 李藏用 傳. "五年 蒙古徵王入朝 … 遂從王入朝 時永寧公綧在蒙古言 高麗有三十八領 領各千人 通爲三萬八千人 若遣我 當盡率來 爲朝廷用 史丞相召藏用 至中書省問之 藏用曰 我太祖之制 盖如此 比來死於兵荒 雖曰千人 其實不然 亦猶上國萬戶牌子頭 數目未必足也 請與綧 東歸點閱 綧言是斬我 我言是斬綧 綧在側不敢復言"

쫓겨나지만 고려왕조를 지켜야 한다는 의지는 의심할 바가 없는 인물이다. 그는 영녕공의 원에서의 불안한 위치와 야심을 파악하고 있었다. 영녕공은 본국에 돌아가서 정권을 장악하든지 아니면 고려 군사를 원에 데려와서 황제의 호감을 이끌어 내고자 했던 것 같다. 영녕공의 술책에 대한 이장용의 거부감은 컸다. 그는 왕준의 잘못된 점을 조목조목 반박하였다. 심지어 이장용은 왕준의 말이 맞으면 나를 죽이고 내 말이 맞으면 왕준을 죽여 달라고 하여 그가 왕의 신하로서 대등한 관계임을 못박음으로서 다른 의도를 차단하려고 했다.

왕준은 가능하다면 고려왕이 될 것도 생각해본 것 같다. 군사의 점검을 빙자하여 고려로 들어갈 것을 몽고측에 타진한 것이다. 이것은 이장용이 반발하여 고려측이 받아들일 수 없음을 분명히 하자 이제 황제는 왕준의 역할이 끝났다고 보았던 것 같다. 즉 고려에 새로운 볼모를 요구하고 있는 것이다. 원종 9년 3월에 황제가 안경공 창에게 한 말 중에서 볼모를 바꾸려는 의향을 보이고 있다.

> L. 또 인질의 문제는 우리 태종황제 때에 왕준 등이 이미 볼모로 들어왔었다. 볼모란 늙으면 젊은이로 바꾸고 죽으면 다른 사람으로 보충하는 법이니 이는 예로부터 상례로 되어온 일이다.[74]

그가 1241년(고종 28), 불과 19세의 젊은 나이로 몽고에 들어와 지금은 1268년(원종 9)이니 무려 27년의 세월이 흘렀다. 이제 그의 나이 46세였다. 몽고는 이제 그가 늙었음을 이유로 폐기처분하려고 한다. 그러나 그가 앞날에 대해 새로운 계획을 세우고 도모하기에는 나이도 많아졌고 의욕도 잃어버렸다. 더욱이 토착세력이 확고한 홍씨집안의 견제를 받는 입장에서 그의 위치는 날로 약화되어 갔다. 이에 이듬해 고려국왕이 몽고에 왔을 때 그는 고려로 들어가서 살고자 했다.[75]

---

74) 『高麗史節要』 권18, 元宗 9年 3月. "且納質之事 惟我太宗皇帝朝 王綧等 已入質 代老補亡 固自有例"

고려 국왕은 이제 원황제의 세력을 업고 임연 등 무신집정자들을 제거하고 왕권을 지키려는 의도를 드러내었다. 그는 원종 11년 정월에 원의 동경에 도착하여 혼인관계를 맺기를 청하였다. 이에 황제는 긍정적인 의사를 전달했을 뿐 아니라, 임연을 치기 위한 몽고군까지 함께 인솔하여 가도록 했다. 왕은 연경을 출발하여 4월 己卯에는 東京에 이르렀는데 이때 왕을 호송하던 指諭 庾覠와 郞將 伍夫, 順明, 藥員 金允奇가 모두 홍다구에 투항했다고 한다.76) 이미 요양 등 북방지역에서는 영녕공의 세력이 홍다구에 미치지 못했음을 알 수 있다.

M-1) 몽고가 蒙哥篤에게 군사를 거느리고 서경에 가서 주둔하게 하였다. 일찍이 세자가 林衍의 난을 듣고 군사를 청하였다.77)

2) 고려의 임연이 반란을 일으키자 세조는 頭輦哥 국왕을 보내어 토벌하게 했다. 준은 휘하의 군민 1,300호를 거느리고 국왕과 동행하였다.78)

3) 왕이 上將軍 鄭子璵, 大將軍 李汾禧를 보내어 나라 사람들에게 이르기를, "황제께서 행성의 頭輦哥 國王, 趙平章 등으로 하여금 군대를 이끌고 과인을 호위하여 귀국하게 하고 이어서 이르기를, '경이 돌아가서 나라 사람들을 설득하여 다시 옛 서울에 도읍하면 우리 군사가 즉시 돌아올 것이다. 그러나 만일 명령을 거역하는 자가 있으면 그 자신 뿐 아니라 처자까지 모두 포로로 하겠다'고 하셨다라고 하였다."79)

---

75) 『元史』 권166, 列傳53 王綧. "至元七年 高麗臣林衍叛 世祖遣頭輦哥國王 討之 綧簽領部民一千三百戶 與國王同行 是年十一月 以疾辭還家居"
76) 『高麗史節要』 권18, 元宗 11年 4月.
77) 『高麗史節要』 권18, 元宗 11年 正月. "蒙古遣蒙哥篤 將兵來屯西京 初世子聞林衍之亂 請兵"
78) 『元史』 권166, 列傳53 王綧. "至元七年 高麗臣林衍叛 世祖遣頭輦哥國王 討之 綧簽領部民一千三百戶 與國王同行"
79) 『高麗史節要』 권18, 원종 11년 5월. "王先遣 上將軍鄭子璵 大將軍李汾禧 來諭國人云 帝使行省頭輦哥國王 及趙平章等 率兵護寡人歸國 仍語之曰 卿歸諭國人 復都舊京 則我軍卽還 如有拒命者 不惟其身 至於妻孥 悉皆俘擄"

4) 이날 밤에 왕이 李汾成을 보내어 비밀히 洪文系에게 이르기를, "경은 여러 대를 벼슬한 후손이니 마땅히 의리를 따지고 사세를 헤아려서 사직을 이롭게 하여 선대를 더럽히지 말라"하였다. … 松礼·文系가 삼별초를 모아놓고 사직을 호위하는 대의를 말하고 林惟茂 잡기를 꾀하였다.80)

이미 고종 45년에 쌍성총관부, 원종 10년에 동녕부가 설치되어 고려의 영역은 크게 축소되었다. 여기에 고려의 국왕과 더불어 엄청난 수의 몽고군이 들어온 것이다. 이제 그들은 高麗軍民의 저지를 받지 않고 평양, 개경은 물론이고 고려전역을 마음대로 횡행할 수 있게 된 것이다. 더구나 고려 국왕의 요청으로 국왕을 지키기 위해서라는 충분한 명분도 있었다.

왕과 세자가 몽고에 있던 원종 11년 2월, 원에 반대하는 무신들을 치기 위해 원나라의 군대가 몰려온다는 소식을 들은 임연은 근심과 울분으로 죽고 그 뒤 敎定別監職을 아들 林惟茂가 계승하였다. 점차 강도정부의 관리들은 동요하기 시작했고 결국 임유무를 제거함으로서 무신정권은 막을 내리게 되었다. 御史中丞 洪文系, 直門下省事 宋松禮가 林惟茂를 처단했다고는 하나 삼별초를 위시한 막강한 군대를 통솔하는 임유무를 그들의 힘으로 제거하기는 어려웠을 것이다. 위의 기록처럼 삼별초의 도움이 없었더라면 불가능했을 것이다. 그리고 실지로 개경까지 내려와 강도의 동태를 주시하는 몽고의 군사적 위협이 결정적인 구실을 했다. 고려왕과 몽고는 몽고군을 앞세워 고려의 무신들을 제거하는 것이 고려민의 반감을 사게 될 것을 꺼려하여 영녕공을 내세워 몽고군을 개경까지 내려오게 한 것 같다. 고려왕실과 외세가 결탁하여 政敵을 제거하는 행태는 결국 고려민의 반감을 가져와 반정부·반외세를 내세운 삼별초 항쟁의 한 원인이 되었다.

---

80) 앞의 책, 癸丑. "是日夜 王遣李汾成 密諭文系曰 卿累葉衣冠之後 當揆義 度勢 以利社稷 無忝祖父 … 松禮文系 集三別抄 諭以衛士大義 謀執惟茂"

제6장 永寧公 王綧을 통해 본 고려와 몽고관계 247

이와 같이 변화된 시대적 상황이 영녕공이 앞서 몽고군과 함께 고려를 침탈했음에도 개경에 들어와서 왕에게 인사하고 그의 처자를 데리고 와서 왕에게 소개시킬 수가 있었던 것이다.81) 그가 그의 가족과 휘하 주민 1,300호를 이끌고 간 것은 가능하면 고려에 정착할 것을 의도했기 때문인 것 같다.82) 그러나 그가 고려에 머물기는 어려웠다. 비록 원 간섭기에 들어섰다고는 하나 영녕공이 몽고군과 더불어 여러 차례 고려를 침략했던 만큼, 백성이나 관리들의 태도는 물론이고 왕위의 향방에 불안감을 가지고 있는 원종의 견제를 받았으며 종실조차도 그를 보는 시선이 곱지 않았기 때문이었다. 고려에서 그가 설 자리는 없었다. 이에 같은 해 11월에 원으로 돌아와 총관 직책을 아들 阿剌帖木兒(장남 雍)에게 물려주고 그는 공식석상에서 물러났다.83)

Ⅳ. 영녕공의 평가

영녕공은 몽고에 볼모로 끌려가 고려에 항복을 권유하고, 원에 고려의 實情을 알리고, 홍복원과 고려왕을 견제하는 역할을 담당하였다. 이것은 그의 개인적인 야심도 있었겠지만 결국은 원이 고려왕실과 지배층을 견제하기 위해 그를 이용한 것이었다. 이와 같은 상황이 더욱 심각해지는 것이 충선왕대에 만들어진 심왕제도로서, 이로 인해 야기된 고려왕과 심왕의 대립이 고려사회를 더욱 혼란에 빠뜨렸다고 생각된다.84)

---

81) 『高麗史』 권26, 元宗 11年 5月 甲子.
82) 『元史』 권166, 列傳53 王綧.
83) 『元史』 권166, 列傳53 王綧.
84) 심왕제도를 이승한은 원의 분열정책보다 당시 정치세력들이 권력의 매개체를 찾아 이합집산한 결과로 파악했으나 필자는 여기에 동의하지

영녕공 뿐만 아니라 그의 집안도 외세의 침입과 저항이라는 과정을 거치면서 비극적인 운명을 겪게 되었다. 왕경의 첫째아들이자 왕준의 큰 형인 왕온은 고려정부가 몽고에 항복한 데에 분노하여 삼별초가 봉기했을 때 왕으로 옹립되었다가 여·몽 연합군의 공격으로 진도에서 죽임을 당했다. 그리고 왕준은 몽고에 인질로 끌려가 평생을 몽고에서 보내야 했는데, 삼별초의 항쟁을 진압할 때 몽고의 지시에 의해 그의 아들들이 진압에 나서면서[85] 혈족간에 칼을 겨누는 비극을 겪기도 하였다. 또한 그의 장남은 원의 군대와 더불어 일본원정에 참가했다가 전사했다. 『元史』에 의하면 그는 아들이 셋 있으나 『高麗史』에는 6명이 있다고 한다. 우선 『高麗史』를 통해 그들의 행적을 살펴보자.

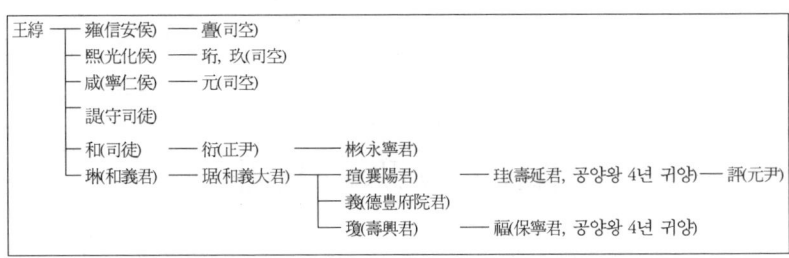

『高麗史』에서 그의 아들들의 행적이 확실한 만큼 잘못된 것으로 보여지지는 않는다. 그런데 『元史』 열전에 의하면 왕준에게는 阿剌帖木兒, 闊闊帖木兒, 兀愛帖木兒 세 아들이 있었다. 장남 阿剌帖木兒는

않는다. 당시에 가장 큰 모순은 원 간섭하에 있다는 것이며, 원 간섭기가 아니라면 발생할 수 없는 문제였다.
李昇漢, 1988, 「高麗 忠宣王의 瀋陽王 被封과 在元 政治活動」 『全南史學』 2.
85) 『高麗史』 권90, 列傳3 宗室 平壤公 基 ; 『高麗史節要』 권19, 원종 12년 5월. "몽고가 王綧의 아들 王雍, 王熙 등을 파견하여 삼별초를 토벌하게 했다. 왕준은 이때 왕옹, 왕희에게 당부하기를, '王溫을 죽이지 않도록 구원하라'하였으나 진도를 격파하자 홍다구가 먼저 들어가서 왕온과 그의 아들 守司徒 王桓을 죽였다"

원종 11년 아버지의 직을 계승하여 총관이 되었으며, 삼별초의 난, 2차에 걸친 일본정벌에 가담하였다. 그는 1271년(충렬 7) 輔國上將軍 東征左副都元帥로서 2차 일본정벌에 참가했다가 폭풍을 만나 군사들과 더불어 물에 빠져 죽었다.

둘째 아들 闊闊帖木兒는 武宗 潛邸時에 공이 많아 太中大夫 管民總管이 되었다는 간단한 기록만 남아있다.『고려사』에는 형 옹과 더불어 삼별초 토벌에 관여한 것으로 나와 있는데 원의 기록에는 나타나지 않는다. 그리고 武宗이 즉위한 시기는 1308~1311년이었다. 영녕공이 그를 30세에 낳았다면 관직에 임명될 때의 나이가 대략 55세가 된다. 상당히 늦게 관직에 나아간 것으로 보인다.

셋째 아들 兀愛帖木兒는 큰형이 죽은 후 그 직을 계승하여 安遠大將軍 按撫使 高麗軍民總管 東征左副都元帥가 되었다. 이어서 그는 1287년(충렬왕 13)에 乃顔이 반란을 일으켰을 때 큰 공을 세워 1303년(충렬왕 29)에는 鎭國上將軍 總管高麗女直漢軍萬戶部 겸 瀋陽按撫使 高麗軍民總管이 되었다고 한다. 그런데 1296년(충렬왕 22)에 遼陽故城에 위치한 管領歸附高麗軍民總管府와 瀋州에 있던 按撫高麗軍民總管府가 합쳐져서 瀋陽等路按撫高麗軍民總管府가 되었다. 이곳은 요양 고성을 치소로 삼고 요양행성에 소속되어 總管 5명, 千戶 24, 百戶 25를 두었는데 兀愛는 총관 중 1명이었던 것 같다.

『元史』가『高麗史』열전보다 상세한 것은 그의 아들들이 주로 원에서 살았기 때문일 것이다. 아마『원사』에 나타나는 세 아들은 雍, 熙, 咸을 가르키는 것 같다.[86] 영녕공은 충렬왕이 원에 입조했을 때 두 아들을 대동하고 인사를 한 기록이 보인다.[87] 나머지 세아들은 아마 영녕공의 다른 부인의 자식들이 아닐까 생각된다. 다음 기록은 충렬왕 4년에 왕이 원나라에 도착했을 때 황제가 연회를 베풀어 주어

---

86) 金惠苑, 같은 논문, 19쪽.
87)『高麗史』권28, 忠烈王 4年 5月 辛卯 및 6年 8月 癸未.

하례를 하는 의식이다.

> N. 왕은 여러 신하들을 거느리고 궁전 동남 모퉁이로부터 들어가 뜰 가운데 서고, 공주는 작은 紅傘을 펼치고 永寧公 王總管 부인, 여러 잉첩을 거느리고 동북 모퉁이로부터 들어가서 금은제 그릇과 細苧布를 바치면서 인사를 마치고는 동서 쪽에서 殿에 올라갔다.[88]

여기서 여러 잉첩이란 충렬왕의 後妃를 말하는 것은 아니었다. 충렬왕은 원나라에 갈 때 공주와 세자만이 동행하였다.[89] 그렇다면 여러 잉첩이란 영녕공의 부인들을 가르킨다고 생각되는데 영녕공은 몇 명인지는 알 수 없지만 또 다른 부인이 있었으며, 이들에게서 난 자식이 3명이라고 여겨진다.

그는 1283년(충렬왕 9)에 원에서 죽었다. 앞서 살펴본 바와 같이 그는 국가의식[90]이 그렇게 투철한 인물이었던 것 같지는 않다. 그의 아들들은 그의 원에서의 총관의 지위를 감안하여 고려에서 侯로 봉해졌지만 다음 代부터는 대다수가 최하의 작위인 司空에 그쳤다. 그의

---

88) 『高麗史』 권89, 列傳2 齊國大長公主. "王率群臣 入自東南隅 立庭中 公主 張小紅傘 率永寧公王摠管夫人 及諸姬滕 入自東北隅 獻金銀器皿 細苧布 拜訖 由東西上殿"
89) 『高麗史』 권28, 忠烈王 4年 4月 甲寅 朔. "王及公主世子如元"
90) 國家意識이라는 말은 朴菖熙가 李奎報의 『東明王篇』을 거론하면서 이것을 제작자의 국가의식 표출로서 英雄敍事詩로 설명하고 있다. 李佑成씨는 民族意識의 용어를 쓰고 있으나 필자는 박창희의 견해에 동조한다. 민족이란 자본주의의 출현과 더불어 발전한 근대적인 용어로 생각되기 때문이다.
朴菖熙, 1969, 「李奎報의 東明王篇 詩」『歷史敎育』 11·12 합 ; 1981, 「무신정권시대의 문인」, 『한국사』 7, 273쪽.
李佑成, 1963, 「高麗中期의 民族敍事詩-東明王篇과 帝王韻紀의 硏究-」 『成均館大學校 論文集』 7 ; 1976, 『韓國의 歷史認識』 上, 創作과 批評社.
박한용, 1994, 「한국 근현대의 민족이론과 민족주의론」 『한국사』 26, 한길사, 281~283쪽.

후손 중 恭讓王 4년에 귀양간 기록이 나타나는 것은 이성계가 나라를 세우는 과정에서 왕씨 종친들을 수장시킨 일을 일컫는 것이라고 판단된다. 상당수의 종친들은 고려 사회에서 일정한 직책을 맡지 못한채 소일하며 세월을 보내다가 새로운 왕조가 들어서자 왕씨라는 이유 하나로 죽임을 당했다. 영녕공의 집안도 그 과정에서 고려와 운명을 같이 하였던 것이다.

그는 원에 볼모로 가서 고려 침략에 가담하고 왕실 최초로 몽고 여자와 결혼을 하였지만 자신의 정체성 변화에 고민한 것 같지는 않다. 이것은 고려왕실도 마찬가지였다. 충렬왕의 경우, 원나라 공주가 친정을 믿고 큰소리를 내는 데에 대한 불만은 보이지만 국가의 상징인 국왕이 다른나라 여자를 왕비로 맞은 데 대한 자괴감은 보이지 않는다. 이 점에 있어서는 백성들도 마찬가지였다. 단편적인 이야기지만 충렬왕이 원나라 공주와 결혼하여 고려로 돌아오자 父老들이 하례하여 말하기를, "백년 난리 후에 다시 태평시기를 볼 줄 몰랐다"며 기뻐하였다고 한다.91)

이들에게서 병자호란때 조선시대 유학자에서 보이는 청을 오랑캐로 무시하는 사고도 보이지 않는다. 당시 고려 지식층의 원에 대한 입장은 血統中心의 華夷觀이 아니라 形勢中心의 華夷觀이었다. 즉 비록 정복왕조라 하더라도 중국 중원을 통일한 사실이 결코 우연이 아니라 유교에서 말하는 聖人의 道가 전해온 결과라는 儒敎的 道統概念을 고려도 받아들이고 있었다.92)

몽고는 고려와 강화를 맺은 이후에는 고려의 군사를 송과 일본정벌에 이용하려 하였다. 몽고는 여·몽 연합군이 합세하여 일본을 공

---

91) 『高麗史節要』 권19, 忠烈王 卽位年 11月.
그러나 임금이 변발을 하고 몽고복을 입고 오는 데 대해서는 매우 우려하는 모습을 보이고 있다.
92) 도현철, 1994, 「14세기전반 유교지식인의 현실인식」, 『14세기 고려의 정치와 사회』, 민음사, 574쪽.

략할 경우 여태까지 적국이었던 몽고에 대한 고려민의 반감으로 작전에 차질이 있을 것이라는 문제는 전혀 고려하지 않고 있다. 이점에 관해서 몽고 침입기에 몽고군을 3차례나 물리친 충주성의 상황을 통해 유추해 보자.

> O-1) 이보다 앞서 충주부사 于宗柱가 매양 文簿의 처리에 있어 (判官) 庾洪翼과 틈이 있더니 몽고군이 곧 이를 것이라는 소문을 듣고 성을 지킬 것을 의논하는데 의견이 같지 않았다. 宗柱는 兩班別抄를 거느리고, 洪翼은 奴軍・雜類別抄를 거느리고 서로 시기하더니 몽고군이 들이닥치자 종주・홍익과 양반들은 다 성을 버리고 달아나고 오직 奴軍과 雜類別抄만이 남아서 힘을 합하여 몽고군을 쳐서 물리쳤다.93)
>
> 2) 몽고병이 忠州城을 포위하기를 무릇 70여일에 성내의 식량이 거의 다하게 되었다. 金允侯는 사졸들을 독려하여 이르기를, "만일 능히 힘을 다한다면 귀천을 가리지 않고 관작을 내리겠으니 그대들은 이를 믿으라"하고 드디어 官奴의 簿籍을 가져다가 불태워버리고 또 노획한 牛馬를 나누어주니 사람들이 모두 죽음을 무릅쓰고 대적하였다.94)

고려시대의 피지배층, 특히 노비들은 외적을 물리쳐야 한다는 의지도 물론 있었지만 그보다는 신분해방이 더욱 절실한 과제였음이 드러난다. O-1)에서 드러나는 바와 같이 고려와 같은 신분제 사회에서는 외적이 침입했을 시기에도 양반과 노비가 같은 나라사람으로 융합되기는 어려웠다.95) 또한 충주성은 수차례나 몽고침입을 방어하

---

93) 『高麗史節要』 권16, 高宗 19年 正月. "先是州副使于宗柱 每於簿書間 與洪翼有隙 聞蒙兵將至 議城守 有異同 宗柱帥兩班別抄 洪翼率奴軍雜類別抄 互相猜忌 及蒙兵至 宗柱洪翼與兩班等 皆棄城走 唯奴軍雜類 合力擊逐之"
94) 『高麗史』 권103, 列傳16 金允侯. "蒙古兵來圍州城 凡七十餘日 糧儲幾盡 允侯諭厲士卒曰 若能效力 無貴賤悉除官爵 爾無不信 遂取官奴簿籍焚之 又分與所獲牛馬 人皆效死赴敵"
95) 이영호, 1988, 「한국 근대 민족문제의 성격」 『역사와현실』 1, 한울,

여 큰 공을 세웠지만 몽고가 충주성을 포기하고 다른 지역을 침략하러 가는 경우에는 더 이상의 군사활동은 하지 않고 있다. 물론 전력 등 다른 문제도 있었겠지만 이 점도 국가의식보다는 지역수호의 의미가 더 부각된다고 판단된다. 그러므로 영녕공과 피지배층의 동태를 통해 고려민의 국가의식을 유추할 수 있을 것이다.

그를 대접하고 그에게 일정한 직위를 주는 한 영녕공 준은 개인적으로는 고려사회에서 종실로 사는 것보다는 몽고에서의 삶이 훨씬 생동감이 있었을 것이다. 그는 고려침입에 적극 가담함으로서 고려에서의 그의 존재가치는 잃어버렸다. 몽고 간섭기에는 그런대로 살아남을 수 있었으나 그것은 몽고의 보호가 있었기에 존립이 가능했을 뿐이었다.

요컨대 영녕공은 원이 홍복원과 고려왕을 견제하기 위해 일시적으로 이용했던 희생물이었다. 따라서 그의 존재는 삼별초의 항쟁이 진압되고 고려가 원의 간섭을 받게 된 이후에는 원의 입장에서는 별로 필요가 없는 역사적 희생물이라고 이야기할 수 있다. 그를 이어서 원은 심양왕 제도를 만들어 고려왕과 경쟁시킴으로서 다시 고려사회에 더욱 심각한 분열을 초래하였다.

V. 맺음말

영녕공은 고려의 왕족으로서 몽고 침입기에 태어나 몽고로 볼모로 잡혀가서 생을 마친 비운의 인물이었다. 고려사회에서 종실은 경제적으로는 품위를 유지할 수 있을 정도의 녹봉과 토지가 주어졌을 뿐 스스로 할 일은 찾을 수가 없었다. 그러다가 국가가 위기에 처했을 때는 왕과 태자를 대신하여 볼모로 가기도 했으니 영녕공이 대표적

17~18쪽.

인 경우였다.

　당시 북방에는 몽고가 금, 송을 제압하고 새로운 강대한 제국 원을 건설함으로서 고려에도 臣從을 요구하였다. 고려가 원의 압력을 거부함으로서 양국 간에는 30여년에 걸친 지리한 전쟁이 계속되었다. 그러나 원의 군사력에 압도당함으로서 고려는 원에 강화를 요청하였고, 이 과정에서 영녕공이 볼모로 가게 되었다. 그러나 원은 볼모로 만족하지 않고 고려를 속국으로 만들기 위해 다시 침략을 시도하였는데 이제 영녕공은 원의 요구에 의해 참전하였다. 그의 역할은 국왕이 出陸還都하라는 몽고의 의사를 고려에 관철시키는 일이었다. 원은 영녕공이 고려로 돌아가면 다시 오지 않을 것을 우려하여 편지만을 보내게 했을 뿐, 그가 직접 가서 설득하는 일은 시키지 않았다.

　고려가 강화도에서의 출륙을 거부함으로서 몽고는 차라대를 보내어 고려전역을 침략하였는데 이 과정에서 영녕공의 활약이 컸던 것으로 보인다. 그는 처음에 몽고로 갈 때 고려의 왕자로 속이고 갔었는데 이 사실이 발각되었음에도 원 황제가 후의를 베품으로써 완전히 몽고편으로 돌아서게 되었다. 이후 영녕공은 고려의 볼모가 아니라 몽고 황제의 신하로서의 역할을 충실히 하여 황제의 신임을 얻음으로서 당시 고려를 배반하고 몽고로 가서 동경총관으로 있던 홍복원의 강력한 경쟁자가 되었다. 홍복원과 왕준의 갈등은 왕준의 先攻으로 홍복원이 죽고 그 직책을 왕준이 계승함으로서 끝맺었으나 아들 홍다구가 다시 홍복원의 직책을 계승하여 왕준을 견제하여 요양·심주는 고려민들 사이에 내부갈등이 심화되었다.

　결국 고려 원종이 몽고에 항복을 함으로서 고려의 내부실정을 파악하고, 홍복원과 고려왕을 견제하던 왕준의 역할은 끝났다. 이후 그는 홍씨 집안의 세력이 강화됨에 따라 입지가 약화되자 다시 고려로 돌아가 여생을 마치려 시도하였지만 국왕을 비롯한 고려 내부의 반발로 무위로 돌아갔다. 그는 다시 원으로 돌아와 그의 총관 직을 아들에게 물려주고 몽고에서 생을 마감했다.

영녕공 준의 삶의 자취는 당시 외세 간섭기에 살았던 한 왕족의 개인적인 슬픔일 뿐 아니라 외세의 억압하에 존립하던 당시 고려사회에서 야기되었던 비극의 한 단면이었다. 그는 홍복원처럼 적극적으로 고려에 해악을 끼치지는 않았지만 고려라는 나라와 왕실에 죽음으로 충성해야 한다는 국가의식도 뚜렷하지는 않았다. 이는 비단 영녕공 뿐 아니라 일선에서 몽고군의 공격을 저지하고 있는 피지배층들도 국가의식, 지역방위 목적, 그리고 신분해방에 대한 갈구가 혼재되어 나타나고 있다. 고려사회의 존립에 위기의식을 느낀 정부는 고려민을 하나로 결합시키기에 노력하였다. 즉 고려민이 단군의 자손으로서 한 핏줄임을 주장하는 李承休의 『帝王韻紀』를 통해, 몽고보다 더욱 찬란한 불교문화를 가꾼 문화민족임을 강조하는 一然의 『三國遺事』를 통해 고려정부는 일반 농민층에 이르기까지 국가의식을 보다 강화시켜 나갔다.

결 론

　이 책에서 필자는 고려시대의 대외관계를 요, 금, 원의 순서로 살펴 보았다. 외교관계 전반을 다룬 것이 아니라 일정한 주제를 중심으로 북방 민족과의 상관관계를 규명해 보려고 하였다.
　일반적으로 고려시대 대외관계사라고 하면 외세의 침입과 이에 대한 저항, 여기에 사신의 파견과 외교문서를 통해 두 나라 사이의 갈등관계와 외교적인 타결 등을 서술하여 왔다. 여기에서 한걸음 더 나아가 필자는 국내의 여러 문제점이 외교관계를 변화시키거나 외국과의 갈등이 국내 정치상황을 바뀌게 한 상황을 살펴보려고 하였다. 오늘날과 마찬가지로 고려시대에도 동아시아 여러 나라들과의 관계가 국내에 끼친 파급효과가 적지 않은 영향을 미쳤다고 판단되므로 국내의 정치상황 속에서 대외관계, 즉 내정의 연장선상에서 보고자 한 것이다. 특히 고려시대 전기에는 고려·요·송, 중기에는 고려·금·남송, 후기에는 고려와 원, 말기에는 고려와 원·명 등 다원적인 관계로 얽혀 있었다. 그러므로 원 간섭기를 제외하고는 고려는 외교면에서 상당히 자율성을 확보할 수 있는 여건이 조성되어 있었다.
　고려는 후삼국을 통합하여 분열되어 있던 국가를 통일하였다. 초기에는 고려의 통일은 물리적인 통합에 불과하여 내부적으로는 갈등과 분열이 계속되고 있었으며, 朝廷에는 후삼국 통일에 앞장섰던 장수들과 호족들이 戰勝의 과실을 두고 서로 주도권을 장악하려 하였다. 그리고 북방에는 발해를 멸망시킨 거란이 새로운 강자로 떠오르고 있었다. 이를 해결하기 위해 태조는 고구려 계승을 표방하여 발해 유민을 따뜻하게 맞아들이고 거란을 적대시하는 상징적인 행동으로 낙타를 굶겨 죽이고 거란사신을 가두어 전쟁을 유발시키려 하였다. 이후 태조는 <訓要 10條>를 남겨 통일된 왕조의 통치이념을 형성시키고자 하였다. 그 구체적인 내용은 불교와 북진정책이었다. 즉 그는 불교와 사원을 통해 40여년간 분열되어 있던 주민들을 정신적으로 통합시키고 지방세력을 견제하기에 노력하였으며 평양을 중시하고 발해를 포섭함으로서 태조는 신라·후백제 뿐 아니라 고구려를 통합했음을 표방하여 물리적으로 뿐 아니라 정신적으로도 같은 민족의 나라임을 강조하였다.

 이같이 고려는 국가 건립초부터 북진정책을 국시로 삼아 옛 고구려 영토를 회복하는 것을 중요한 목표로 삼았다. 태조의 유훈을 본받아 광종대에 이르면 상당히 적극적으로 북방개척이 이루어지고 있었다. 그러나 거란이 점점 강성해져서 북방의 고구려 영역을 장악하면서, 동북 아시아의 패권을 노리는 거란과 고려의 북진책은 성종대에 압록강 유역에서 부딪히게 되었다. 그리하여 993년(성종 12)에 거란이 고려를 침입함으로서 고려는 왕조 수립 이래 최초로 이민족과 전쟁을 치루어야 하는 위기에 직면했다. 이때 고려조정은 항복하고 화친을 구걸하자는 측과 서경 이북의 땅을 할양하고 岊嶺으로 경계를 삼자는 측의 주장으로 나뉘었다. 대외적인 확장보다 국내의 체제정비를 중시한 성종은 항복을 하더라도 거란과의 전쟁을 가능한 빨리 끝맺기 위해 割地論을 따르기로 하고 서경창고의 곡식을 주민에게 나누어주고 나머지 잉여양곡을 대동강에 버리기로 하였다. 이때 中軍使 徐熙는 한번 결전을 시도한 후에 할양해도 늦지 않다며 강경하게 반대하였다.

 거란의 출병동기는 ㉠고려측의 영토할양과 ㉡송과의 관계를 끊고

여·단 양국간의 교빙관계 수립을 목표로 했다고 하는데 여기에 거란이 압록강 유역의 발해유민과 고려와의 연결을 끊고자 하는 의도도 들어 있었다. 사태를 파악한 서희의 능란한 외교술에 의해 고려는 여진을 축출하고 장흥(태천)·귀화의 2진과 구주·곽주에 성을 쌓고 이듬해에는 다시 안의(안주)·흥화(의주 동쪽)를, 다시 그 이듬해에는 선주(선천)·맹주에 축성하였다. 이에 대한 평가를 기존 견해에서는 고려에서 서북방면 280리를 점유함으로서 실익을 얻음에 반하여 거란측으로는 동여진 경략에 불가결한 요충지의 포기라는 큰 손실을 입은 것으로 판단하였다. 그러나 거란은 현실적으로 고려의 영토로 볼 수 있는 강동 6주를 고려의 영토로 추인하였으나 압록강 이북으로는 진출하지 못하도록 경계를 분명히 하였다. 고려는 여진을 북방으로 내쫓음으로서 옛 발해민이던 여진과 유대감을 끊어지게 된 반면에 거란으로서는 인구추쇄의 효과를 가져왔다고 생각한다.

거란은 강화를 맺은 이후에도 고려가 송과의 교류를 끊지 않으며, 국왕이 조회하지 않은 데 대한 문책과 강동 6주의 반납을 내세우며 다시 침략하였다. 고려는 강감찬 등 여러 장수에 힘입어 승리하고 다시 거란과 강화를 맺고 천리장성을 쌓았다. 이후 고려는 서북방면의 진출을 포기하고 동북쪽으로 영토를 넓히기에 주력하였다. 이같은 고려의 방침이 동북방면 완안부 여진과의 갈등을 야기시켜 1107년(예종 2)에 윤관의 여진정벌을 초래하게 되었던 것이다. 윤관은 여진을 몰아내고 9성을 설치했지만 여진의 계속적인 공격과 반환해 달라는 애원, 그리고 필요 없는 전쟁을 일으켰다는 국내의 비판에 직면하여 9성을 돌려주었다. 이 사건은 당시 권력을 장악하고 있던 상당수의 관리들이 고구려 옛 땅을 수복하는 것이 고려의 목표라는 인식이 흐려졌음을 나타낸다. 이같은 영토의식은 서북방면에 이어 동북지방에서도 여진에 대한 고려의 영향력이 축소되는 결과를 초래했다.

인종대에 이르면 북방에는 요가 망하고 금이 등장하였다. 인종 초부터 고려는 대내적으로는 문벌귀족이 득세하여 이자겸의 난이 발생하였으며 대외적으로는 금이 건국하여 고려를 위협하고 있었다. 인종은 이자겸의 난을 겪은 후 자주성의 확보와 왕권을 강화하기 위한 방법으로 서경천도를 생각하게 되었다. 이 시기에 묘청이 등장하였다. 묘청 등 서경파는 구태연한 문벌귀족 사회에서 벗어나 백성의 생활을 보살피고 국력을 강화시켜 금과 대적하기 위해서는 개혁이 필요함을 인식하였다. 그들은 우선 개혁을 위해서는 정치적 주도권을 잡는 것이 필요하고 이를 위해서는 그들의 세력근거지인 서경천도가 필수적이라고 판단하였다. 그러나 서경에 궁궐이 완성되어 본격적으로 천도를 거론할 즈음인 인종 8년 경이 되면서 국제정세에 변화가 있었다. 그동안 금과의 전쟁에서 연패하여 양자강 남쪽으로 쫓겨간 송이 반격을 가하여 이번에는 금이 여러 지역에서 고전하게 되자, 고려에 대한 자세가 유연해지기 시작하였던 것이다. 금의 입장을 파악한 고려는 금의 태도 여하에 따라 전쟁을 일으킬 수도 있다는 태도를 묘청파를 내세워 적극 활용하였다. 묘청의 정금론은 고려정부에 대한 금의 압력을 완화시키는 결과를 가져왔다.

　인종 8년 12월에 이제 금은 보주문제를 거론하지 않기로 하고 고려는 군신의 예를 취하는 것으로서 금과 외교적인 타결을 맺게 되었다. 이제 개경귀족은 정금론이 금과의 관계를 다시 악화시킬 수 있다는 이유를 들어 인종을 압박하여 서경세력을 처단해야 한다고 주장하였다. 이에 천도는 커녕 목숨조차도 부지하기 어려움을 간파하고 묘청 등은 반란을 일으켰던 것이다. 이 과정에서 묘청 등 반란 지도부가 반란을 일으킨 지 한달 이내에 내부적인 분열로 살해되었음에도 난이 무려 1년 이상이나 지속된 것은 서경 지배층의 정치관여 욕구와 농민층의 개경정부의 수탈체제에 대한 반발이 있었기 때문이었다. 이 점에서 묘청의 난은 중앙세력과 지방세력의 권력다툼, 그리고 금에 대한 입장 차이에서 한 걸음 더 나아가 앞으로 일어날 민란의 전초전적인 성격도 내포하고 있다고 보여진다.
　무신정권기에 들어서면서 전국적으로 농민항쟁이 치열해지자 이를 수습하고 정치적 실권을 장악한 인물은 최충헌이었다. 그는 피지배층의 대정부 항쟁을 무자비하게 진압함으로서 그의 독재기반을 확고히 하였다. 그러나 고려왕조는 그가 정권을 잡은지 20년 후, 외세의 침입이 시작되면서 흔들리기 시작하였다. 거란의 침입으로 중앙집권력이 약화되는 틈을 타서 곳곳에서 반란이 일어난 것이었다. 그 중 가장 대표적인 것이 의주민의 항쟁으로서, 이는 서북지방의 토지소유관계의 모순이나 의주지방의 무역 억제책에 대한 반발이 합쳐져서 일어난 것으로서 명종대에 일어났던 서북민 항쟁의 연장선상에서 이해할 수 있다.
　한순·다지 등은 의주민과 더불어 반란을 일으켜서 감창사와 대간을 설치하여 관아창고의 곡식을 나누어주고 탐학한 관리들을 응징함으로서 서북계 주민들의 전폭적인 지지를 받았다. 그들은 정부군을 이기지 못하게 되자 동진국과 금, 그리고 우가하와 합세하여 저항하였다. 여진족 등 이민족과 함께 거주하는 서북민에게 민족의식이나 국가의식은 그리 크지 않았던 것 같다. 민족공동운명체로서의 국가의식보다는 개경 지배층과 변방의 피지배층이라는 계급간의 이해관계가 더욱 첨예하게 대립하고 있었으므로 금이나 동진과 연합하거나 투항하려는 행위가 가능했다고 보여진다. 또한 발해유민의 상당수가 여진에 편입되었던 만큼 다른 종족이라는 거부감이 크게 없었던 것도 또 하나의 원인이라고 생각한다.
　이후 고종 18년부터 고려는 지속적으로 몽고의 침입을 받아 무려 30여년 동안 전쟁상태가 계속되었다. 동유럽, 러시아, 중국 등 세계를 제패한 원은 고려가 강화도로 천도하여 끝끝내 항복하지 않으니 고려 내부의 불만세력을 이용하여 쌍성총관부와 동녕부를 설치하여 고려를 압박하였다. 동녕부의 설치는 고려에 큰 타격을 주었다. 동녕부가 설치된 서경은 태조대부터 국시로 삼고 있던 북진정책의 진원지였고 고려가 계승을 표방한 고구려의 수도였기 때문이었다. 동녕부는 최탄 등 일부 북계의 토호들에 의해 추진되었는데, 토호들은 원에 복속하여 서경에서의 정치적 기반을 강화하려 하였다. 그러나 동녕부는 원의 직접 예속지로서 원의 정치적 간섭과 공물 부담 뿐 아니라 서북계의 토지 상당수가 고려 지배층의 소유로 인정되고 있어서 최탄이 안정된 권력을 구축하기는 어려웠다.

고려 국왕은 동녕부의 설치에 충격을 받아 강화에서 개경으로 환도했을 뿐 아니라 문신들과 몽고와 결탁하여 마지막 무신집권자인 임유무를 실각시켰다. 또한 원 황제에게 요청하여 혼인관계를 맺었다. 이제 고려는 동녕부·쌍성총관부와 동등한 자격으로 서게 되어 원에 충성경쟁을 벌이게 되었던 것이다. 결국 동녕부는 哈丹의 고려침입이 계기가 되어, 고려의 적극적 요구와 고려와의 관계가 밀착되어 이제 그 전략적 가치를 상실했다고 판단한 원에 의해 반환되었다. 이것은 철저한 복속을 전제로 한 것으로, 고려가 원이 그려놓은 세계구도의 한 축으로서 맡은 역할을 다함으로서 얻은 전리품이었다. 동녕부는 원 간섭기에 있어서 고려의 또 하나의 일그러진 자화상이었다.

이와 더불어 몽고간섭기의 인물로서 영녕공 준을 살펴보면, 그는 고려의 왕족으로서 몽고 침입기에 태어나 몽고로 볼모로 잡혀가서 생을 마친 비운의 인물이었다. 고려사회에서 종실은 경제적으로는 품위를 유지할 정도의 녹봉과 토지가 주어졌을 뿐 사회적으로 책임을 가지고 해야할 일은 없었다. 그러나 국가가 위기에 처했을 때 왕과 태자를 대신하여 볼모로 가기도 했으니 영녕공이 대표적인 경우였다.

당시 북방에는 몽고가 금, 송을 제압하고 새로운 강대한 제국을 건설하여 고려에도 침략하였다. 몽고에의 臣從을 거부하면서 시작된 여·몽전쟁은 고려가 몽고의 군사력에 압도당하여 강화를 요청하였고, 이 과정에서 영녕공이 볼모로 가게 되었다. 그러나 몽고는 볼모로 만족하지 않고 고려를 속국으로 만들기 위해 다시 침략을 시도하였는데 이제 영녕공은 몽고의 요구에 의해 참전하였다. 고려가 강화도에서의 출륙을 거부함으로서 몽고는 차라대를 보내어 고려전역을 침략하였는데 이 과정에서 영녕공의 활약이 컸던 것으로 보인다. 이후 영녕공은 고려의 볼모가 아니라 몽고황제의 신하로서의 역할을 충실히 하여 동경총관 홍복원의 강력한 경쟁자가 되었다. 몽고가 조장한 이들의 갈등은 왕준이 先攻하여 홍복원이 죽고 그 직책을 계승하는 것으로서 끝맺었으나, 아들 홍다구가 다시 홍복원의 직책을 계승하여 왕준을 견제하여 요양·심주는 고려민들 사이에 내부갈등이 심화되었다. 결국 고려 원종이 몽고에 항복을 함으로서 홍복원과 고려왕을 견제하던 왕준의 역할은 끝났다. 영녕공의 삶의 행로는 몽고 침입기 한 개인의 슬픈 자취이면서 또한 고려사회의 비극적인 한 단면이었다. 그는 홍복원처럼 적극적으로 고려에 해악을 끼치지는 않았지만 나라와 왕실에 죽음으로 충성해야 한다는 국가의식도 뚜렷하지 않았다. 이는 비단 영녕공 뿐 아니라 각지에서 몽고군과 싸우고 있는 피지배층들도 국가의식, 지역방위 목적, 그리고 신분해방에 대한 갈구가 혼재되어 나타나고 있었다. 고려사회의 존립에 위기의식을 느낀 정부는 고려민을 하나로 결합시키기에 노력하였다. 즉 고려민이 단군의 자손으로서 한 핏줄임을 주장하는 李承休의 『帝王韻紀』를 통해, 몽고보다 더욱 찬란한 불교문화를 가꾼 문화민족임을 강조하는 一然의 『三國遺事』를 통해 고려정부는 일반 농민층에 이르기까지 국가의식을 보다 강화시켜 나갔다.

이상 고려 외교사에서 중요한 사건을 부각시켜 고려와 요, 금, 원의 관계를 살펴보았다. 고려의 대외관계는 북방민족과의 갈등이 심한 시대였다. 그러나 고려는 내부정치의 안정을 토대로 실리적인 외교정책을 구사하는 데는 흔들림이 없었다고 보여진다. 그러나 원 간섭기에 들어서면서 원과 대등한 관계를 맺지 못하고 그들의 정책에 휘둘려 고려사회가 정신적으로도 자주성을 지니지 못하였다. 동녕부와 영녕공 준을 통해 원의 대외정책에 휘둘리는 고려의 모습을 추정해 볼 수 있으리라 생각한다. 이 글은 고려를 중심으로 외교관계를 서술한 만큼 송·요·금이 국제질서 속에서 패자로서의 정통성이라는 명분을 획득하기 위하여 고려와 긴밀한 관계를 유지했다는 점 등 국제적인 관점에서의 연구는 진행되지 않았다. 특히 송과의 관계는 본격적으로 다루지 않아 전체를 이해하기에는 부족한 면이 많음을 자인한다. 부족한 부분은 좀 더 내공을 쌓아 후일을 기약하고자 한다.

부록: 고려시대 연표 －본 주제와 관련하여－

연 도	고 려		국　　내	중 국
918	태조	1	왕건의 고려왕조 수립	907년, 거란 수립
926		9		거란이 발해 멸망시킴
934		17	발해왕자 대광현, 수만명의 백성과 고려귀부	
935		18	신라 경순왕, 고려에 투항	
936		19	고려, 후삼국 통일	
942		25	태조, 거란과의 교류를 거부하고 낙타를 굶겨죽임.	
943		26	태조, 〈훈요 10조〉 남기고 죽음. 혜종즉위	
946	定宗	1		거란이 遼라고 칭함
947		2	덕창진(영변)・철옹・박주(박천) 등에 축성	
949		4	광종이 즉위함	
960	광종	11		후주 조광윤, 송 건국
979	경종	4	이제 동북 아시아는 고려・요・송 삼국체제	송, 천하통일
982	성종	1	최승로, 〈시무 28조〉올림	
984		3	고려, 이겸의로 하여금 압록강변에 관방축조	
991		10	압록강 밖의 여진을 백두산 밖으로 몰아냄	거란, 압록강 유역에 위원・진화・내원성 쌓음
993		12	거란의 고려침입. 서희와 소손녕 강화맺음	
		13	서희, 995년까지 압록강변에 축성	거란, 압록강 서쪽에 축성
1000	목종	3	덕주(덕천) 등 동북지역에 축성 시작	
1010	현종	1	고려, 덕주에 축성. 거란, 2차 침입하여 강동6주 반환요구. 강조살해	
1011		2	강감찬, 양규 등의 활약으로 거란군 퇴각	
1012		3	장주(정평) 금양(강원도 통천)에 축성	
1018		9	거란의 소배압 3차침략. 강동6주 반환 요구	
1019		10	강감찬 휘하의 고려군이 구주에서 거란군 대파	
1020		11	거란과 강화	
1029		20		발해의 후예 대연림, 요양에서 흥요국 세웠다가 실패.
1033	덕종	2	천리장성 축조 시작	
1044	靖宗	10	천리장성 완성	
1050	문종	4	영삭진(태천)에 축성	
1067		21	덕주에 축성	
1074		28	원흥진(예원)・용주・위주에 축성	
1091	선종	8	안변도호부 상음현에 축성	
1104	숙종	9	고려, 동여진정벌 실패. 별무반 설치	
1107	예종	2	윤관을 원수, 오연총을 부원수로 하여 여진토벌.	
1108		3	3월, 윤관이 9성 쌓음	
1109		4	7월, 9성을 여진에 돌려줌	여진, 고려를 부모의 나라로 섬길 것을 맹약
1111		6	5월, 윤관죽음	
1115		10		여진의 아골타가 황제로 칭하면서 국호를 금이라 함.

연도	왕대	국내 사건	대외 관계
1117	12	금의 공격을 받은 거란이 보주성을 비우고 도망하자 고려가 탈환.	금, 편지를 보내어 고려를 아우로, 금은 형으로 자처.
1122	17		금, 거란의 수도 연경 함락시킴.
1125	인종 3	금, 고려에 군신관계로 사대할 것을 요구	금, 요를 멸망시킴
1126	인종 4	3월, 이자겸의 난. 금에 稱臣上表함 인종, 척준경과 모의하여 이자겸 유배보냄.	송, 고려에 원병요청. 고려거절.
1127	인종 5	묘청·백수한 관정도량 베풂. 척준경 유배. 인종, 유신지교 15조 서경에서 발표. 거란, 보주의 여진인 소환요구	금, 송나라 변경을 침략하여 송 황제와 귀족을 잡아감. 송 고종, 남송건립
1128	6	묘청·정지상 등 서경천도 주장. 11월, 서경에 대화궁 조성 착수. 금의 여진인 소환을 고려 거부.	송, 고려에 길 빌릴것을 요구. 금은 고려에 보주(의주) 주민 소환과 칭신할 것을 요구.
1129	7	1월에 대화궁 완성	
1130	8	12월, 금은 인구소환문제 철회하고 고려는 칭신하는 것으로 강화맺음.	송의 한세충·악비, 금군 격파. 송, 고려에 斷交 통고.
1132	10	2월, 묘청이 서경천도를 건의하여 인종이 서경에 행차. 8월, 동지추밀원사 임원애가 묘청을 죽일 것을 상서함.	
1134	12	2월, 인종 서경에 행차. 5월, 임완이 묘청을 죽일 것을 상소. 9월, 김부식 서경천도 반대	
1135	13	1월, 묘청·조광·유감 등이 반란을 일으킴. 김부식이 정지상·백수한을 죽임 2월, 김부식이 서경을 포위	
1136	14	서경성함락. 반란실패.	
1141	19		남송, 금과 투항조약 맺음.
1170	의종 24	8월, 무신의 난이 일어남. 9월, 정중부등이 의종 내쫓고 명종 세움	
1174	명종 4	서북민의 항쟁 발생	
1196	26	최충헌이 이의민 죽이고 정권장악.	
1206	희종 2		테무진이 대몽고 제국 수립하고 칸의 지위에 오름.
1213	강종 2		야율유가, 금에 叛하여 遼王을 칭함. 몽고, 연경포위
1214	고종 1		금, 汴京으로 천도
1215	2		금의 장수 포선만노, 요양을 근거로 대진(동진)국 세움.
1216	3	8월, 거란유민, 고려침입	
1219	6	1월, 조충·김취려가 몽고·동진과 함께 거란군이 웅거하던 강동성 함락시킴. 9월, 최충헌 죽음. 10월, 한순·다지가 의주에서 반란을 일으킴.	
1220	7	2월, 한순이 금의 장수 우가하와 동진국에 구원요청. 우가하, 의주민배반.	
1222	9	의주민, 동진군과 2차 연합항쟁.	

1225	12	몽고사신 저고여, 압록강변에서 피살. 몽고는 고려를 의심하여 斷交.	
1227	14		징기스칸, 서하를 멸망시킴.
1231	18	몽고군, 살례탑을 원수로 하여 고려침입	
1232	고종 19	강화천도. 몽고의 2차침입	
1233	20	서경인 필현보·홍복원 모반. 필현보는 죽고 홍복원은 몽고로 달아남.	
1234	21		몽고, 금·동진국 멸망시킴 홍복원, 관령고려군민총관으로 임명됨
1236	23	몽고군, 전라도까지 내려옴. 이연년의 난이 일어남	
1238	25	12월, 몽고군의 철수를 요구함. 몽고는 국왕친조 요구	
1239	26	종실 신안공 전과 소경 송언기 파견.	
1240	27	몽고, 2차례나 국왕친조요구	
1241	28	영녕공 준을 고종의 아들로 속여 몽고에 가게 하여 볼모가 됨.	
1249	36	최우 죽음. 최항 집권.	
1253	40	영녕공, 야굴을 따라 고려 침입. 고종, 영녕공을 회유하는 조서 보냄.	
1254	41	몽고와 더불어 고려 침입한 이현 죽임. 황제, 영녕공이 고종의 아들이 아님을 용서함. 영녕공 차라대와 고려침입.	
1258	45	황제, 영녕공의 모함으로 홍복원 죽임. 조휘·탁청이 반란을 일으켜 화주이북의 땅을 몽고에 붙임. 쌍성총관부 설치	영녕공, 홍복원을 대신하여 요양에서 고려군민총관이 됨.
1259	46	태자 전, 몽고에 투항. 고종죽음	
1261	2		홍다구, 요양에서 관령귀부고려군민총관이 됨
1263	4		영녕공, 심주에서 안무고려군민총관이 됨
1268	원종 9	황제, 개경환도 하지않음에 불만	
1269	10	서경에서 최탄의 반란. 동녕부 설치함.	
1270	11	임유무 처형됨. 강화에서 환도. 삼별초 항쟁이 일어남.	
1273	14	탐라에서 삼별초군 평정됨	
1274	15	세자, 원나라 공주와 결혼 여·몽 연합군, 일본정벌 실패	
1279	충렬왕 5		몽고, 남송 멸망시킴.
1281	7	제2차 여·몽연합군, 일본정벌 실패	
1283	9		영녕공 죽음.
1290	16	합단군, 동북지방 침입 동녕부 폐지	
1294	20	탐라, 고려에 환속됨.	
1356	공민왕 5	쌍성총관부 수복.	

참 고 문 헌

1. 資 料

『三國史記』『三國遺事』『高麗史』『高麗史節要』『朝鮮王朝實錄』『世宗實錄地理志』『新增東國輿地勝覽』『慶尙道地理志』『韓國金石全文』『高麗圖經』『東文選』『東國李相國集』『補閑集』『海東繹史』『遼史』『金史』『元史』『新元史』『元高麗記事』『資治通監』
李智冠 譯註, 1996, 『歷代高僧碑文』고려편 3, 伽山文庫.
任大熙・金鐸敏 主編, 1997, 『譯註唐律疏議』, 한국법제연구원

2. 著 書

金庠基, 1948, 『東方文化交流史論攷』, 乙酉文化社.
_____, 1985, 『新編高麗時代史』, 서울대출판부.
金南奎, 1989, 『高麗兩界地方史硏究』, 새문사.
金塘澤, 1998, 『元干涉下의 高麗政治史』, 一潮閣.
김석형, 1989, 『봉건지배계급에 반대한 농민들의 투쟁-고려편』, 열사람.
金渭顯, 1985, 『遼金史硏究』, 裕豊出版社.
金在滿, 1999, 『契丹・高麗關係史硏究』, 國學資料院.
金成俊, 1985, 『韓國中世政治法制史硏究』, 一潮閣.
朴龍雲, 1985, 1987, 『高麗時代史』(上,下), 一志社.

박종기, 1999,『5백년 고려사』, 푸른역사.
白南雲, 1937,『朝鮮封建社會經濟史』上, 改造社.
邊太燮, 1971,『高麗政治制度史硏究』, 一潮閣.
邊太燮 編, 1986,『高麗史의 諸問題』, 三英社.
宋基豪, 1995,『渤海政治史硏究』, 一潮閣.
尹龍爀, 1991,『高麗對蒙蒙抗爭史硏究』, 一志社.
李基白 등, 1993,『崔承老上書文硏究』, 一潮閣.
李東馥, 1986,『東北亞細亞史硏究』, 一潮閣.
李丙燾, 1948,『高麗時代의 硏究』, 乙酉文化社.
李龍範, 1988,『中世 滿洲·蒙古史의 硏究』, 同和出版公社.
李佑成, 1991,『韓國中世社會硏究』, 一潮閣.
李貞信, 1991,『高麗 武臣政權期 農民·賤民抗爭 硏究』, 高大 民族文化硏究所.
張東翼, 1994,『高麗後期外交史硏究』, 一潮閣.
_____, 1997,『元代麗史資料集錄』, 서울대출판부.
全海宗, 1970,『韓中關係史硏究』, 一潮閣.
河炫綱, 1977,『高麗地方制度의 硏究』, 韓國硏究院.
_____, 1988,『韓國中世史硏究』, 一潮閣.
_____, 1989,『韓國中世史論』, 新丘文化社.
韓圭哲, 1994,『발해의 대외관계사』, 신서원.
韓基汶, 1998,『高麗寺院의 構造와 機能』, 民族社.
許興植, 1994,『韓國中世佛敎史硏究』, 一潮閣.
한국역사연구회 14세기고려사회성격연구반, 1994,『14세기 고려의 정치와 사회』, 민음사.
국사편찬위원회, 1973~1975,『한국사』 4~8, 국사편찬위원회.
_____, 1993~1996,『한국사』 12-20, 국사편찬위원회.
강만길 외 편, 1994,『한국사』 5, 6-중세사회의 성립(1·2)-, 한길사.
사회과학원역사연구소편, 1989,『발해사』, 한마당.

高句麗硏究會, 1999,『徐熙와 高麗의 高句麗 繼承意識』, 학연문화사.
今西龍, 1944,『高麗史硏究』, 近澤書店.
旗田巍, 1972,『朝鮮中世社會史の硏究』, 法政大學出版局.

3. 論 文

姜吉仲, 1991,「南宋과 高麗의 政治外交와 貿易關係에 대한 考察」『慶熙史學』16·17, 慶熙史學會.
姜大良, 1948,「高麗初期의 對契丹關係」『史海』1, 朝鮮史研究會.
姜晋哲, 1974,「蒙古의 侵入에 대한 抗爭」『한국사』7, -武臣政權과 對蒙抗爭-, 국사편찬위원회.
姜聲媛, 1989,「妙淸의 再檢討」『國史館論叢』13, 國史編纂委員會.
高柄翊, 1961, 1962,「麗代 征東行省의 硏究(상·하)」『歷史學報』14·19, 歷史學會.
＿＿＿, 1962,「高麗忠宣王의 元武宗擁立」『歷史學報』17·18 -東濱金庠基敎授華甲紀念史學論叢-, 歷史學會.
＿＿＿, 1969,「蒙古 高麗의 兄弟盟約의 性格」『白山學報』6, 白山學會.
＿＿＿, 1974,「元과의 關係의 變遷」『한국사』7, 국사편찬위원회.
＿＿＿, 1977,「高麗와 元과의 關係」『東洋學』7, 檀國大 東洋學硏究所.
高昌錫, 1985,「元代의 濟州島 牧場」『濟州史學』창간호, 제주대 사학과.
具山祐, 1992,「高麗 成宗代 對外關係의 展開와 그 政治的 性格」『韓國史硏究』78, 韓國史硏究會.
＿＿＿, 1993,「高麗 成宗代의 향촌지배체제의 강화와 그 정치적·사회적 갈등」『한국문화연구』6, 부산대.

金庚來, 1988,「瀋陽王에 對한 一考察」『誠信史學』6, 誠信女大 史學會.
김광석, 1983,「고려태조의 역사인식」『백산학보』27, 白山學會.
金光洙, 1977,「高麗建國期의 浿西豪族과 對女眞關係」『史叢』21·22
－姜晋哲敎授華甲紀念 韓國史學論叢－, 高大史學會.
＿＿＿, 1977,「高麗前期 對女眞交涉과 北方開拓問題」『東洋學』7, 檀國大 東洋學研究所.
金光植, 1989,「高麗 肅宗代의 王權과 寺院勢力」『白山學報』36, 白山學會.
金光哲, 1987,「麗蒙戰爭과 在地吏族」『釜山史學』12, 釜山史學會.
＿＿＿, 1996,「14세기초 元의 政局동향과 忠宣王의 吐蕃 유배」『한국중세사연구』3, 한국중세사학회.
金九鎭, 1973,「麗末鮮初 豆滿江 流域의 女眞分布」『白山學報』15, 白山學會.
＿＿＿, 1977,「尹瓘 9城의 範圍와 朝鮮 6鎭의 開拓 －女眞勢力 關係를 中心으로－」『史叢』21·22, 高大史學會.
＿＿＿, 1976,「公嶮鎭과 先春嶺碑」『白山學報』21, 白山學會.
＿＿＿, 1986,「元代 遼東地方의 高麗軍民」『李元淳敎授華甲紀念 史學論叢』, 李元淳敎授華甲紀念 史學論叢 刊行委員會.
＿＿＿, 1989,「麗·元의 領土紛爭과 그 歸屬問題 －元代에 있어서 高麗本土와 東寧府·雙城摠管府·耽羅摠管府의 分離政策을 중심으로－」『國史館論叢』7, 國史編纂委員會.
金南奎, 1989,「仁宗代의 西京遷都運動과 西京叛亂」『高麗兩界地方史研究』, 새문사.
＿＿＿, 1995,「高麗前期의 女眞觀－女眞懷柔政策과 관련하여－」『加羅文化』12, 慶南大 加羅文化研究所.
＿＿＿, 1995,「高麗前期 兩界地方의 原住來投女眞人에 대하여」『慶大史論』8, 慶南大 史學會.
＿＿＿, 1997,「高麗 睿宗代의 對女眞政策 －睿宗 2年 對女眞戰의 原

因에 대한 考察을 중심으로-」『慶大史論』10, 慶南大 史學會.
金塘澤, 1994,「高麗 忠惠王과 元의 갈등」『歷史學報』142, 歷史學會.
_____, 1995,「元 干涉期末의 反元的 분위기와 高麗 政治史의 전개」『歷史學報』146, 歷史學會.
김두진, 1981,「왕건의 승려결합과 그 의도」『한국학논총』4, 국민대학교.
金庠基, 1948,「三別抄와 그의 亂에 對하여」『東方文化交流史論攷』, 乙酉文化社.
_____, 1959,「高麗와 金·宋과의 關係」『국사상의 제문제』5, 국사편찬위원회 ; 1974,『東方史論叢』, 서울대출판부.
_____, 1959,「단구와의 항쟁」『국사상의 제문제』2, 국사편찬위원회.
_____, 1974,「女眞關係의 始末과 尹瓘의 北征」『東方史論叢』, 서울대출판부.
金成俊, 1958,「麗代 元公主出身 王妃의 政治的 位置에 對하여」『韓國女性文化論叢』1, 金活蘭博士敎職勤續四十周年記念論文集編輯委員會.
김순자, 1994,「원 간섭기 민의 동향」『14세기 고려의 정치와 사회』, 민음사.
金潤坤, 1981,「고려 귀족사회의 諸矛盾」『한국사』7, 국사편찬위원회.
金在滿, 1986,「거란·高麗 國交前史」『人文科學』15, 성균관대 인문과학연구소.
김재홍, 1977,「13~14세기 고려 -원관계에 대하여-」『력사과학』1977-1, 사회과학원 력사연구소.
金昌謙, 1987,「太祖王建의 浿西豪族과 渤海遺民에 대한 정책연구」『成大史林』4.
金賢淑, 1996,「나말여초 崔彦撝의 정치적 활동과 위상」『이화사학연구』22.
金惠苑, 1990, 「麗元王室通婚의 成立과 特徵 -元公主出身王妃의 家系를 중심으로-」『梨大史苑』24·25, 梨花女大 史學會.
_____, 1993, 「高麗後期 瀋(陽)王의 政治·經濟的 基礎」『國史館論叢』49, 國史編纂委員會.
_____, 1994, 「원간섭기 立省論과 그 성격」『14세기 고려의 정치와 사회』, 민음사.
_____, 1999, 『高麗後期 瀋王 硏究』, 이화여대 박사학위논문.
羅滿洙, 1983, 「高麗前期 對女眞政策과 尹瓘의 北征」『軍史』7, 國防軍史硏究所.
나종우, 2002, 「10세기 동아시아의 국제정세속에서 고려와 거란관계」『군사』46, 國防軍史硏究所.
盧啓鉉, 1988, 「高麗外交史 序說 -高麗初期(光宗~成宗初)의 北方外交政策과 領土擴張-」『論文集』9, 放送通信大.
盧明鎬, 1998, 「高麗 支配層의 渤海遺民에 대한 認識과 政策」『汕耘史學』8.
도현철, 1994, 「14세기전반 유교지식인의 현실인식」『14세기 고려의 정치와 사회』, 민음사.
문성렵, 1980, 「12세기 초 고려가 9성을 설치하던 시기 갈라전의 지역적 범위에 대하여」『력사과학』1980-4, 사회과학원 력사연구소.
朴性鳳, 1986, 「高麗 仁宗期의 兩亂과 貴族社會의 推移」『高麗史의 諸問題』, 三英社.
박영해, 1982, 「11세기 녀진인들의 략탈책동을 분쇄하기 위한 고려인민의 투쟁」『력사과학』1982-1, 사회과학원 력사연구소.
_____, 1965, 「고려 초 대외정책 연구」『력사과학』, 사회과학원 력사연구소.
_____, 1966, 「거란 침입 이전 시기 고려의 대외정책」『력사과학』

1966-1, 사회과학원 력사연구소.
_____, 1977,「11세기말~12세기초 녀진(금)의 침입을 막기 위한 고려의 대외정책」『력사과학』1977-4, 사회과학원 력사연구소.
_____, 1982,「11세기 녀진인들의 략탈책동을 분쇄하기 위한 고려인민의 투쟁」『력사과학』1982-1, 사회과학원 력사연구소.
朴龍雲, 1995,「高麗·宋 交聘의 목적과 使節에 대한 考察 (上)」『韓國學報』81, 一志社.
_____, 1996,「高麗·宋 交聘의 목적과 使節에 대한 考察 (下)」『韓國學報』82, 一志社.
_____, 1993,「예종대 정치개혁과 정치세력의 변동」『역사와 현실』9, 한국역사연구회.
_____, 1994,「고려시대의 대외관계」『한국사』6, 한길사.
_____, 1994,「14세기의 고려사회-원간섭기의 이해문제」『14세기 고려의 정치와 사회』, 민음사.
박종기, 1998,「11세기 고려의 대외관계와 정국운영론의 추이」『역사와 현실』30, 한국역사연구회.
朴菖熙, 1969,「李奎報의 東明王篇 詩」『歷史敎育』11·12 합집.
_____, 1981,「무신정권시대의 문인」『한국사』7, 국사편찬위원회.
朴漢男, 1993,『高麗의 對金外交政策研究』, 成均館大學校 大學院 博士學位論文.
_____, 1995,「高麗 前期 '橫宣使'小考」『阜村申延澈敎授停年退任紀念 史學論叢』, 阜村申延澈敎授停年退任紀念 史學論叢 刊行委員會.
_____, 1996,「12세기 麗金貿易에 대한 검토」『大東文化研究』31, 成均館大 大東文化研究院.
박한설, 1978,「고려의 건국과 호족」『한국사』4, 국사편찬위원회.
박한용, 1994,「한국 근현대의 민족이론과 민족주의론」『한국사』26,

한길사.
朴賢緒, 1981,「北方民族과의 抗爭」『한국사』4, 국사편찬위원회.
方東仁, 1976,「尹瓘九城再考-九城設置 範圍를 中心으로-」『白山學報』21, 白山學會.
_____, 1980,「高麗의 東北地方境域에 관한 연구-특히 尹瓘의 九城 設置範圍를 中心으로-」『嶺東文化』創刊號.
_____, 1982,「雙城摠管府考」『關東史學』1, 關東大 史學會.
_____, 1984,「東寧府置廢小考」『關東史學』2, 關東大 史學會.
_____, 1985,「高麗前期 北進政策의 推移」『領土問題研究』2.
_____, 1990,「麗·元關係의 再檢討 -雙城摠管府와 東寧府를 中心으로-」『國史館論叢』17, 國史編纂委員會.
白南雲, 1937,「農民一揆」『朝鮮封建社會經濟史』上, 改造社.
邊太燮, 1973,「農民 賤民의 亂」『한국사』7, 국사편찬위원회.
_____, 1971,「高麗兩界의 支配組織」『高麗政治制度史研究』, 一潮閣.
徐炳國, 1973,「高麗·宋·遼의 三角貿易攷」『白山學報』15, 白山學會.
서성호, 1999,「고려 태조대 대거란정책의 추이와 성격」『역사와 현실』34, 한울.
徐珍教, 1996,「高麗太祖의 禪僧포섭과 住持파견」『高麗太祖의 國家經營』, 서울대출판부.
申安湜, 1993,「高麗 崔氏武人政權의 對蒙講和交涉에 대한 一考察」『國史館論叢』45, 國史編纂委員會.
沈載錫, 1997,「高麗時代 國王이 中國에서 받은 '食邑'研究」『外大史學』7, 韓國外國語大 史學研究所.
_____, 1996,「高麗時代 宋에 의한 國王册封의 展開」『淸溪史學』12, 淸溪史學會.
安秉佑, 1984,「高麗의 屯田에 관한 一考察」『韓國史論』10, 서울대 국사학과.
安智源, 1999,『高麗時代 國家佛敎儀禮研究』, 서울대학교 박사학위논

문.
梁元錫, 1956,「麗末의 流民問題-特히 對蒙關係를 中心으로-」『李丙燾博士華甲紀念論叢』, 斗溪李丙燾博士 華甲紀念事業委員會.
梁銀容, 1992,「高麗太祖親製 開泰寺華嚴法會疏의 硏究」『伽山 李智冠스님華甲紀念論叢 韓國佛敎文化思想史』上.
梁義淑, 1993,「高麗 禿魯花에 대한 硏究」『素軒南都泳博士古稀紀念 歷史學論叢』, 素軒南都泳博士古稀紀念 歷史學論叢刊行委員會.
_____, 1993,「麗·元 宿衛考-新羅의 對唐 宿衛外交와의 比較를 중심으로-」『東國史學』27, 東國大 史學會.
_____, 1996,「元 간섭기 遼瀋地域 高麗人의 동향」『東國歷史敎育』4, 東國歷史敎育會.
嚴成鎔, 1987,「高麗初期 王權과 地方豪族의 身分變化」『高麗史의 諸問題』, 三英社.
劉璟娥, 1988,「高麗 高宗·元宗時代의 民亂의 性格」『梨大史苑』22·23합, 梨花女大 史學會.
柳洪烈, 1957,「高麗의 元에 對한 貢女」『震檀學報』18, 震檀學會.
尹武炳, 1958,「吉州城과 公嶮鎭-公嶮鎭 立碑問題의 再檢討-」『歷史學報』10, 歷史學會.
尹龍爀, 1987,「대몽항쟁기 고려무인정권의 江都生活」『崔永禧先生華甲紀念 韓國史學論叢』, 崔永禧先生華甲紀念 韓國史學論叢 刊行委員會.
_____, 1991,「麗蒙戰爭의 長期化」『高麗對蒙抗爭史硏究』, 一志社
_____, 1991,「也窟軍에 대한 抗戰」『高麗對蒙抗爭史硏究』, 一志社
李景植, 1988,「古代·中世의 食邑制의 構造와 展開」『孫寶基博士停年紀念韓國史學論叢』.
李基東, 1978,「羅末麗初 近侍機構와 文翰機構의 擴張」『歷史學報』77, 歷史學會.
李基白, 1981,「高麗 貴族社會의 形成」『한국사』4, 국사편찬위원회.

李東馥, 1986,「遼末 女眞民族의 形成과 그 社會」『東北亞細亞史研究』, 一潮閣.
이미지, 2003,「高麗 宣宗代 榷場문제와 對遼관계」『韓國史學報』 14, 高麗史學會.
李炳熙, 1993,「식읍 및 기타의 사전」『한국사』 14, 국사편찬위원회.
李純根, 1987,「高麗時代 事審官의 機能과 性格」『高麗史의 諸問題』, 三英社.
李昇漢, 1988,「高麗 忠宣王의 瀋陽王被封과 在元 政治活動」『全南史學』 2, 全南史學會.
이영호, 1988,「한국 근대 민족문제의 성격」『역사와 현실』 1, 한울.
李龍範, 1955,「麗丹貿易考」『東國史學』 3, 東國大 史學會.
_____, 1962,「奇皇后의 冊立과 元代의 資政院」『歷史學報』 17·18, 歷史學會 ; 1976,『中世東北亞細亞史研究』, 亞細亞文化社.
_____, 1977,「高麗와 契丹과의 關係」『東洋學』 7, 檀國大 東洋學硏究所.
_____, 1981,「10~12世紀의 國際情勢」『한국사』 4, -高麗貴族社會의 成立-, 國史編纂委員會
李佑成, 1963,「高麗中期의 民族敍事詩-東明王篇과 帝王韻紀의 硏-」『成均館大學校 論文集』 7 ; 1976,『韓國의 歷史認識』 上, 創作과 批評社.
李益柱, 1996,「高麗 對蒙抗爭期 講和論의 硏究」『歷史學報』 151, 歷史學會.
李益柱, 1996,「高麗·元關係의 構造에 대한 硏究-소위 '世祖舊制'의 분석을 중심으로-」『韓國史論』 36, 서울대 국사학과.
李在範, 1999,「麗遼戰爭時 高麗와 遼의 군사력 비교」『徐熙와 高麗의 高句麗 繼承意識』, 학연문화사.
李貞信, 1991,「西北地域의 農民抗爭」『高麗 武臣政權期 農民 賤民抗爭 硏究』, 高大 民族文化硏究所.

_____, 1993,「13세기 농민 천민 봉기」『宋甲鎬敎授 停年退任記念論文集』.
李泰鎭, 1977,「金致陽亂의 性格」『韓國史硏究』17, 韓國史硏究會.
張東翼,「元의 政治的 干涉과 高麗政府의 對應」『歷史敎育論集』17, 1992, 慶北大 歷史敎育科.
張世原, 1984,「高麗武人政權 末期의 對蒙政策」『論文集』7, 군산실업전문대.
全海宗, 1974,「對宋外交의 性格」『한국사』4 －高麗貴族社會의 成－, 국사편찬위원회.
_____, 1977,「高麗와 宋과의 관계」『東洋學』7, 檀國大 東洋學硏究所.
_____, 1978,「麗・元貿易의 性格」『東洋史學硏究』12・13, 東洋史學會.
_____, 1989,「高麗와 宋과의 交流」『國史館論叢』8, 國史編纂委員會.
鄭起燉・金容完, 1985,「麗宋關係史硏究」『論文集』12－1, 忠南大 人文科學硏究所.
鄭修芽, 1988,「尹瓘勢力의 形成－尹瓘의 女眞征伐과 관련된 몇 가지 問題의 檢討를 중심으로－」『震檀學報』66, 震檀學會.
鄭信峰, 1996,「高麗 成宗代의 對宋關係」『全州史學』4, 全州史學會.
趙啓纘, 1984,「高麗 武臣執權期의 對金關係考」『論文集』8, 東亞大大學院.
趙仁成, 1981,「高麗 兩界 州鎭의 防戍軍과 州鎭軍」『高麗光宗硏究』, 一潮閣.
周采赫, 1970,「初期麗元戰爭과 北界四十餘城 問題」『史學會誌』16, 연세대 사학연구회.
_____, 1974,「洪福源一家와 麗元關係」『史學硏究』24, 韓國史學會.
_____, 1977,「札刺와 撒禮塔,」『史叢』21・22, 高大史學會.
_____, 1979,「初期 麗・蒙戰爭 略察－兩軍의 作戰與件을 中心으로－

」『淸大史林』3, 淸州大 史學會.

_____, 1989,「몽골·고려사 연구의 재검토」『國史館論叢』8, 國史編纂委員會.

채웅석, 2002,「고려시대 민족체 인식이 있었다」『역사비평』58.

崔圭成, 1981,「高麗初期 女眞問題의 發生과 北方經營」『白山學報』26, 白山學會.

_____, 1981,「高麗初期의 女眞關係와 北方政策」『東國史學』15·16, 東國大 史學會.

_____, 1995,「거란 및 여진과의 전쟁」『한국사』15, 국사편찬위원회.

최희림, 1986,「천리장성의 축성상 특징과 그 군사적 거점인 진성에 대하여」1·2『력사과학』1986-1·2, 사회과학원 력사연구소.

추명엽, 2001,「11세기 후반~12세기 초 여진정벌 문제와 정국동향」『한국사론』45, 서울대국사학과.

_____, 2002,「고려전기 '번(蕃)인식과 동·서번의 형성」『역사와 현실』43, 한울.

河炫綱, 1975,「高麗時代의 歷史繼承意識」『梨花史學硏究』8.

韓圭哲, 1984,「高麗來投·來往 契丹人」『韓國史硏究』47, 韓國史硏究會.

_____, 1985,「後三國時代 高麗와 契丹關係」『富山史叢』1.

_____, 1994,「발해유민과 고려」『발해의 대외관계사』, 신서원.

한기문, 1983,「고려태조의 불교정책-창건 사원을 중심으로-」『大丘史學』22.

한선홍, 1979,「원나라 납합출 침략군의 침입을 반대한 고려인민들의 투쟁」『력사과학』1979-2, 사회과학원 력사연구소.

韓政洙, 2002,「高麗時代 籍田儀禮의 도입과 운영」『역사교육』83.

黃時鑒, 1997,「宋-高麗-蒙古關係史에 관한 일고찰-"收刺麗國送還人"에 대하여-」『東方學志』95, 延世大 國學硏究院.

4. 외국 논문

周繼中, 1986,「元代屯田的組織與管理」『元史及北方民族史研究集刊』10.

池內宏, 1923,「完顏氏の曷懶甸經略と尹瓘の九城の役」『滿鮮地理歷史研究報告』9, 東京 : 東京帝國大學文學部.

＿＿＿, 1963,「元の世祖と耽羅島」『滿鮮史研究』-中世 3-, 吉川弘文館.

稻葉岩吉, 1931,「高麗尹瓘九城考」『史林』16-1.

丸龜金作, 1934,「元・高麗關係の一句 -瀋王に就いて-」『青丘學叢』18.

＿＿＿＿, 1960,「高麗と宋との通交問題(1)」『朝鮮學報』17, 朝鮮學會.

＿＿＿＿, 1961,「高麗と宋との通交問題(2)」『朝鮮學報』18, 朝鮮學會.

津田左右吉, 1913,「尹瓘經略地域考」『朝鮮歷史地理』Ⅱ.

＿＿＿＿＿, 1964,「元代に於ける高麗の東北境」『津田左右吉全集』11, 東京 : 岩波書店.

＿＿＿＿＿, 1964,「元代に於ける高麗西北境の混亂」『津田左右吉全集』11, 東京 : 岩波書店.

田中健夫, 1970,「東アジア通交關係の形成」『岩波講座 世界歷史』9 (中世3), 岩波書店.

奧村周司, 1976,「八關會儀禮に於ける外國人朝賀 -高麗初期外交の一面-」『硏究紀要』11, 早稻田實業學校.

＿＿＿, 1979,「高麗における八關會的秩序と國際環境」『朝鮮史研究會論文集』16, 朝鮮史研究會.

＿＿＿, 1982,「高麗の外交姿勢と國家意識-"仲冬八關會儀"および"迎北朝詔使儀"を中心として-」『民衆の生活・文化と變革主體(歷史學研究別册特集)』, 歷史學研究會.

_____, 1984, 「使節迎接禮より見た高麗の外交姿勢-11·2世紀における對中國係の一面-」『史觀』110, 東京: 早稻田大學 史學會.

_____, 1997, 「高麗の圜丘祀天禮と世界觀」『朝鮮社會の史的展開と東アジア(武田幸男 編)』, 山川出版社.

池田溫, 1979, 「麗宋通交の一面 -進奉·下賜品をめぐって-」『三上次男博士頌壽記念 東洋史·考古學論集』, 京都: 三上次男博士頌壽記念論集編集委員會.

中村榮孝, 1963, 「13·4世紀の東亞情勢とモンゴルの襲來」『岩波講座 日本歷史』6 (中世2), 岩波書店.

_____, 1965, 「文永·弘安兩役間の國際政局-日本·蒙古間の高麗-」『日鮮關係史の硏究』, 吉川弘文館.

外山軍治, 1964, 「金朝治下의 渤海人」『金朝史硏究』, 同朋舍.

旗田巍, 1965, 「蒙古の朝鮮侵略」『元寇』, 中央公論社.

北村秀人, 1964, 「高麗に於ける征東行省について」『朝鮮學報』32, 朝鮮學會.

_____, 1972, 「高麗時代の瀋王についての一考察」 『人文硏究』24~10, 大阪市立大.

松浦茂, 1978, 「金代 女眞氏族의 構成에 ついて」『東洋史硏究』36-4.

西野幸雄, 1988, 「高麗朝における北方兩界地域について -蒙古侵略期の對應から-」『專修史學』20, 專修大學.

古煎撤, 1998, 「後期新羅·渤海の統合意識と境域觀」『朝鮮史硏究會論文集』36, 朝鮮史硏究會.

森平雅彦, 1998, 「高麗王位의 基礎的 考察」『朝鮮史硏究會論文集』36, 朝鮮史硏究會.

찾아보기

ㄱ

椵島　188, 191, 192
賈裕　162
嘉州　55, 65, 66, 72, 141, 156, 157, 158
呵吒波拘神道場　102, 112
榷場　169, 190
杆城　200
曷懶路　161
曷懶甸　79
監軍　127, 130
감창사　120, 152, 153
강감찬　154
강대량　12
강동 6주　2, 45, 69, 73, 85, 259
강동성　147
江東縣　127
강부　156
江西縣　127
康安世　120
강조　71
江中　94
강화도　236
개경 승도　133
개주　135

개태사　26
거란 실　145
乾龍殿　111
걸노　146
乞打　135
檢校太師 忠　219
謙用　30
京軍　152
경순왕　15, 35
更定田柴科　219
景宗　20
桂文庇　191, 196, 207
誡百寮書　10, 22
고구려 계승　30
고구려 고토회복　82
고려 대장경　223
高麗軍民總官　176, 241
高伯淑　95, 137
高城縣　177
고조　21
高州　136
高之問　75
고창군 전투　37
곡주　206
骨於夫　75
공리　168

공민왕   6
公山城   235
公險鎭   80
科田法   219
郭汝岙   232, 233
곽여필   197
郭元   73
郭元固   167
곽윤창   166
郭應素   123
郭州   54, 67, 84, 136, 156
管領歸附高麗軍民長官   237
管領歸附高麗軍民總管   241
官爵   214
관정도량   107
관촉사   27
光化   72
橋淵   46
敎定別監   246
句當使   136
九城   79, 80, 82, 83, 86, 259
구육   225
龜州   54, 67, 72, 84, 136, 154
龜州大捷   154
국가의식   4, 50, 165, 171, 253, 255
歸德將軍   150
歸化   54, 84
歸化鎭   67, 136
均輸法   124

근친혼   214
金公鼎   125
금국정벌   90
金馬渚   41
金脉   188
金甫貞   167
金寶鼎   228
金阜   123
金富軾   109, 127
金富佾   109
금산   146
금산왕자   140, 141
金宣甫   178
金成   142
金世   201
金叔龍   169
金叔興   73
금시   146
金信   117, 119, 124
金樂   32
金岳   36
金安   116, 119
金壤   72, 73
金潤   191
金允奇   245
金允侯   228, 252
金義   159, 191
金仁鑑   120
金仁存   95, 109
金子浩   122

金鼎和　191
金俊　181
金智　124
金鐵　32
金致　124
金澤升　124
金向　109
金賢瑾　124
吉州　80
김군수　141, 166
김부　15, 39
김부식　115, 121, 122, 123, 124
김연　135
김인존　80, 81
김주원　81
김준　185
김취려　159, 167, 168

奴婢按檢法　56
盧仁綏　141
錄事　231
녹승　156

ㄷ

多可　225
多老　151
다루가치　183, 194, 196, 223, 230
多於皆　150, 151
다지　4, 133, 141, 148, 149, 150, 152, 155, 163, 164, 168, 171, 183, 261
丹溪縣　235
단군　172
단일 민족체　14
達魯花赤　98, 196
담선법회　24, 25
潭陽　235
대간　152
大光顯　17, 41, 38, 43, 44, 58
大道秀　64
大文　41
帶方公 俌　217
大夫　135
대부성　192
大散關　94
大延林　73

ㄴ

羅孫彦　124
낙타　11, 19, 21, 43, 49, 64, 258
낙타 굶기기　36
낭가대　196
來同　188
來遠　56, 60, 136
내원성　134
奴軍・雜類別抄　252
蘆島　199

大爲　90, 118
대조사　27
大眞國　161
대화궁　116, 117
大花勢　110
德宣　124
덕적도　181
德宗　74, 219
德州　72, 73, 75
德昌鎭　55, 136
都領　121, 152, 171
道詵　22
道知巖　46
都鎭撫使　208
都評省　25
禿魯花　225
東京　161
東宮記室　34
동녕부　4, 5, 47, 204, 205, 206, 207, 261, 264
東明聖帝　46
동명왕　47
洞仙驛　200
동신사　45, 46
東征軍　197, 203
동족의식　27
東州　228, 230
동진　152, 164, 165, 168, 261
東眞國　161, 162
두경승　164

頭輦哥　245
豆恩坫　32
둔전　193, 203
登州　72, 100

ㅁ

馬亭　179
馬歇灘　44, 62
馬希驥　180
漫頭弗　75
만부교　12, 21
猛州　54, 67, 74, 84
覓害村　75
募役法　124
睦德昌　191
木覓　46
목포　235
牧胡　199
몽·한군　180
蒙哥篤　245
묘덕사　157
妙淸　119, 124
묘청　3, 89, 90, 106, 113, 115, 122, 129, 260
묘청의 난　3, 128
묘향산　158, 171
撫寧　156
無能勝道場　102, 112

武宗　249
文公美　110
文公裕　116
文公仁　110
文豆婁　107
文豆屢 도량　46
문비　168
文選　150
文秀　188
문유필　159
文宗　219
文昌裕　205
문천현　179
문한경　140, 141
閔仁解　231, 232, 233
민족개념　27
민족공동운명체　261
민족의식　4, 50, 165, 171
민족체　15
閔偁　231, 232, 233, 238
閔曦　183

ㅂ

朴良柔　66
博陵　136
朴文貫　167
朴文挺　167
朴犀　154

박수경　30, 32, 33, 49
朴守奕　191
朴儒　34, 36
朴仁起　178
박제검　165
博州　55, 163
博川　55, 59
朴恒　200
박홍보　166
반금세력　99, 103
반금의식　109
般若道場　102, 112
발해　27, 38, 42, 43, 83, 85, 172
발해부흥　67, 85
발해유민　41, 66, 261
방수군　152
防戍將軍　139, 152, 168
百官의 公服制度　56
白壽翰　106, 113, 115, 119, 125
汴京　93, 161
別武班　79, 82
병마사　120, 141, 153
병마판관　139
報德王　41
寶星　107
保定門　235
保州　95, 100, 101, 129, 134
보주땅　96
普只　177
普賢院　235

福州　80
볼모　98
奉國大將軍　150, 151
封事 10條　142
逢山郡　60, 62
奉恩寺　210
部曲　125, 127, 130
夫乃老　79
부마국　207
附元輩　6
符仁寺　223
북진정책　19, 29, 30, 37, 42, 44,
　　47, 49, 53, 69, 82, 83
분도장군　141
分司御史臺　127, 130
分司制度　126

ㅅ

司馬光　123, 124
사심　15
사정유　156
朔州　74, 1d38, 141, 146, 147, 170
散吉大王　177, 179
山東　93
살례탑　183
三國遺事　263
三登縣　127
삼별초 항쟁　182, 195, 246

三山村　150
三陟　136
三和縣　127
常安殿　106
尙州　235
常孝孫　135, 134
生女眞　65, 137
西京　30, 31, 39, 72
西京留守官　127
西京鴨綠府　60
서경천도　29, 90, 92, 110, 129,
　　260
誓封　96, 97
서북면도지휘사　208
서북지방 농민항쟁　171, 183
서언　164
書藝　231
徐挺　123
誓表　97
西夏　175, 176
徐熙　2, 54, 60, 63, 67, 68, 70, 84,
　　258
石敬瑭　11, 19
席島　188
석성　62
選軍廳　102
선덕진　147
禪師　23
禪宗　23
宣州　54, 67, 84

宣旨使用別監　186
宣化　137
陝西　93
成州(成川)　55, 120, 122, 154, 155, 199
蕭排押　73
蕭遜寧　2, 61, 62, 64, 67, 69
邵台輔　144
蕭蒲寧　59
蕭恒德　59
宋蕃　202, 203
松山　232, 233
송생　66
松城　65
宋松禮　246
宋彦琦　224
송저　139
隨駕福田　114
수구파　123
수보　168
守司徒　218
수안　206
首押山　107
수연　168
綏遠將軍　150
肅宗　77
肅川　55, 157
順明　245
순주　157, 158
順和縣　127

崇晃　126
濕忽　156
시무 28조　56
市舶司　189
食實封　220
食邑　220
新安公 佺　150, 224
神威島　187
愼執平　177, 178, 235
瀋陽　176, 240, 249
瀋陽等路按撫高麗軍民總管府　249
심양왕　253
심왕제도　247
瀋州　207, 237, 249, 254, 263
쌍성총관부　5, 177, 178, 180, 181, 199, 202, 203, 207, 209, 262

ㅇ

阿骨打　82, 94
阿兜幹　75
阿里不哥　194
阿母侃　225, 228, 234
阿只　94
樂陵郡　105, 136
岳飛　94
安慶公　227

安慶公　182, 191, 192, 195, 228, 231, 234, 236, 244
安慶府　231
안남　176
安廉使　208
安嶺軍　80
안무고려군민총관　242
安北都護府　154
安朔鎭　136
安水　74
安水鎭　55
안승　41
안영린　160
安戎鎭　64
안의　84
安義鎭　54, 67, 75, 136
安貞公主　214
安仲榮　117, 119, 124
安至宗　117, 119
安集使　208
암평림　162
鴨綠江　66
押海島　187
艾島　187
也窟　186, 227, 228, 236
야별초　186
也速達　197, 232
耶律留哥　161
耶律寧　134, 135
양계　122, 203

楊規　73
陽根　228, 230, 237
兩班別抄　252
椋山　228, 230
양수척　4, 133, 155
襄州　200, 201
御分田　218
여진　138
驛站　98
燕京　93
燃燈　22
연등회　42, 44
燕雲 16州　19
漣州　120, 122, 157, 158
燕州　147
延州　154, 157
列評　18
廉承益　196
盈歌　78
永寧公　5, 176, 235, 262, 263, 264
寧德　74, 134, 135
寧德鎭　137
영변　55
寧朔　74
寧朔鎭　75, 147
永安佰 僖　228
寧遠　74
寧州　141, 146, 154
靈州　67, 139
英州　80

永平鎭　137, 143
永豊鎭　72
寧海　74
예종　82
禮弊使　66
吳玠　94
烏古迺　78
吳敦禮　103, 104
吳璘　94
伍夫　245
烏雅束　79
吳元帥　120
伍允孚　205, 210
五朝政績評　20, 58
烏至忠　95
溫知罕　163
兀愛帖木兒　248
兀惹部　71
完顏部　77, 79, 81
王繼　17, 41
王規　20
王萬戶　181, 193, 228
王璿　217
王式廉　18, 20, 33, 49
王安石　123
왕온　248
王儒　31, 34
王字之　36
王昌瑾　40
堯　33

耀德　74
遼山　96
遼陽　176, 207, 226, 237, 240, 254, 263
龍岡　55
용만현　134
용문창의 난　153
龍州　55, 70, 75, 139, 162
龍津鎭　72
龍津縣　178, 179
龍川　67
우가하　152, 162, 163, 164, 165, 166, 170, 261
牛方田　140
우야소　99
于悅　228
于宗柱　252
雲門禪寺　24
雲山　55, 59
雲州　74, 147
운중도　147
元高麗記事　240
圓丘　59
元成太后　219
原州城　228
元振　188
元惠王后　219
元興鎭　75
威寇　56, 60, 136
韋得柔　188, 189

威遠 74, 137, 139
渭州 75, 157, 158
渭州城 75
威化 72, 136
유감 117, 119, 122, 124
庾開 116
유경 185
劉光世 94
儒教的 道統槪念 251
유금필 30, 33, 49
柳白 135
劉相晞 32
柳韶 74
留守 127, 130
劉予 93
柔遠將軍 75
維偉侯 124
柳仁著 46
柳宗 71, 72
庾賜 245
柳粲 191
儒學提擧司 208
維漢侯 124
柳赫 126
庾洪翼 252
유화 46
庾希亮 191
尹瓘 2, 3, 46, 47, 49, 79, 80, 81, 83, 259
윤관의 9성 정벌 89

윤광보 156
윤대명 166
尹章 168
尹周衡 124
尹昌 167
尹瞻 122, 125
尹椿 228, 232
윤충효 166
융주 146
음서 213
음양도참설 90
蔭仲寅 120
의주 55, 134, 138
義州 67, 70
宜州 80
의주민의 항쟁 261
義州防禦使 95
義州分道 139
이경순 168
이공노 148, 166
李公壽 109
李喬 188
李君式 224
이극서 159, 160
李唐必 133
伊里干 205
理問所 207
이문언 168
李汾成 246
李汾禧 245

李淑　126
李純茂　120
李承休　263
이언승　156
李延年　223
李延齡　191, 204
李英　120
李元祐　224
이응　240
以夷制夷　180, 198
이자겸　95, 99, 100
李資謙의 亂　3, 89, 126, 128
李子奇　120, 124
李將大　133
李藏用　243
李迪儒　159, 169
李齊梴　114
이제현　12, 39
李綢　239
李俊陽　110
李仲　116, 117
李仲孚　116
이지명　145, 184
李知白　63
李之甫　109
李之葳　229
이체　148, 152
李寵林　117, 119
이통의 난　153
李峴　229, 230

翼嶺縣　72
仁里坊　47
麟州　139, 143, 156, 157, 162
麟州民　169
一然　263
林景淸　110
林衍　182, 195, 245
林完　116, 117, 118
임원애　115, 116
林原驛　110
林惟茂　182, 209, 246
임정식　156

ㅈ

자비령　155
자주　157
作帝建　32
張邦昌　93
張世　201
張升才　232, 233
長州　73
張俊　94
長靑鎭　136
長興　54, 84, 136
長興鎭　67
저고여　170
저도　177, 178
저포　204

籍田 59
全亮 178
전민변정도감 6
전주 군인 133
典籤 231
浙江 104
岊嶺 84, 127, 258
政誡 10, 22
鄭公壽 141, 162
鄭克升 124
征金論 3, 129, 260
鄭德桓 125
정도전 37
정동행성 207
정방보 159
靜邊 74
鄭璇 124
鄭崇 188
정신 156
靜安 94
定安國 60, 66, 136
定襄 156
定遠 137
定戎 74
定戎鎭 137, 147
鄭顗 155
鄭仁卿 208
鄭子璵 245
定宗 20, 33
靖宗 219

定州 55, 142, 146, 147, 178
靜州 74, 162
靜州分道 139
鄭知常 114, 116, 119, 124, 126
齊國 93
諸王 213
帝王韻紀 263
趙簡 125
趙匡 90, 117, 119, 122, 124
槽島 187
趙廉卿 141, 148, 167, 169
曹物城 33
趙瑄 124, 148, 152
朝鮮公 燾 219
曹英紞 191
조위총 156, 165, 171
趙義夫 124
趙彛 194
趙浚 219
趙昌言 117, 119, 123, 124
趙沖 141, 162
趙玄習 224
趙暉 5, 172, 175, 178, 201
종실의 녹봉 216
宗周賚 167
宗周秩 167
주몽 46, 47
周侍郎 189, 190
주진군 152
竹島 177, 178

中和縣　127
重興寺　113
知德州事　199
진국　164, 165
眞金太子　242
鎭東軍　80
鎭溟縣　72
陳舒　104
鎭汝軍　94
振威縣民　133
진종설화　23
振化　56, 60, 136
진회　105
징기스칸　161, 223

ㅊ

車羅大　186, 187, 233, 234, 235, 236, 240, 254
車峴　26
窄梁　236
찰방사　140
昌麟島　187
창명　168
창주　138, 143, 147
채윤화　156
蔡忠順　74
蔡取和　237
척준경　99, 109

天開　118
天遣忠義軍　118
天龍　230
天龍山城　228
천리장성　3, 74, 77, 86, 259
天瑞　201
鐵山　67
鐵甕　55
鐵甕城　136
鐵州　55, 70, 168
靑苗法　124
淸塞　55, 74, 150
楚國　93
촌락　130
叢林　25
최공　168
崔公泌　124
崔光秀　133, 142, 155, 183
崔群　191
崔年　191
崔璘　234
崔逢深　120
崔思謙　160
崔士威　74
崔思全　109
崔承老　20, 37, 43, 45, 56
崔彦撝　31, 34
崔永　124
최우　158, 159
崔元　191

崔愈恭　142
崔有渷　200
崔凝　31, 32, 34, 37
최의　186
崔仁著　197
崔滋盛　109
崔梓　117, 119
최정분　147
최존　156
崔知夢　31, 34, 36
崔溱　123
최충헌　142, 261
崔坦　5, 172, 175, 182, 190, 191, 195, 196, 206, 209
崔沆　226, 230, 235, 236
崔弘　167
崔弘宰　95
抽分　189
橇城　232
春州　228, 230
出陸還都　254
出帝　11, 19, 21
충선왕　39, 48
충주　235
忠州城　228, 252
親從將軍　233
沈元濬　191
칭제건원　89, 90

ㅋ

쿠빌라이　194

ㅌ

卓榮　100
탁청　178
卓靑　5, 172, 175, 178
탄령　204
脫朶兒　192
탐라현　199
泰山　59
太子師父　35
태조의 遺訓　64
태주　157, 158
태천　55
토라가나　225
土人　45
通德　136
通州　55, 67, 70, 72
通泰鎭　80
투몽　181, 186, 188

ㅍ

婆速路　163
팔관회　14, 22, 42, 44, 58
팔성당　113, 114

牌子頭　243
彭淑　124
平虜　74
平虜鎭　75, 150
평양　55
平壤公 基　214, 219, 221
平戎鎭　80
平州　183
蒲盧毛朶部　71
蒲鮮萬奴　161, 162, 164
布只員　178
풍수도참　90, 110, 129
필현보　183

ㅎ

河拱辰　71, 72
夏國　104, 105
河南　93
하백　46
河伯神　46
하음부곡민　142
韓世忠　94
한순　4, 133, 141, 148, 152, 155,
　　163, 166, 168, 171, 183, 208,
　　261
韓愼　191, 196, 204, 206, 207
한존열　166
韓洪甫　232

割地論　53, 73, 84, 258
咸寧伯 璞　214
咸新　135, 156
含仁　156
咸從　55
咸州　80
哈丹　207, 210, 262
항주　93
海島入保策　187
海陽　235
海會　24, 25
行中書省　195
鄕　125, 127, 130
향산사　157
許慶　46
憲宗　225, 226
현덕수　154
玄孝哲　191, 196, 206
血統中心의 華夷觀　251
形勢中心의 華夷觀　251
혜종　16, 20
호구조사　98
豪族抑壓策　56
忽汗城　43
弘慶院　102
洪君祥　239
洪茶丘　239, 241, 243, 263
홍덕　156
鴻臚卿　95
洪文系　246

洪福原　176, 183, 226, 228, 230,
　　　　234, 237, 238, 239, 240, 253,
　　　　254, 263
和尙原　94
화의　134
和州　74, 178, 201
闊闊帖木兒　248
黃旗子軍　162
황룡사 9층탑　223
黃麟　124
黃文裳　123
황용필　142
黃周瞻　118
淮南　94
淮水　94, 104
후진　11, 17, 19, 21
訓要　13, 16, 23, 26, 27, 31
訓要10條　2, 9, 10, 16, 31, 37, 49,
　　　　258
徽宗　93, 100
欽宗　93, 100
興遼國　73
興化　74, 84
홍화도　147
興化鎭　54, 67, 72, 136

이정신(李貞信)

고려대학교 문과대학 사학과 졸업
동 대학원 석·박사과정 졸업(문학박사)
현 한남대학교 사학과 부교수

論 文

「고려 태조의 건국이념의 형성과 국내외 정세」「영녕공 준 연구」
「고려시대 종이의 생산실태와 다소」「고려시대 차 생산과 다소」
「고려시대의 어업실태와 어량소」 외 다수.

著 書

『고려 무신정권기 농민·천민 항쟁 연구』

고려사학회 연구총서 14
고려시대의 정치변동과 대외정책

정가 : 17,000원

2004년 01월 10일 초판인쇄
2004년 01월 20일 초판발행

저　자 : 李貞信
발 행 인 : 韓政熙
발 행 처 : 景仁文化社
편　집 : 金明宣
서울특별시 마포구 마포동 324-3
전화 : 718-4831~2, 팩스 : 703-9711
E-mail : kyunginp@chollian.net
등록번호 : 제10-18호(1973. 11. 8)

ISBN : 89-499-0219-2 94910
* 파본 및 훼손된 책은 교환해 드립니다.